·魅力东北丛书·

# 黑龙江文脉

HEILONGJIANG WENMAI

范震威 著

黑龙江美术出版社
Heilongjiang Fine Arts Publishing House

图书在版编目（CIP）数据

黑龙江文脉 / 范震威著. -- 哈尔滨 : 黑龙江美术出版社, 2017.1
ISBN 978-7-5318-9687-6

Ⅰ. ①黑… Ⅱ. ①范… Ⅲ. ①地方文化—黑龙江省 Ⅳ. ①G127.35

中国版本图书馆CIP数据核字(2016)第316878号

# 黑龙江文脉

HEILONGJIANG WENMAI

著　　范震威
出 品 人　金海滨
责任编辑　曲　莹　林洪海
装帧设计　滕文静
审　　校　步庆权
出版发行　黑龙江美术出版社
地　　址　哈尔滨市道里区安定街225号
邮政编码　150016
发行电话　（0451）84270514
网　　址　www.hljmscbs.com
经　　销　全国新华书店
印　　刷　哈尔滨市石桥印务有限公司
开　　本　787×1092　1/16
字　　数　285千字
印　　张　20.25
版　　次　2017年1月第1版
印　　次　2017年1月第1次印刷
书　　号　ISBN 978-7-5318-9687-6
定　　价　48.00元

聆听文脉之述，

读解龙江风土！

——作者题记

作者近照

（摄于黑龙江边　王冰 摄）

# 目　录

# 黑龙江：文脉·血脉·族脉与神脉

黑龙江文脉，系指黑龙江大地古今以来所有的文化脉律，以及她与华夏中原大地的全部人文链接。扯一脉而动全身，提起黑龙江文脉，就会感受到黑龙江大地同华夏中原大地的全方位的、整体的文化律动与牵系。

这种既可见又不可见的文化的律动与牵系，是以原生态的、人文的生命流与南来北往、东奔西突的游猎、游牧于斯江斯地的各种不同族系、不同群体、不同部落的生命流动的合流、撞击、融汇、分离等种种现象为描述客体的。

打个比方，这或可如北流松花江与南流的嫩江水在松花江大拐弯处合流后的情景。嫩江的碧绿之水和松花江的浑黄之水合流后，在霞光的照耀下："一道残阳铺水中，半江瑟瑟半江红"，二江之水，一清一浑，一幽黑一浑黄，二者相会后，先是各占一半江流水体，中间有条非常鲜明的界线，经过百余里的相会流淌后，江水的颜色逐渐融合成一。九百九十多年前的春天，辽道宗耶律洪基捺钵于此，当他看到其时其水俗称鸭子河的二水合流，渐融渐混的现象后，他说："鸭子河这名太俗，看朕给她起一个儒雅的名字！"他御手一挥，便诏令：

改鸭子河为混同江。

嗣后，鸭子河辽代时松嫩二江共有的乳名，便渐隐渐消于历史草木的落叶之下。混同江这个江名却历经时代与岁月的变迁保留下来，成为松黑二江相会处至同江北三岔河至黑、乌二江相会之北黑瞎子岛之江段的今名。原来，北国江河——世界第九大河黑龙江流域中的这种江水相混的奇特地理现象，并非仅松嫩相会处所独有，相混的地方还有两处，亦即在同江以北的三岔河之黑、松之水相混处；在伯力（哈巴罗斯克）的黑、乌二江相混处，都是碧绿如黑（故而有黑水、萨哈达乌拉、黑龙江诸名）与浑黄含泥沙之水相混。——如此这般，或问：黑龙江大地上，古今以来的居民的文化融合，是否也会与此自然地理现象一样，以渐流渐混同的特性、耐性，一任其逐渐地合而为一呢？

历史的迢迢来路，正如这种混同的人文之水走过的漫漫里程，如此相当遥远的人文之水，或曰生命流的流混过程中，自始至终地呈现出，并壮大着一种文化的律动与牵系。律动是历史的风雨冰霜，牵系是不可阻断的时间之流，综合在一起，它就是黑龙江的文脉。黑龙江文脉，在黑龙江4444公里的主脉长流和184.3万平方公里流域的广阔的大地上，它纵贯古今，遍及东西南北中，它无处不在。

当然，这只不过是个比喻，可有时比喻难免是蹩脚的。

这种遍及黑龙江大地与华夏中原大地的律动与牵系，不仅说明了黑龙江大地自古以来就是中华领土，而且也说明了黑龙江人自古以来就是中华民族大家庭兄弟中的一部分。既然是渐进渐融的关系，那么黑龙江文脉也可以简言之为文化之脉。换句话说，在中华大地的南北东西中，有一种既看不见，又摸不着的文化的脉络，或既可以看见，又得以触及的文化的脉络，将大地与人民牵系在一起，整合地兼容在一起，这个文化的脉络的表征，就是可以触及它时刻不停地律动。这种律动，也可以称作是华夏民族的脉搏，祖国母亲的心脏跳动。中华——华夏，或也可以称作是大家庭的大我，而黑龙江大地自然地就可以称之为大家庭中的一员，是诸多成员中的一个小我。

在华夏大地上有无数这样的小我，在我看来，这些无数的小我与整体的大我之间的牵系和律动，就是一种遍及诸地的、无处不在的中华大文化的脉络，亦即中华大文化的血脉。而在偏隅于北疆的东北亚的黑龙江大地上，这种文化的血脉，她的别名就是黑龙江文脉。

黑龙江文脉又可以正名为黑龙江的文化与血脉。根据燕、辽、松、黑的辐射脉络，远的不说，若上溯到一百万年前，应该是北京猿人的时代。如果我们略去中间的若干环节，那么以黑龙江大地的南北西东来环顾展望，我们即可将寻觅到的文化血脉的若干视点胪列如后：

在其南，哈尔滨阿城区交界镇山洞中的古人类，时间为距今17.5万年前。迄今为止，这里发现的是生活在黑龙江大地上最早的古人类。他们的足迹留印在交界镇的大青山中，他们的身影沉浸在黑龙江二级河流阿什河的沙床上。可是他们的律动已无法追索，牵系变得隐隐约约——昔人已随浩渺去，此地空余阿什河。烟波浩渺不复返，星月万载向谁说？轻河历历桑榆事，横山萋萋芳草棵。欲求文脉寻千里，舟上搔头思不得。——一首打油诗可以道出17.5万年以来的何种脉律之动呢？史家们皓首穷经还在寻觅着……

而生活在哈尔滨西郊的阎家岗，后来被命名为哈尔滨人的智人，终于在松花江右岸的土地上，直接留下了两万二千多年前他们住宿过的半圆形的由兽骨搭成的两处营地……

其北，于漠河县老沟河南岸，由旧石器时代古人类留下了远达3万至1万年前的石核与石片；而在十八站，一万两千多年前的石制刮削器、尖状器、雕刻器等物件，发现于呼玛河左岸的坡坎地上……

其西北，在黑龙江南源支流达兰鄂罗木河以西的扎赉诺尔，古人类的头骨化石和骨制的锥、刀梗与鱼镖等，随着煤矿的开发一起涌现于丽日阳光之下。他们

黑龙江第一湾　　王冰 摄

黑龙江淡淡的晨雾　王冰 摄

的文化之脉的律动被埋在地下太久了，他们见了阳光之后，便对大地、蓝天汩汩地诉说他们的脉动……这就是扎赉诺尔人。

若沿嫩江与大兴安岭再向南移动若干里程，在昂昂溪车站以西6公里的五福南侧，经由著名考古学家梁思永先生的发掘，出土的有骨枪头、骨鱼镖和圆底石镞，以及两座土坑墓葬……他们被认定为五六千年前的濊貊——夫余的文化遗存。何谓文化遗存？文化遗存者，文脉/血脉在大地上的刻痕也。……

大江悠悠东去，依依缱绻地向大海流去，文脉/血脉的脉搏已经弹弓般地射向水中，击起浪花一片，也击起今日的回响淙淙——在我伸手可及的大江奔流的河岸旁，我感到了，也触及到了斯地的他们的脉搏与律动……

其东，那就是兴凯湖岗上的新开流了。那是六千多年前的渔猎人的遗址，显然是肃慎人的先祖在那里驻步过，安居过，打过鱼，猎过鹿，捉过鹰，烧过陶器，雕刻过骨器，还膜拜了陶制的头像——爱米神……

列举了几个散点，如果把脉的话，波及的脉跳已经够多，黑龙江大地上的文脉/血脉，已经触及，接下来，我们再沿着文脉/血脉的线索去撷拾，去寻找……

血管里的血液是红色的，然而组成红色血液的基因却各有异。其骨骼与体魄，其头颅与面庞，其五官的比例与大小……因受到血脉与基因方面的制约而呈现不同，其外在的生境、气候，冷暖干湿，食物是肉酪乳膻，抑或是飞禽走兽，抑或是鱼虾蟹蚌，抑或豆麦稻谷，再抑或是诸类的间杂、混合与变异，而这一切经过长期的演化与翻新，必然与文化的脉搏与血脉的律动有着辽远的、神秘的因果关系……

这种相互影响、相互制约、相互融合的结果，使各地域的持同一基因与文脉的人群，因血脉与亲属的相连相近而形成了不同的族群。而不同族群所具有的从生理到行为——后来又出现了语言的同一，并不断地扩展与传递，特别是婚姻与生育的传承繁衍的风习，所呈现出的生命流，即可称之为族脉。

由上所述，我们可以知道文脉的渐现渐显的起点，背后的生命流的驱动力，或曰早期的弗洛伊德氏的力必多，是呈微分几何的形式递增与积累的，它的背后即是文脉之因的血脉与族脉。

族脉的存在与律动，在显性上表现为以血脉为牵系的群体，如小的部落、部落群，以及大的部落联合体，并由此隐形地凝聚着文脉的潜质式的生命流单元，这两者共同作用的结果，是部落共同体的形成。

早期的部落在传统的史籍里，是指地域与乡里。在居于中原的文化视角的解读下，古时居于中原周边的蛮夷戎狄诸族的屯居部所，各有其部落。而用今天文化人类学的方法进行解读，部落是由共同血统、血脉相系的氏族组成。在安全自卫及畋猎取得共同食物猎物时，暂时地或永久地结成一体。他们差不多有共同的记忆或传说中的祖先，以及难以觉察其变异的文脉、血脉与族脉的隐性与显性的复杂牵系，他们共同拥有的是操持共同的语言（由于地域的不同可能出现语音的某些差别即所谓方言式的变异），共同的意识形态与信仰，并且有着地域上的相邻或联系，共同抗击进犯，或共同外攻抢掠——主要是对物质、富饶的地域生境资源，以及释性且又赖以扩充其族脉的女人等。部落共同体的一统，早期或者只表现为征服纳贡，而非土地的侵吞占有，却有因文脉、血脉与族脉的交融而拥有共同的祖先崇拜，共同祭祀的神祇，共同认知的图腾，共同膜拜、祈求保佑的神。

神，并非华夏人民独特的拥有，神遍及世界。然而，华夏也包括古时所谓的夷蛮狄戎，早期所共同恪守的是对具有人格意志而不受自然规律的支配、变化莫测、神通广大、长存不灭的超自然体，被尊之为神。一般虔诚地信奉或祈求心灵的慰藉，也寄附于对自然万物，如山、河、湖、海，各类兽禽虫豸，以及圣灵式的宗祖或人物，长期信奉、膜拜与祈求，便成了一种通感于部落成员心灵中的相同或相近的祈愿、欲求及意识形态。对于这些可见与不可见的，可感与不可感的，可知却又不可知的诸部落成员之间的，这种识见与思维上的同一的律动、牵系，统可以称知为神脉。

神脉也是精神之脉。

对同一片大地上生活的不同群体之间，他们对山河、土地、日月星辰，以及龙、凤、虎、熊之类的图腾崇拜，就具有共同的神脉牵系。

文脉——血脉——族脉——神脉，源远流长，起点于何时，已不可确知，但

呼玛——黑龙江畔的界标之一 王冰 摄

流变中千古不易的还是其间的共同信守。所谓习俗、识见、心近与亲昵，正是维系其凝结成一，汇聚不消的生命流的合力。

华夏大地，也包括黑龙江大地，相互之间的不可分割，其抗御外侮外侵的伟力就在于此。要诠释黑龙江大地对中原的向心力，非得在上述所解绎的文脉——血脉——族脉——神脉中寻求不可。

文脉是文化之脉的律动与牵系的同一。

血脉是姓氏宗族演变中血亲的不可预测的混同与趋近。

族脉固有其不同的宗祖上的多元，却正是这种多元的相互融合，形成了今天的炎黄子孙（或曰黄帝、炎帝、蚩尤三祖相融之后代）、华夏子民和中华民族。

神脉就是华夏大地，华夏民族之间的共同认知、律动与牵系的信守，一种潜形的意识形态。

——黑龙江大地之文脉、血脉、族脉、神脉，则是中华大地上述四脉的一部分。

如果说，在上述四脉还存有着律动与牵系的话，那就是人脉了。

人脉是文明社会通达与交识的结果，我这里因为要从黑龙江大地上的人迈出洪荒草莱，向中原文明趋近说起，因之将人脉的解读移至后面，仅以历史的进程求取万水于一瓢。

# 北飞的玉

## 一

把三个“一”放在一起，组成一个字，那就是“三”。象征着天、地、人也。一生二，二生三，三生万物也。

如果用一竖将这象征天、地、人的三横连起来，就成了个“王”字。

王者，“天下所归往也。董仲舒曰：古之造文者，三画而连其中谓之王，三者天、地、人也；而参通之者，王也。孔子曰：一贯三为王。凡王之属，皆从王。”（许慎《说文解字》语）。

若身为王者，其象征是在他的身上总要佩戴点一点儿象征权力的饰物，那就是“玉”。

玉，就是王者身边的东西。“玉”，石之美者也。其实，我们习以为常的“玉”字，是她的简化的形式。古时最早的“玉”字是“王”字左右两边都带一个点儿的——“玊”。换言之，古时的王者是左右各佩戴着一块玉的。后来，人们发现了金。“金”字义显着它出之于土，然它又多彩如玉，所以人们对金乃采取比玉还要珍惜的收藏，故而在古“玊”字上又加上了一个“人”字。这说明了金和玉都是人们的瑰珍与宝爱。大约也从上古有了文字始[1]， 金和玉便常常

〔1〕仓颉造字的事迹流传久远。因离黑龙江弥远，故略去。

红山玉器——玉鸮（据《红山玉器图鉴》）

连用，如金科玉律、金玉良言、金玉姻缘、金枝玉叶、金童玉女、金缕玉衣等。总之，金玉的连用，可泛指珍宝，亦比喻华美与贵重。

简化汉字是20世纪50年代中期后开始公布使用的一批现代的人造汉字，虽然如今海峡两岸分用繁简字，各不相同。可是，在我看来，繁体的“國”字简化成简体的“国”字，还是很具中国特色的。如果说许慎给玉下的定义是“石之美者”，那么我们亦不妨说：玉者，国之珍也。古时繁体的“國”字，最早见于青铜器上的铭文——“中或”，即释为中國，國字与或字互通。简单地说，若有人，有土地，有戈，即是一个“國”；先时尚无围墙，后来有了围墙——像陕西发现的姜家寨那样，用挖土将家族——部落围起来，就成了寨或國的初形。繁体字的“國”字：内中的口代表了人，一代表了土地，戈代表了守卫，外边的围框，代表了围墙，引申即成了边界。而今，围墙或边界内围起的是一个佩戴了玉的王者时，在全世界看来，也最符合中国的国情了。或曰，“国”字亦可释为是一道围墙或边界卫护起来的是一枚玉玺。而玉玺象征着权力。权力或权利所到达、所掌管的边界之内的一切，即是国土的范围，亲切的称谓是国家。国家是家国的复合形式，当我们有时强调其间的关系时，又常常称之为家国了。

古时，封建时代是用这样两句话来诠释这一切的：“普天之下，莫非王土；率土之滨，莫非王臣。”《诗经·小雅·北山》中的这句话是很经典的。而且，在兜了一个圈子之后，“國”字，又和玉者与王者所佩戴的玉饰连在一起了。如是，我不禁从历史与文化的视角上诠释说——

玉者，国之魂也。

玉，对于国人来说是如此地重要，事实上若上溯远古，我们亦可以知道，国人与玉之结缘，也是相当久远的。

这可以追溯至新石器时代。……

## 二

在新石器时代，在早期，在八千多年前，在查海的中华第一村遗址，经考古发掘，发现了堆石龙和玉。查海是一个蒙古村落，它位于辽西，在阜新市东北20公里处公路西侧，路口竖有一座雪白色的汉白玉质的、半裸的母系氏族聚落村的母亲雕像，灰白色大理石贴面的基座上刻着“中华第一村”的字样。

从雕像的右前方路口驶入，过一座人口不多的蒙古族村庄，出村后在一望无际的玉米林中的公路上行驶，不到一公里，即来到查海——中华第一村的遗址博物馆。遗址已被铁红色的建筑所包覆，博物馆向人们展示了距今约八千年前生活在这里的村民们的某些场景与出土的器物。

中华第一村口的母亲雕像　范震威 摄

查海即蒙古语察哈尔的另译。据记载，现时这里所居之民是蒙古察哈尔部人。明朝嘉靖二十六年（公元1547年），蒙古达赉逊库登汗驻牧于宣府边外插汉儿地。插汉儿，即察哈尔，蒙古语“边”或“边地”之意，故称所部为察哈尔部。今日的查海遗址博物馆，即由一位查海村退休的老村长担任馆长。他曾参与过遗址的发掘，对查海遗址的一切了如指掌，讲起来如数家珍。

查海遗址坐落在一个缓坡的大平原上，远处大约5公里外，是一道不高的查海山脉，既为大地屏障，也提供了狩猎之需。遗址附近有一条小河，名曰泉水沟河。泉水沟河的源头是一眼平地涌泉，至今泉水不断，当然也就为八千多年前的中华第一村的查海人提供了饮用水。泉水沟河注入绕阳河，绕阳河注入辽河，沿辽河可以到达渤海岸。

查海遗址中，已发现的房屋遗址达五十余座，都是半地穴式的。也就是说，在上面的覆盖物下边，有一些支撑，现在保存的是它的地下部分。房址的地穴部分因凿入了基岩，故保存至今，仍成规模。一个“穴”字，即上面的覆盖物下有个“八”字表示支撑，形象地为我国北方古时人类穴居——冬暖夏凉的半地穴居

查海遗址博物馆　范震威　摄

所，作了极形象的描绘。

更为重要的是，查海遗址有三十多件玉器出土。这是我国北方大地迄今为止发现的最早的玉器实物。在这些最早的玉器发现中，第一类是作为工具的玉器，如小型的锛形器，亦可诠释为一种无柄的小型石刀，如给狐、兔之类作剥皮之用。第二类玉器，便是佩用的玉饰品，主要有玉玦、玉匕形器，还有一只玉管，不论是小型玉锛、玉刀，或是玉玦、玉匕、玉管，制作均十分精致、美观，就连那只较大的玉斧，也十分考究。在端详之中，我的思索上溯至八千年前的人类襁褓中的新石器时代，这些玉器的圆形、钻孔、直面都是怎样加工的呢？

我——懂点金属加工工艺的我，百思不得其解。

我曾仔细地观赏查海博物馆中的一件小玉锛。它高约5.5厘米，刃部宽为2.2厘米，柄部宽为1.7厘米，柄厚约0.6厘米，刃的中部有一豁口，刃部并不甚锋利。它为浅黄色玉，因埋藏久远，通体都有了沁色的浸润，锛/刀体的玉石质中含半透明若冻的原始嵌体。此锛/刀体经过了精细的磨制与精抛光加工，表面光润滑腻可感。反复观之，是一枚令人浮想联翩的玉珍。

而另一处所展示的玉玦和玉匕形器，亦同上述的锛/刀器相似，被释为用透闪石软玉制作。其中，最令人感兴趣的是，经碳14测定的八千年前的查海人，早在遥远的新石器时代早期，不仅发现、加工、使用了玉器，而且还精细地制作出带有两三毫米宽度的玉环切口，从而使玉环开口就变成了玉玦。而玉玦就是一种玉饰，应是查海遗址居民中有地位之人生时的佩饰品，抑或葬时的陪葬物。

无独有偶，在距查海遗址西偏北不到一百公里的内蒙古赤峰敖汉旗的兴隆洼遗址——兴隆洼遗址号称“华夏第一村”，它和查海遗址相近，也是距今约八千年前的一处新石器时代的古村落遗址。它出土有作为耳饰使用的玉玦——其玉玦的缺口就是在佩时，卡在耳垂上的。二者是同时代的村落，而居人中具有相似的玉玦，以及相似的使用，则耐人寻味。更耐人寻味的是，在全国各地如比查海与兴隆洼晚约千年的杭州湾河姆渡文化，晚两千年的环太湖流域的崧泽文化，以及江汉平原的大溪文化中，均有和查海、兴隆洼相近似的耳饰——玉玦发现。还有更耐人寻味的是，在乌苏里江以东的濒海地区，普松湾及其以南的切尔贝托罗塔等处，以及在日本列岛北部之北海道的浦晃町共荣、汤之里Ⅳ，以及本州西海岸面向中国一侧的新潟、富山以东的朝日、福井以北的桑野等地，也都有玉器现身。不过，查海与兴隆洼的玉器，是真正的透闪石软玉，温润盈手，而在日本列岛上现身的玉，则是橄榄石一类的类玉石料而已。

查海与兴隆洼两村落遗址出土的玉器极为相似，而陶器略有所异，因年代大体都在距今八千年前，故而称其为查海—兴隆洼文化。查海—兴隆洼文化从宏观上说，位于燕山以北，赤峰周围，在辽河的襟怀中，在同后来于赤峰、凌源、喀左和建平等地所发现的红山文化——距今为5500年至5000年左右，其内中有些一脉相承的东西，如龙和玉，因此年代较早的查海—兴隆洼文化，也称之为前红山文化。地域相近、文化有枝蔓或脉系相连，加之红山文化的丰富性，则使查海—兴隆洼文化更加接近地气，更加与古中华文化相接。故而，本文的开篇才选择由八千年前的查海—兴隆洼说起。或换言之，黑龙江古代的文化之脉源远流长，它同中原地区的可以见之的联系，其间最重要的一环，就是玉——国之魂为象征的。

## 三

红山文化的核心，除了玉和龙之外，还有许多雕像出土。据记载，红山文化的遗址上百处，最重要的有近30处：它的北面在内蒙古赤峰巴林左旗的乌力吉木伦河中游两岸，此河是西辽河支流，近年来已演变成内陆河，下游已干涸。可是数千年前，此河河水丰沛，可以想见，居于此地的居民，通过该河能和辽河流域诸地的人相通。位于乌力吉木伦河中游左岸的有葛家营子和二道梁，位于右岸的是尖山子；红山文化的东边遗址发现于科左中旗和辽北康平，二者分别居于辽河之左右两岸。此外，还有辽河入海口的盘山县郊；红山文化遗址的南边，在新营子，以及其核心地——喀左的东山嘴和凌源与建平之间的牛河梁；红山文化的西面，北达克什克腾旗的南台子，南达围场县的下伙房。在大约东西南北达十万平方公里的燕辽土地上，最引起我们注意的是：中华第一女神庙和女神头像的发现；其次是玦形的小玉龙——有人将这种佩饰的小玦形龙称之为玉猪龙，也有人称其为玉熊龙或玉玦龙。这些小形的玉玦龙，都不大，正可作为佩饰戴在身上。除了一些征集品外，在牛河梁的一座古墓中，玉玦龙是佩置于死者胸前的。该死者双手手握双龟，显见是五千余年前生活于此地居民的王者贵胄，或曰部落长之类者。

除了冢内有大量的玉器，如玉璧、玉玦龙、玉龟外，还有箍形玉、玉镯、玉珠、玉管、玉云形器、三孔形器等，一并出土。然而，最引起轰动的是，在牛河梁的小山上，发现了女神庙，并有一个完整的女神头像出土。那一天是公元1984年10月31日中午，在女神庙主室的西侧，正在进行考古剥离工作的人们，突然发现了一块特殊的塑件，随着一个人头的轮廓的出现，不久，脸庞、额头、眼部、眉骨、耳部也都一一从小刷毛丛的梳刷下显露出来……一尊独特的中华女神头像问世了。在西方世界母系氏族社会考古遗址中频频亮相的女神，终于在亚洲东方，在中华大地上出现了，她隐形得太深，却也终于盼到了。中华大地上母系氏

本书作者摄于牛河梁女神庙遗址前 吴铭 摄

族社会的祖先崇拜、母性崇拜，在1984年10月末，终于在默默的期待和千呼万唤中横空出世！

牛河梁女神头像 （据郭大顺《红山文化》）

大约在5500年前，在横亘着燕山与中原相望的辽西大地上，女神有了，女神庙也有了，还有了许多不完整的、残缺的人像与动物雕像残件；而且，在距牛河梁女神庙不远的地方，祭坛也被发现了。——有了女神，有了女神庙和祭坛，还有了陪葬中的玉玦龙，那么，可以推知早期国家的雏形亦大体基本上成形。

由此，著名考古学家苏秉琦先生在为查海遗址题词“玉龙故乡，文明发端”后，经过缜密的研究断定了红山——辽河流域及其周围地区，是中华龙起源的一个主要源头，并在此基础上，根据玉玦龙的南延与北飞，提出了中国文明起源的多源并出——满天星斗说（苏秉琦《中国文明起源新探》，1996）。由于苏先生的这一特殊贡献，他被中国考古界誉之为“尊神”（徐萃芳语）。苏先生的多源说——满天星斗说，是说中华民族的起源，经考古发现证实，有多个源头、多条线索。而红山女神头像的发现，苏先生着力指出：“‘女神’是由五千五百年前的‘红山人’模拟真人塑造的神像（或女祖像），而不是由后人想象创造的‘神’。‘她’是红山人的女祖，也就是中华民族的共祖。”〔1〕

不言而喻，“共祖”之说是对牛河梁女神庙的精确定位，暗示着它在中华民族文化与文明起源中具有更深远的含义。〔2〕

苏先生的另一重大贡献是，他把红山文化与大中华文化联系起来。他在解

〔1〕参见郭大顺《红山文化》，文物出版社，2005年版，第118页。
〔2〕参见郭大顺《红山文化》，文物出版社，2005年版，第118页。

读红山文化彩陶罐上的龙鳞纹图案和花卉纹时，把仰韶文化中花卉图案释为“华族”得名的由来。他说：“华山则可能由于华族最初所居之地而得名。花本来是自然界常见的，现在把自然的花赋予了特殊社会概念。‘华’（繁体的‘華’字，古时与花字通。——引者注）是尊称，选择玫瑰花作象征，以区别于其他的族群，是高人一等的，这是以社会发展较快为背景的。”[1]

在解绎了华人的由来后，苏先生用地图绘出了《北方——中原文化连接示意图》。他说：

“在距今7000—5000年前，源于华山脚下的仰韶文化庙底沟类型，通过一条‘S’形的西南——东北向通道，沿黄河、汾河和太行山山麓上溯，在山西、河北北部桑干河上游至内蒙古河曲地带，同源于燕山北侧的大凌河的红山文化碰撞，实现了花与龙的结合。……这一系列新文化因素，在距今5000—4000年间又沿汾河南下，在晋南同来自四方（主要是东方、东南方）的其他文化再次结合……或者说，华山一个根，泰山一个根，北方一个根，三个根在晋南结合。这很像车辐聚于车毂，而不像光、热向四周放射。考古发现正日渐清晰地揭示出古史传说中‘五帝’活动的背景。”[2]

根据苏先生的这一判断，我们可以说红山文化（以及前红山文化的查海—兴隆洼文化）是筑成我中华文化的重要组干之一。

## 四

令人感兴趣的是红山前文化，即查海—兴隆洼文化与红山文化，以其玉器的形制、玉玦或玉玦龙，还有红山女神与动物雕像等文化元素，在除了向华山、晋、冀、内蒙古辐射传播外，它还向北，向松花江与黑龙江、乌苏里江地区蔓

〔1〕苏秉琦《中国文明起源新探》，辽宁人民出版社、人民出版社，2013年版，第92页。

〔2〕参见《中国文明起源新探》，第118–119页。

延、传播，从而同吉林、黑龙江地域上玉器的出现与发展，形成源与流的关系。换言之，新石器时代早、中期在红山文化中出现的玉器，不仅南传到了河北、山西，而且还向北传到了松花江、黑龙江大地之上。你说“北漂”也好，你说“飞翔”也罢，总之在时间的轴线上，红山与前红山的玉器，跨越了西拉木伦河、乌力吉木伦河与她们所注入的辽河，趔趄地北上，在北国大地上、在松、黑之间留下了玉的光泽、温润与美丽。

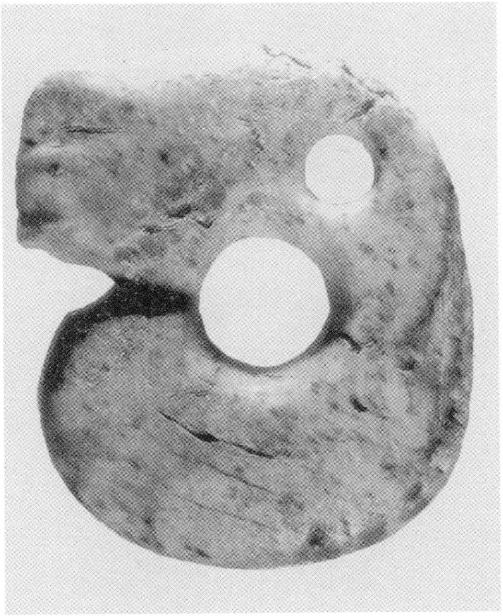

农安左家山发现的玉玦龙
（据《中国文物地图集——吉林分册》）

最早出现在松花江地域上的“玉玦龙”是在吉林农安左家山新石器时代遗址发现的。我在这里之所以把左家山发现（1985年发掘）的“玉玦龙”加上引号，是因为这个“玉玦龙”作为玦，它形体上的豁口还没有完全切开，只开了一半，故而也可以称之为“玉环”。可是，在已经开了一半的切口上，已雕出了一个类似人头的头形，只是眼睛、鼻子与嘴仅现出了初始的、大致的形状。豁口未开的部分，看情况也做了加工，只是还没完全断开。红山出土的玉玦龙，中间有一大孔，在与豁口相对的一侧还有一小孔，此小孔被释为是穿系了麻、兽皮、兽筋或其他长纤维后佩戴于胸的。相比之下，左家山出土的这枚“玉玦龙”的另一个侧孔略偏大，此孔的直径已相当于大孔的一半，故而称它为玉环，并不准确。左家山的“玉玦龙”为浅土黄色，有三四道隐形的石纹，二孔均比较圆，由于埋在地下多年，形体上有些缺瑕，也有些沁色，总之和红山文化遗址出土的玉玦龙相比，无论是形体，还是加工，都略显粗糙。这种粗糙是很正常的。左家山毕竟离红山文化的核心区——牛河梁、东山嘴、赤峰等地，已有了数百公里距离了嘛。

左家山位于农安县东北的城郊乡两家子村高家屯之前松花江二级支流伊通河左岸的台地上，同这枚“玉玦龙”一起出土的还有大量的石器、骨器、蚌器、

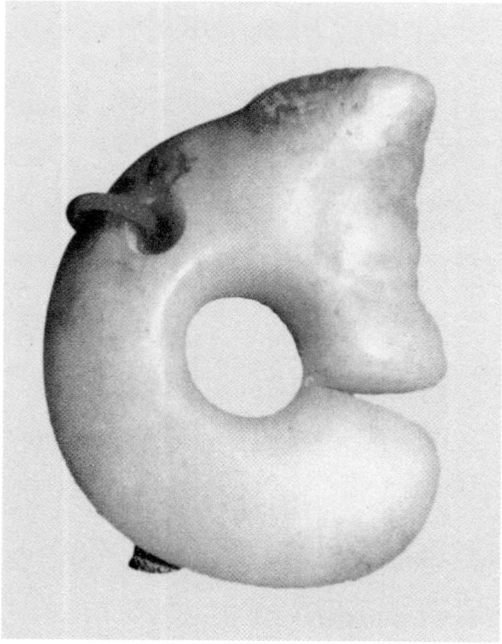
民间收藏的红山玉玦龙
（据《红山玉器图鉴》）

陶器等，石器有斧、镞、锛、石磨盘、石磨棒等。该遗址划分为三期，经碳14测定，其一期二段的年代为距今6735±115年；三期最晚为距今4825±180年。前者在查海—兴隆洼文化之后；后者在红山文化核心区牛河梁、东山嘴，即红山女神和玉玦龙之后。

众所周知，新石器时代中早期的居民是到处迁徙的，自从有了半地穴式的住屋，便向定居生活方式演进。查海—兴隆洼文化中的半地穴式住屋便显示了这一点。红山文化中的女神庙与祭坛，更标志了他们的定居生活方式。左家山遗址中也有房址发现，亦显示了他们正走在通往定居生活的路上。一度被人们忽视的一点是，在八千年前的查海—兴隆洼文化中石磨盘与石磨棒出现之后，沿着时间的轴线发展，在广大的黑龙江、松花江流域各遗址，石磨盘与石盘棒几乎遍地开花，这说明彼时的居民，除渔猎之外，已出现了野生谷黍果实籽粒的采集和去壳加工。耐人寻味的是，我比较了这些数十种石磨盘与石磨棒的形制，虽然是石制品，却惊人地相似。——这说明了，随着红山玉石制品的“北漂”或“飞翔”，对大平原上植物果实籽种的采集——前农业的活动也开始了，并向北方传播到整个黑龙江、松花江流域大地上（详见下文）。

左家山所依之伊通河东北流约50公里，注入饮马河，饮马河再东北流24公里注入北流松花江左岸。除了左家山遗址外，我所见到的吉林北流松花江——以及白城之洮儿河、霍林河——均注入嫩江下游右岸地的新石器时代遗址中，还出土了一些玉器、玉饰品，它们是：

●通榆县新兴乡新村村新发屯西北0.8公里的沙岗，即张剑坨子新石器时代遗址，出土了一件极为精致的绿色亚腰葫芦形玉佩，同时出土的还有紫色玛瑙石制的石钻，一件鹤嘴锄，14件由玛瑙石、燧石和火成岩制的石镞——也就是箭头。

●镇赉县西南到保镇一棵树新石器时代遗址，面积约5000平方米，地表多细石器。细石器中有一枚玉璧，与之同时发现的还有刮削器、尖状器、石核、石镞，此外还有一只石犁。

●通榆县敖包山遗址，位于通榆县兴隆山镇西北1.5公里的敖包山上。敖包为蒙古语，是为祭祀用的石堆。以岗顶为中心，采集到的除兔、鸟、鱼骨及蚌壳外，石器有石钻、石矛、石凿、石犁、鹤嘴锄、石磨盘、石盘棒等，其玉石饰件有一枚白色玉珠，呈圆柱形，直径1.2厘米，上有一圆形扁孔；另一枚是石球，为灰绿色，由黑色燧石和白玛瑙石压琢而成，是一镶嵌饰品。

●长岭县腰井子遗址，位于三十号乡腰井子屯北，面积约10万平方米，1986年试掘，出土了一枚环状鱼形玉饰件，此外还有鸟形蚌饰件，以及石锛、石镞、石刀、石球等石器。

●通榆县苗圃南岗遗址，位于该县西偏南团结乡民主村西北约2.5公里处，面积约6万平方米，采集到一只玉石斧。

●大安市报马吐遗址，位于大安市西南大岗子镇北双岗子村报马吐屯，在一处新石器时代的土坑竖墓穴中，出土了一只玉石斧和一些夹细砂褐陶绳纹陶片。

●白城市靶山遗址，位于白城市西郊5公里处，采集到一只玉石斧，一只卵石磨制斧。

以上八处为吉林省发现玉石器

齐齐哈尔昂昂溪滕家岗出土的新石器时代的白玉璧
（据《黑龙江古代玉器》）

的诸新石器时代的遗址[1]，大体上均在查海—兴隆洼及红山文化核心地域的正北偏东之地，较为集中地分布在吉林省西部的草原与平原上，向东没有越过伊通河及饮马河。吉林省中、东部占三分之二以上的地方，在新石器时代没有玉石器件发现。据此，似乎可以推知，在新石器时代居民的迁徙中，受查海—兴隆洼，以及红山玉文化影响的传播，这是一个由西南向东北方流徙的条形地带。

左家山"玉玦龙"的发现地依于伊通河，其他的玉石发现地也距北流松花江或松嫩两江会合地不甚远的西部疏林草原地域。如果说查海—兴隆洼与红山玉文化以其玉石器件的出现为象征"北漂"或"向北飞翔"的话，那么吉林西部疏林草原地带所发现的晚于查海—兴隆洼及红山核心地域的玉石器件的发现，可以被视为玉石器件"北漂"或"向北飞翔"的过渡地带，或者说它们正飞飘在往北扩散与辐射的路上。

## 五

迄今为止，黑龙江流域及三江诸地所发现的玉器可谓多矣。不言而喻，它们都是查海—兴隆洼文化和红山文化玉器向北扩散——或曰，北漂抑或向北飞翔的结果。

黑龙江新石器时期玉器的主要出土地点，西部地区即通榆、大安、镇赉、农安以北，有泰来县东翁根山遗址、齐齐哈尔昂昂溪遗址、滕家岗子墓葬、依安县大桥遗址、杜尔伯特蒙古族自治县烟囱屯镇新合村墓葬，以及松花江左岸肇源县肇源农场遗址等；其东部地区有乌苏里江下游左岸饶河小南山墓葬、兴凯湖新开流遗址、鸡西市刀背山墓地等；居于东西之间，自南向北有尚志市亚布力遗址、松花江与倭肯河交会处的依兰倭肯哈达山洞穴墓葬等；上述出土玉器距今之年代

〔1〕参见国家文件局主编《中国文物地图集·吉林分册》，中国地图出版社，1993年版，有关图文；以及唐秀琴主编《白城地区文物志简编》，吉林人民出版社，1992年版，有关论述。

约在七千年至四千年之间。[1]

这里我要着重指出的是依安乌裕河桥南新石器时期遗址，于1980年11月由当地农民采沙时，偶然发现了石斧、玉环和兽牙等物件，在随后的考古调查中，清理和发现了20余种石器、玉器。其中玉器有玉斧、玉锛、玉环、玉璧等，以及一些夹砂灰陶和红褐陶器件。其中一件大型石犁的现身，是黑龙江的首次发现。桥南遗址中的玉器，如玉石镞、玉石叶、玉雕刻器，以及玉磨制石犁，均由碧玉精磨而成。这种碧玉，据鉴定是依兰所产的“龙江玉”。

在《黑龙江古代玉器》一书中，考古学人李陈奇、赵评春示出了黑龙江新石器时代出土的玉器47种件，它们是：玉玦1件、玉环3件、玉璧23件、玉斧1件、玉镯1件、玉坠1件、半球型穿孔器1件、玉佩7件、玉簪3件、玉锛3件、玉瑗1件、玉觿2件。大体可以分为12种，使用玉石的材质有白玉、碧玉、青玉，以及一件白玛瑙等4种。

从出土所取得玉器来看，除几处遗址出土者外，多数玉器都是葬器。而葬器显然也是逝者生前使用、佩戴的玉器，下葬时随主人一起带走，故而这些玉器种件除玉斧外，大多是所佩戴的礼仪饰件。人们认为玉器作为礼饰所佩之器与葬器之间，只是一个时间分野，玉器的主人生时玉是礼器、佩饰之器，逝后葬时玉作为陪葬品入土。

在纵观红山文化玉器对北方吉林、黑龙江的影响时，张星德指出，“红山文化强盛时期，其对玉器的应用、玉器的造型，以及唯玉为葬的习俗对周边地区形成了重大的影响。……黑龙江地区的所有玉器器型几乎均未脱离红山系玉器的范畴。其中，玉璧与红山文化同类器最为接近。这里的玉璧多作圆角方形，同时有双联璧和三联璧，璧的边缘及中心的孔缘都琢磨成似刃的锐角，这些因素也都与红山文化相似。并且，在依兰县城东郊倭肯河东岸的倭肯哈达山西坡的洞穴遗址中发现的一件异形玉璜，采用的是与红山文化勾云形玉佩相似的制作手法制作

[1] 以上参见郭大顺《红山文化》文物出版社，2005年版，第171页，第51图；以及李陈奇、赵评春《黑龙江古代玉器》，文物出版社，2008年版，第10页。

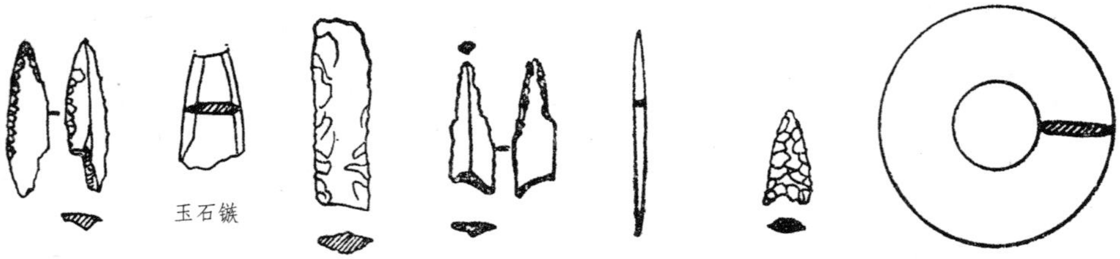


松辽之间（吉林长岭县）腰井子出土的玉璧、玉石镞
（据《中国考古地图集　吉林分册》）

的。其通体作半环形，首尾各突出一角，略似兽形。中部一侧和近端处各有一个小孔。在近端处小孔外侧端部有一道与兽首形式相称的浅沟。璜面近边缘处有明显的折线，边缘尖锐似刀。”[1]

张星德在对鸡西刀背山积石冢遗址考察后写道：“鸡西市刀背山……其南北长约200米，东西宽约100米，墓地分南北两部分，南部是平地，北部是四座封堆分明的积石冢。墓地的西边有一道长200米的墙。可见这一地区的先民在接受红山文化玉器形制的同时，也接受了红山文化的玉器观念，即以玉为礼，以玉为葬，以玉通神。显示这一地区的古文化对红山文化风俗的效慕。”[2]

积石的出现是古人将山岭岩石赋予了崇高的理念之后选择的一种逝后让死者的灵魂同山石做伴的行为法则，在这种法则中，死者将生前所用之玉携至身边，即有了身份的标记。

以玉为礼，以玉为葬，以玉通神，是古时先民们对玉的喜爱与崇敬的综合归纳，也是玉在国人心中具有不可磨灭的光泽的本原。古人对玉甚为容手，《说文解字》说玉有五德，其实何止于五德。孔子说，玉有十一德。只是在红山文化玉器恣行的时代，文明还没有达到一定的高度，对玉的认识，还仅止于喜爱、尊崇与敬畏之类的初级阶段上。在孔子生活的春秋时代，中国进入了诸子百家争鸣的文化、文明的第一个高峰，故而才有可能对玉有更深刻的认知。

---

〔1〕张星德《红山文化研究》，中国社会科学出版社，2005年版，第148–149页。
〔2〕引自张星德《红山文化研究》，第149页。

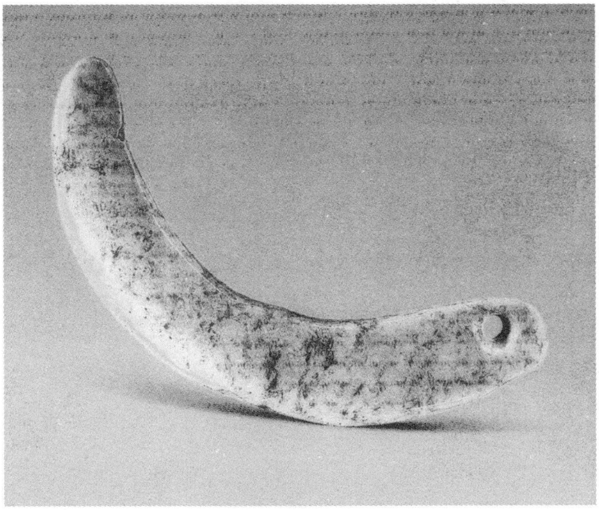
饶河小南山出土的青玉觿（据《黑龙江古代玉器》）

但不管怎么说，黑龙江流域的先民对玉的接受自新石器时代就已经开始，那么黑龙江流域广阔大地自斯时起，就已是中华大地的一部分，玉的北传、辐射，或曰北漂，或曰向北飞翔，便使之成为一种远古的文化之脉，将黑龙江流域大地与我中华大地有形、无形地链接起来——从国字看，玉是国之魂，也是黑龙江流域遍及四方、无处不在的“精神之脉”。

这里，我们再看玉的北飞。随着燕辽红山玉的北飞，诸玉的型制与传递，玉的质地与形态的遴选，玉材加工后成器的柔润与凝手，玉器设制中的写实与抽象，玉体的对称与平衡，其精致与滑腻，以及其中某些器件的高迈与大气……都附丽于玉的北飞一起超越时空，跨渡漠野，穿过河山的阻隔及辽、松、黑、乌大江大河流域的广阔，书写了史前的流域文明与文化，传之弥远，从而成为一种既可知可感，却可见又不可见的文化之脉的链接与脉动，成为一种散点透视下的遥相呼应……这是什么？这就是远古新石器时代以来大东北地域先民们跨入文明门槛时的美学认知与审美的速性传递……

同时这也是从中原大地到燕辽，到红山，又到松、黑、乌等地域的文化之脉的显性与隐性的线性的脉络，概括地说，这也是北飞之玉的文化承载与肩负，一种先民信仰与精神的同一与象征。在彼时彼地其地域、地脉上生活游徙的先民们，他们在民族人类学上的共融或接近或倾慕，先民们的价值取向和精神欲求的相同或相近似的表征。简而言之，这就是纵贯我中华大地至北疆、东北疆，乃至东北亚的扇形的文明之脉的形态，早在文明初始时期，就已呈斩不断及断而又续的可融性，可谓明矣！

# 六

在触及了文脉之后，我们再从另一个方面来认知它。

或问，作为礼器与葬器的玉，已经有了考古学上的实物证明，那么玉果然可以通灵吗？

贾宝玉降生时从娘胎里带来了一块玉，而且是一块女娲补天的剩玉，被曹雪芹命之为“通灵宝玉”，难道贾宝玉成天戴在项下的这块玉，果真可以“通灵”吗？

贾宝玉所持有的与生俱来的玉是否可以通灵，你可以去问曹雪芹——据说将《红楼梦》看过三十遍之后，就会明白；如果看三十遍太麻烦，你也可以去问遍地走红走俏的红学家们，让他们告诉你——曹雪芹的小说家言到底有多少可信度……

延寿县青川乡永祥村火烧嘴子出土的青玉锛
（据《黑龙江古代玉器》）

可是，我对玉的通灵，却有本可依。

牛河梁出土的红山女神头像，也可以赋予她三种神祇的化身：一是宗族的祖母女神；二是母土的土地女神；三是至高无上的“至上神”（张星德语）。

女神的头像是用泥土塑出的，是1:1真人般的大小，最神奇、最灵动、最让人敬畏的，最让人不可轻慢、不可亵渎的，是她的一双眼睛，“均嵌淡青色圆饼状滑石质玉片为睛，玉片直径2.5厘米，正面凸起，为睛面，经抛光，滑润而有光泽”。这是郭大顺先生在《龙出辽河源》一书中的描写。对于女神的眼睛，他还强调说：“尤其是眼球的处理，独以玉为睛，深深嵌入斜立的大眼眶中心，使炯炯有光的眼神，一下子迸发出来，可谓神来之笔。”玉睛的塑造，使女神的神化变得更高洁，更凛然不可侵犯，从而使她——女神才可以成为万千先民的崇敬与膜拜的象征。

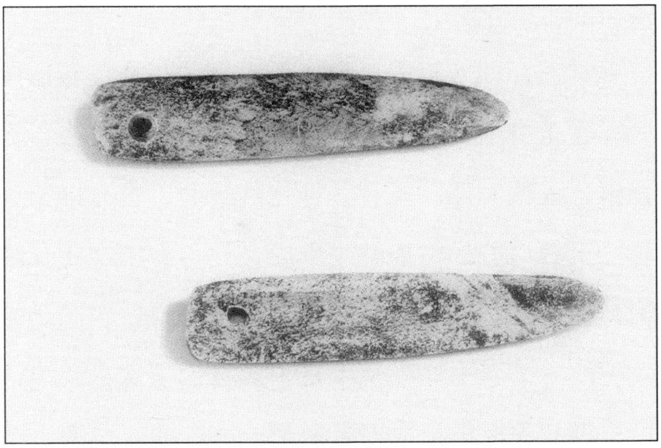

庆安莲花泡遗址出土的青玉簪 （据《黑龙江古代玉器》）

令人惊异，却又令人十分感兴趣的是，在距牛河梁以北近千公里的黑龙江省泰来县的平洋墓葬中，人们在编号M170的一座长方形墓葬里，发现了一位中年女性的肢骨，其随葬品中除了精美的鸭形壶、串珠和蚌匕等物之外，最神奇、也最不可思议的是，有两枚玉石珠〔1〕分别落在女性头骨的眼眶之内！另有一枚玉珠在头骨顶端，那不是头发上的饰物，便是覆面的饰物。除去后一枚玉石珠之外，另外两枚玉石珠覆于逝者的双目上。肌体腐后恰巧落在两个眼眶内！奇哉！妙哉！怪哉！

这位中年女性以其随葬品中精美的鸭形陶壶来判断，应是一位地位较高的人，但从墓形等看，还不一定是首领级的——考古判断为40岁女性，亦非祖母型的家族长，神化的可能性虽有，但不大。可她的双目覆了玉石珠，却又和红山女神庙中的女神头像用一对绿玉作睛，何其相似乃尔。

思之再三，唯一的解读是通神，或曰通灵。

古人对玉的尊崇是多方面的，总的说来可以归纳为三点：

其一，玉质地坚硬象征着智慧与人格中的自信；

其二，玉物圆润恋手象征着其身的圣洁、温婉及与人肌体的吸引与和谐；其

〔1〕参见杨志军、郝思德、李陈奇《平洋墓葬》，文物出版社，1990年版之第13页，第14页，以及图版一与采彩版二。在石器分析中，该书只笼统地指出石珠饰品为绿松石（土耳其玉）、玛瑙制成。故我乃以玉石珠呼之。参见该书第53页。

敲击的玉音悦耳；

其三，即使玉瑕，也显示出真诚、本色和自然。

在玉身上，瑕也是一种美。由此生发出去，人们对玉唯有喜爱一途了。古人指出，玉德一体，既有其神化的一面，也有以玉为通灵、通幽的一面。在今天来看，玉的这些品格也就是中原文化与红山文化交融后北传的文化的脉络，你称它为神脉也可，称它为玉脉也可。俗语说：眼睛是心灵的窗户，果真如此，从红山女神的眸子到平洋女墓中覆于双目的玉珠，正可谓神来之笔——换言之，唯玉可以当得起先民神祇或逝者通灵、通幽的永恒的心灵之窗。

## 七

玉凝于德乃至玉身是逐渐被人认知的，从红山玉文化对玉的礼器、葬器与通灵通神，传布南北大地，到春秋前后，人们对玉作为德的载体有了逐渐的认知。

《说文解字》释之云："玉，石之美。有五德：润泽以温仁之方也；鳃理自外，可以知中义之方也；其声舒扬，尃以远闻智之方也；不桡而折勇之方也；锐廉而不技洁之方也。"

《说言解字》的作者许慎是东汉时人，他对玉之德的归纳比较简略，而在距他六百多年以前的孔子时代，孔子已总结出了玉有十一德。《礼记·聘义第四十八》记述说：

子贡问于孔子曰："敢问君子贵玉而贱珉（珉者，似玉的美石也。——引者注）者，何也？为玉之寡而珉之多与？"

孔子曰："非为珉之多，故贱之也，玉之寡故贵之也。夫昔者君子比德于玉焉：温润而泽，仁也。缜密以栗，知也。廉而不刿，义也。垂之如队，礼也。叩之，其声清越以长，其终诎然，乐也。瑕不揜瑜，瑜不揜瑕，忠也。孚尹旁达，信也。气如白虹，天也。精神见于山川，地也。珪、璋特达，德也。天下莫不贵者，道也。《诗》云：‘言念君子，温其如玉。’故君子贵之也。”

在虎林的一座校园里，孔子面向大地在思索玉之德吗 王冰 摄

对于孔子言称玉之德，唐人郑玄作了详细的评述，最后郑玄总结说：“……愚谓分而言之，则为仁、为知、为义、为礼乐、为忠信，合而言之，皆德也。天地以言其德之著见于上下，道以言其德之见用于人，故曰：‘君子于玉比德焉。’”

玉之德的蕴含，随着玉的飞翔而遍布北方黑龙江大地。在没有文字与记载的年代，先是以其形体的温润之泽引发广博的喜爱而开始的，随着岁月的推移，草绿草黄的变迁，玉虽然有德在焉，可是在严酷的生存艰难的环境，它也仅被认知为礼器、葬器、通灵之玄而已。深入地理解与认知，当是一点点地与时俱进的。故而，在长达数千年的历史进程中，黑龙江流域的玉文化进程迟缓，当然，这也和黑龙江流域诸地远离中原和少产玉，不无关系。

红山之玉，北漂或向北飞翔的玉来自何处呢？张星德给出的答案是：东北三省的玉，大概均源自辽东的岫岩。

或问：古人的足迹如此遍布东北大地么？

没有确切的记载，这个问题也可以和海贝壳遍布黑龙江流域诸地一起思考。看来，这是应该肯定的。古人足迹所到之处，可能比今人想象的还要大，还要广阔，玉的产地和玉的传播之地都可以证明，玉作为文化的载体，它是飞翔于寰宇之中的。作为一种文化的脉络，玉之所到处，吉林西部的疏林草原也好，黑龙江、松花江、乌苏里江流域也好，甚至是乌苏里江以东的海岸，日本西海岸及北海道，以及北美的一些地方，都有玉的踪影。这些史前玉的流布与发现，一言以蔽之曰：

它们不仅是史前文明扩散、交流的最初的足印，同时其间也有一种无形的文脉相贯通。

# 石磨盘与石磨棒之歌

## 一

咯吱吱，咯吱吱，咯吱吱……在反复回响的一支粗犷的歌曲中，在双手滚动石磨棒于石磨盘之间的摩擦、压挤的奏鸣里，一颗颗谷粒或黍粒在脱裂外壳后露了出来，随之浮散的还有一股米香……

这就是远古时代响遍中国大地的石磨盘与石磨棒之歌。

石磨盘与石盘棒之歌是从哪里奏响的？

现在，我们还说不甚清楚。[1]

但至少我在辽西查海中华第一村的遗址博物馆中，看到了已经使用过的，八千年前的石磨盘与石磨棒。原来，石磨盘与石磨棒奏响的是去掉野生植物种子或果实之壳的歌声：咯吱吱，咯吱吱，咯吱吱……起自遥远的新石器时代，在辽西，在查海，在东北地区的西南方，它起自中华第一村。在沉默的、深埋的土地下，由于考古学家们的问津，我们听到了缭绕于红山地区、辽河流域的，用石磨盘和石磨棒奏出的采集农业最早的奏鸣曲！

石磨盘是由一块砂岩石制成的石板，有带足和不带足的两种。因使用了若

---

〔1〕在中原的新石器时代遗址中，河北省武安县磁山遗址和河南省新郑县裴李岗，都发现了石磨盘与石磨棒，其发现的粮食主要是粟——小米。其年代，大约距今7000年。参见叶朗、费振刚、王天有主编《中国文化导读》，三联书店，2007年版，第14页。

千年，其平板的石磨盘已形成了前后两端厚而高，中间平面因磨损而有了弧形的低洼状。石磨盘全长约40厘米，两端厚约4厘米，中间厚度在3厘米左右，磨体呈梯形，最宽的一端约为38厘米，窄端约为32厘米。石磨棒是一个长约35厘米的砂岩石棒，或称为圆柱形，两端显示出圆润状。因为正是查海人用双手操持石磨棒在石磨盘上来回滚动，将野生植物的果实籽壳压碎，将压碎的果实籽壳皮可以吹去，也可以将壳皮筛出，留下果实——如谷粒之类的东西，装进陶罐中，以备煮熟食用。

尽管这样用石磨棒将摊在石磨盘上的野生果实经来回磨压，可以去壳，总的说来，它的去壳效率尚十分低下，一般释为采集农业或初始时早期农业收获时使用。但不管怎么说，这种用石磨盘与石磨棒在双手挤压下来回活动所发出的声音却是悦耳的：咯吱吱，咯吱吱，咯吱吱……它令人想起煮熟如谷子或大黄米米粒的香气。

石磨盘与石磨棒相互摩擦所奏出的破碎野生（或早期粗放播种收获的）果壳的歌声，是中华大地上最早奏响的农业之歌、收获之歌和满载着成就感的大地之歌、先民之歌。

我们中华民族的先人们就是奏响这支歌，在东方大地上最早以农业立国的。

这支歌是如何奏起的，似乎已不重要。重要的是，这支歌随着北飞的玉，也向北方，向松花江、黑龙江和乌苏里江地域飘去，随后人们在吉林、黑龙江、乌苏里江的大地上，也奏响了石磨盘和石磨棒之歌！

查海中华第一村出土的石磨盘与石磨棒　范震威 摄

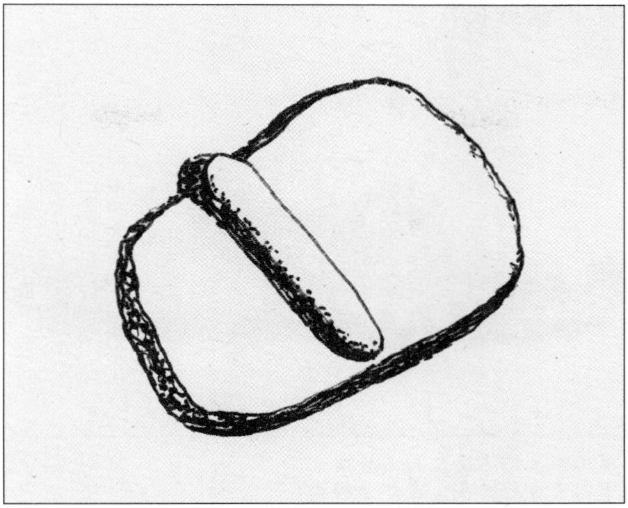

兴隆洼的石磨盘与石盘捧　阿干画

这种石磨盘与石磨棒之歌的传递，就是彼时贯穿南北大地的最早的古老的农业文化之脉！

这种遍布于北方黑龙江大地沃土上的石磨盘与石磨棒之歌，已经过去很久了，几千年的岁月随着雨打风吹去，可是先民们演奏于大地上的石磨盘和石磨棒却留存了下来，随着考古学家的小铲与毛刷的叩问，它们像往北飞翔的玉栖落在山河大地，汇聚成山河之书重见天日一样，也亦步亦趋地朝明媚的阳光走来……这就是在新石器时代遗址中接连发现的石磨盘和石磨棒！

石磨盘与石磨棒带着远古的气韵和他们相互叩击所发出的音符，重新进入现代人的视野与视听中……

## 二

同玉的北飞一样，若以八千年前的中华第一村——查海遗址出土的石磨盘与石磨棒为起点，朝向东北方向飞翔的石磨盘、石磨棒，也是先经过辽河、北流松花江地域，先进入今天吉林省的沃野适宜人居的遗址地，然后又向北飞翔，向北传递的——而这，就是文化的张力。文化的张力依赖文脉进行传递，或者说张

农安左家山出土的石磨盘与石磨棒
（据《中国考古地图集　吉林分册》）

力的最初传递便成为文脉的延伸，而文脉的延伸，反过来却加速了文化张力的传递。在远古时出现的哪怕是很小的一点“去壳的进步”，也会很快地传播开来，经过模仿、使用、照搬，然后又向更远的地方传去——是主动地去教授他人？还是让相邻的族人见到了学去？我们也就不必煞费苦心地去捉摸和论证。反正，那是人类童年时代普遍使用的先农业的工具之一。

在吉林松花江二级支流伊通河北岸的左家山新石器时代遗址，在发现松花江地区唯一的一枚玉玦龙的地方，同样也发现了石磨盘和石磨棒，形制与原理与查海的完全相同，不同之处是石磨盘比查海的石磨盘稍厚，盘体稍长、稍窄，而且石磨棒也没研磨得那么细，那么接近柱形，仅是一块约四分之一的长且厚的饼形，但它有一个平面，也可以将植物果实的壳皮压碎，进行初级的加工。其装谷籽或装水的陶罐，也类似于查海遗址的筒形罐，只是底面更小，形体更若倒锥体形。当然，其稳定性不如前者。

大概是受到石材的限制，玉的北飞要受到玉石材料之困。相反，石磨盘与石磨棒所用的砂岩却遍及北方各地，因此石磨盘与石磨棒所奏响的先农的序曲，则在辽、松、黑、乌四水大地上频频飞飘。

飞飘的结果，在吉林省的松、辽诸新石器时代遗址中，已出土的石磨盘与石磨棒已见到7套；单见石磨盘未见石磨棒的有8个，仅见石磨棒，不见石磨盘的有三四根。而且，在由新石器时代向青铜器时代过渡后，在青铜时代遗址中，也有一处发现了石磨盘和石磨棒，而单独发现的石磨盘与石磨棒，分别为7个和5个。在相当于中原的汉代遗址中，也有3个石磨盘和2个石磨棒出土。

中原出土的石磨盘与石磨棒（河南新郑裴李岗，公元前6000年至前5600年）（据《文物史前史》）

越过北流松花江，在松花江干流的地域上，在松、黑、乌三江诸地，石磨盘与石磨棒的发现，也遍布了黑龙江省各地。

在上个世纪30年代，寄居在哈尔滨的俄人考古学家B.包诺索夫，曾在齐齐哈尔的嫩江之畔和牡丹江、镜泊湖地区，也都在无意中发现了石磨盘与石磨棒。对此，包诺索夫在他的考古报告中写道：

“北满的古代农业遗迹也有所发现。当然，农作物不可能保存至今，但农业工具却得以保存下来。（我要）特别指出，我在镜泊湖郊区（宁古塔地区）发现了（石）磨棒与（石）磨盘。”

“在湖的南岸有一座小山，登到山上，可以望见一座旧城的城墙，时代大约是7—8世纪的。我在该地进行了发掘之后，证明该地有两个互相叠压的文化层；上层含陶片及历史时期城址的其他堆积；下层可能属新石器时代晚期。”

“在此，我们发现了大量的（石）磨棒，在邻近牡丹江沿岸，发现了用作基座的（石）磨盘，使用时，（石）磨棒置于（石）磨盘上，用手抓住（石）磨棒的一端，在（石）磨盘上来回滚动，就可以将放在（石）磨盘上的谷物磨碎。因长期使用，（石）磨棒中间部分磨损严重，这就是（石）磨棒常常是中间薄两边厚的原因。”

“我在沈阳故宫博物院见到了同样的（石）磨棒，是在兴安省[1]南部的林

〔1〕指伪满“兴安南省”，此地当属于今内蒙古东部通辽，即新开河、西辽河等地。

四城发现的。”

“另一种类型的（石）磨棒是卢卡什金在齐齐哈尔郊区发现的。（石）磨棒很长（竖起来使用）。被磨损的一端表明，其宽度不超过下面用来放置谷物的（石）磨盘直径。碾米的时候，用手握住上端。”

“北满居民在（新）石器时代便开始使用磨盘是很明了的。虽然我们不知道磨的是什么，很可能是谷物种子。现在，一些落后的非洲地区居民，仍使用类似的磨（盘）。”[1]

在包诺索夫之后，日本考古学人奥田直荣也趁日伪统治的便利，随后在我黑龙江地区进行考古试掘。1939年夏天，奥田直荣在牡丹江、镜泊湖流域的腰岭子等遗址中，也发现了石磨盘和石磨棒。奥田氏在他的考古报告中说：“用于石磨盘上的石磨棒，出土数量很大（这类器物在南湖头、金明水遗址也发现不少）。石磨棒与石磨盘相接触的摩擦面磨损过甚，不仅一面磨平，而且另一面也是这样。在此地发掘的倡导者包诺索夫，他注意到从石磨棒的把手部位磨损面开始，到构成阶梯式的顶端，对照表里带有凹穴。他在南湖头遗址发掘中，也得到很多同样的器物。经考察发现，在这些同类器物中，其中常有经磨损而较其端部为薄的……这样的石磨棒与牛场遗址发现的表面磨平的石磨盘是一组成套的器物，可推定为适应谷物磨粉所需而制成的。根据‘在北满各地已发现了古农业遗址，尽管尚无农产品的直接保存，但却有了农具的保存’之类的记述，则此石磨棒，也应认为属于农具范畴。”[2]

在奥田直荣的报告中，于腰岭子、金明水、南湖头、牛场、三灵屯等牡丹江、镜泊湖流域地区——也就是肃慎及其后人生活的地方——均发现了石磨盘与石磨棒。

如果说，俄、日考古学人对我黑土地的考古考察与发掘，属于黑龙江流域考

---

〔1〕参见吴文衔主编《黑龙江考古民族资料译文集》，黑龙江省博物馆1991年版，第57-74页，包诺索夫的文章，胡秀杰译。
〔2〕参见《黑龙江考古民族资料译文集》，第15-16页，奥田直荣《镜泊湖畔史前调查报告》，张安 译。

古的初级阶段，那么新中国成立后黑龙江的考古工作虽起步维艰，却仍硕果累累，形成了“层累式”的收获。

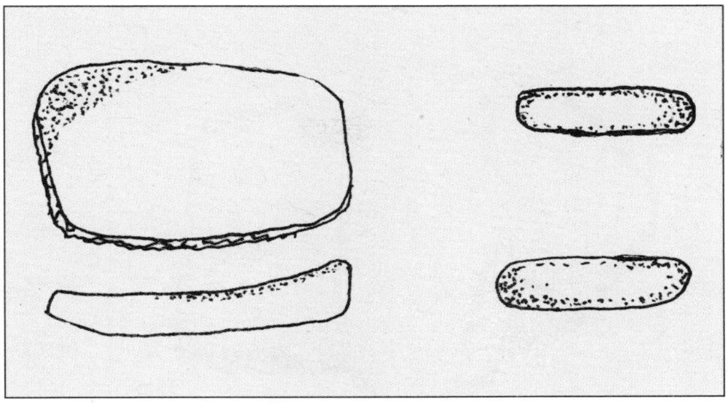

零散出土的石磨盘与石磨棒　阿干画
1.石磨盘
2.已磨成凹形的石磨盘（侧视图）
3.零散出土的石磨棒

实际上，现今我们对黑龙江、松花江、乌苏里江三江流域的考古发掘中，石磨盘和石磨棒的发现也是很多的，如乌苏里江左的集贤县东辉城址西遗址，考古工作者即采集到了完整而又美观的一套石磨盘与石磨棒，其中的石磨棒同包诺索夫在齐齐哈尔地区发掘出的一套石磨盘与石磨棒甚为相似。零散的、相似的石磨盘与石磨棒在双鸭山市保安村（汉、魏）城址中，也有同样的发现。而且，石磨盘与石磨棒发现了3套，并且器形较大，也非常厚实，可能因年代较晚，磨面相当光滑，显然加工制作的技术已有了进步。同样年代的石磨盘与石磨棒器物，在佳木斯市的长发镇西南山丘，也有石磨盘和石磨棒各1件出土，不过二者相距约0.25公里，可能不是一套器物。在佳木斯花园村北的四丰山上，种畜三分场西北，各发现一只石磨盘（残）；在佳木斯明义乡油坊村北约2公里的山坡上，在幸福乡三道沟村东1.5公里的山上，各发现了一只石磨棒（残）。——这些出土器物均现于山坡或山顶，那是因为佳木斯地区在松花江下游，涨水发洪的概率很大，汉魏时的先民们不得不选择在高一些的地面上安居。

在松、嫩两江地区，除了齐齐哈尔地区有石磨盘、石磨棒发现外，在更远的呼伦贝尔新巴尔虎左旗铜钵庙以北11公里阿木古朗镇至甘珠而花公路东侧一处干涸的古河道旁的台地上，有一片新石器时代的古墓群，其中也有石磨盘出土。

这些由新石器时代到汉魏的跨越数千年的石磨盘与石磨棒的古代先人的器物，说明了什么呢？

在我看来，它显示了先人从采集到初始农业，时间跨度如此之大，实在显示了黑龙江地域早期农业发展的缓慢与艰难，这里气候寒冷，可供选择的农作

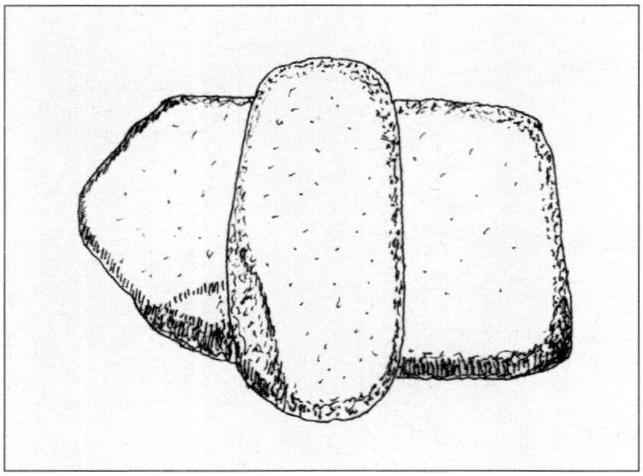
依兰出土的石磨盘与石磨棒
（据《走进依兰》）

物稀少是一个根本的原因；其次是生产力低下，由播种到收获的漫长周期，需要有大量的食物储存作为支撑，而在彼时，这样的条件尚难具备。其三是，黑龙江地域渔猎条件好，资源丰富，加上畜牧业与养殖业（如猪、羊、牛、马等）的发展，所以农业多处于辅助地位，故而农业进展很慢。

虽然如此，对于南北方的交流，特别是中原地区通过燕、辽向黑龙江地区辐射，加上北方部落联盟国人到中原王朝进贡、学习，中原农业的飞速发展仍然是北方黑土地农业的一种助推与催化。这种助推式的催化作用，亦仍然可视为是黑龙江地域同中原经济技术互通的文化之脉。这条看不见，却又无处不在的文脉，一直推动着北方黑土地先民尽快地赶上来。

## 三

最先注意到石磨盘和石盘棒有粗细不同之分的是《中国东北史》第一卷的作者们。他们穿透了历史的迷雾，首先指出了富河出土的石磨盘有粗细两种，“粗磨盘较厚，磨面上有很多的小浅坑，中间部分较洼下，便于粒状谷物集中于中部进行粗磨。还有一种细（石）磨盘，薄而扁平，磨面无坑又较光平，它显然是用于把粗磨后的谷物进一步磨成细粉。”[1] 他们还说：两道加工工序使用两种磨盘，在谷物加工技术上是较为进步的。

---

〔1〕参见佟冬《中国东北史》第一卷（丛佩远主编），吉林文史出版社，2006年版，第77页。

作者们这样分析，自然有他们的道理。可是，我们倾听石磨盘与石磨棒在新石器时代所奏出的歌声，却是以采集农业为开篇的，然后是早期的农业。早期农业的存在，除了加工的石磨盘与石磨棒之外，其标志还应有石耜、石犁或石铧、石锄、石镰等之类的出现，这一系列早期的、原始的农业工具的出现，标志了农业的诞生。而石磨盘因粗细的不同奏出的农业之曲，则是早期农业有了一定规模之后才出现的。

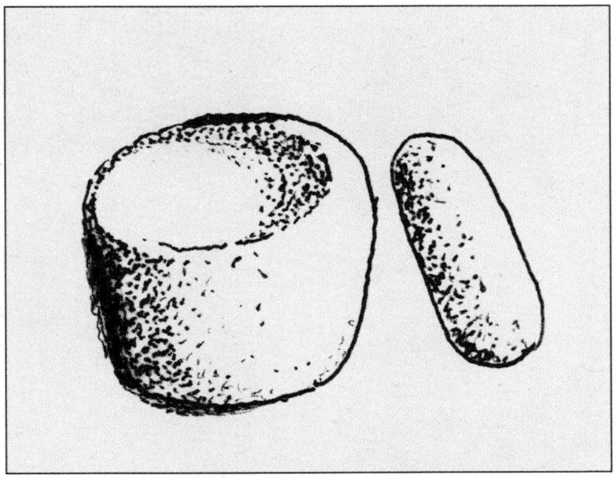
早期农业的石器：石臼和石杵（右） 阿干画

早期农业的出现、发展与传播，也是由南向北辐射、蔓延的。换言之，和玉的辐射、传播差不多，早期农业也是由燕山、辽河向松花江、黑龙江、乌苏里江地域传开来的。这里边隐逸其中的就有一条看不见的连接中原的农业更发达的农业文化之脉。

在查海—兴隆洼出现石磨盘、石磨棒数千年之后，在距今三四千年，也就是新石器晚期黑龙江地区也有了早期的原始农业。考古发掘表明，牡丹江、绥芬河流域是黑龙江农业的最早的摇篮。《山海经·大荒北经》云：“大荒之中，有山，名曰不咸。有肃慎氏之国。”文中的不咸山，即长白山。而长白山之北，恰是牡丹江、绥芬河流域。肃慎氏国，又称息慎氏国，是东北夷中最早同中原联系、来朝、进贡的早期国家。早在舜帝二十五年，肃慎/息慎就派使臣到中原，向中原的帝舜来朝，“贡弓矢”（《今本竹书纪年疏证》）。这事距今已四千多年。换言之，彼时肃慎/息慎氏国人主要靠弓矢、渔猎为生，而中原早已有了农业，是不是由这次记载中的进贡将农业技术学回来，虽无记述，却在情理之中。姑以此为彼时彼地的农业之始，也未可知。

1983年发掘的牡丹江莺歌岭遗址，出土了黑龙江地域较早的农业代表工具——石锄，证明了原始农业已经出现。经碳14测定，上层距今2985年（±120年），下层估计为距今四千年左右。这件石锄出自下层，是一种打制石器，有有

集贤县采集的石磨盘与石磨棒　佚名 摄

肩与亚腰两种形式，此外，还有石斧、板状砍伐器等。其中的亚腰形石锄，专家们认为，亚腰形石锄，“是用绳麻纤维类使其固着于木棒上使用的，既可用其松土锄草，又可用来掘坑播种，兼有镐和锄的作用。……板状砍伐器、磨制石斧同样是重要的农业生产工具，砍伐树木，开辟耕地是离不开它们的。……这一切都说明，莺歌岭遗址下层所反映出来的文化面貌是比较古老的，农业生产也是很原始的。”[1]

莺歌岭的上层文化有了更大的进步，出现了许多农具，如长身斜刃斧、环形斧、穿孔平背弧刃刀、长方形穿孔刀，以及锛、凿、矛和石磨盘、石磨棒、镞、杵、齿轮状石器等。石刀可作为收割的工具，石磨盘、石磨棒是收获后对谷物作加工的工具，这些多彩纷呈的农业器具，肯定可以演奏出响彻不咸山以北大地上的农业奏鸣曲。

在牡丹江畔宁安的牛场遗址与大牡丹遗址，最重要的是发现了谷粒。经过鉴定，牛场遗址出土的是大豆，大牡丹遗址出土的是大豆、粟（小米）和黍（大黄米），这说明彼时（约在商末、西周初年）这里已经有了相当规模的农业了。

值得注意的是，在莺歌岭上层出土了许多神态各异、乖巧玲珑的陶塑小猪，这种从野生到家养的驯化的状态，一方面说明了农业收获物——饲料的存在，同时也说明了由于狩猎物的过剩，方才有了家畜的出现。

在汉字中，如果“穴”字是代表古人“穴居”的话，那么“穴”字就是在覆盖物之下立以木柱之类的支撑，象征了“土室”的存在。依据同样的道理，当

〔1〕参见李延铁、孙秀仁、干志耿《黑龙江古代农业文化概论》，载《黑龙江省文物博物馆学会成立纪念文集》，1980年版，第62-63页。

人们有了驯化了的家畜，并将它畜养在同一“屋檐”穴居下的时候，便出现了一个——家字。换句话说，什么叫“家”？光有了“穴居”的土室还不够，至少还得养一头猪，家的概念才成立。“豕”者，猪的别名也。有猪才有家，有了家畜，家才能成为家，这正应了恩格斯所论述的，过剩成为私有物与私有制的起源。

早期原始农业中的“刀耕火种”也好，雨后赶着牛马在湿地上踩出脚印，随后在湿地脚印中撒播种子任其发芽生长也好，这些都是原始农业发展的必由之路，或曰初级阶段。

在早期的原始农业中，可以被人用来播种的作物是有限的，极受地域土壤、气候与农作物的地理分布的影响。研究表明，东北三省地区最早的种植物是大豆、小米（粟）和大黄米（黍）。大豆的起源地在东北与华北，古时称菽；小米也称粟，也源于华北与东北，据说是由狗尾草驯化而成；但粟，古时又与稷相混，也有人于祭祀时称稷，民间称粟，都是小米。然而也有人说，稷是穄，也称穄米或稷米。我在童年时曾吃过穄米煮的饭，比小米饭稍软，是一种白色的小米，与小米粒大小相似。穄米面还可以摊煎饼，却与稗子面的煎饼极易相混。

牡丹江镜泊湖出水的吊水楼瀑布　捷然 摄

但不管怎么说，穄米——稷米与稗子米，在20世纪的四五十年代还是常见的农产品。至于在两三千年以前的东北，特别是黑龙江地域上有没有稷和稗，就难以确知了。

宁安牡丹江支流马莲河北台地上的东康遗址中，于第二房址内出土了“炭化了的谷物”，经东北农业大学李文雄鉴定为粟和黍；经中国农业科学院农作物研究所苊玉深鉴定为粟和荏（俗称苏子）、西天谷（河北称千穗谷，云南称天粟米）和豆（大豆、小豆未定）。西天谷，黑龙江民间俗称细黏谷，是一种比小黄米颗粒还小的一种作物籽粒。——虽然在一些作物的叫法上，古今不一，特别易于含混，但不管怎么说，经过时间的推移，在黑龙江农作物品种越来越多，却是毋庸置疑的。

东康遗址的出土物经碳14测定，距今为1695±85年，正值中原的三国两晋时代。此时，生活在不咸山——长白山以北的肃慎，已称挹娄。据《后汉书·东夷列传·挹娄传》记述云：

挹娄，古肃慎之国也，在夫余东北千余里，东滨大海，南与沃沮接，不知其北所极。土地多山险。人形似夫余，而言语各异。有五谷、麻布、出赤玉、好貂。无君长，其邑落各有大人。处于山林之间，土地极寒，常为穴居，以深为贵，大家至九梯。好养豕，食其肉，衣其皮。冬以豕膏涂身，厚数分，以御风寒。夏则裸袒，以尺布蔽其前后。……[1]

这就是黑龙江地域有了五谷的可靠记述，说明当时不仅有了农业五谷杂粮，还有了饲养的猪。历史记载与出土文物，完全相合。换言之，也就是说，黑龙江地域的早期农业与中原所出产的农产品五谷杂粮，完全合拍了。——这也是以石磨盘与石磨棒为主的农业生产的主旋律，基本上是此起彼伏，对应演唱的。

---

〔1〕参见范晔《后汉书·东夷列传·挹娄传》，中华书局标点本，1965年版，第2812页。

关于五谷的指陈，《辞海》作了如下的解释：

五谷即指五种谷物。古代有多种说法：其一，《周礼·天官·疾医》：“以五味、五谷、五药养其病。”郑玄注：“五谷，麻、黍、稷、麦、豆也。”《大戴礼记·曾子天圆》卢辩注同，惟豆作菽。菽是豆的总称。其二，《孟子·滕文公上》：“树艺五谷。”赵岐注：“五谷，谓稻、黍、稷、麦、菽也。”其三，《楚辞·大招》：“五谷六仞。”王逸注：“五谷，稻、稷、麦、豆、麻也。”其四，《素问·臧气法时论》：“五谷为养。”王冰注以为是“粳米、小豆、麦、大豆、黄黍”。

在《后汉书》之《挹娄传》中，既然已有五谷与麻（麻籽可食）并列出现的句子，那么，其一、其三的解释将麻掺于五谷中，显然不在此列。余下的其二、其四的解释，都有可能。

古今以来，国人最常见的农作物小米——粟，最早发现于河南省距今也达八千年前的磁山文化遗址，根据韩茂莉教授的研究，作为华人的主食之一的粟，也是以中原——河北武安磁山为核心，向外扩展其种植，在距今三千多年前传至

黑龙江风光　王庆春 摄

松花江、黑龙江诸地——这种扩散、辐射的方式，同石磨盘、石磨棒的扩散、辐射是一样的。虽未必同步，却亦只是孰先孰后的不同而已。然而，这种说法在兴隆洼文化发现后，即在距今达八千年前的兴隆洼文化遗址中，也有了炭化粟粒的发现，说明粟的种植与传播的情况，可能更复杂些。

A.安默曼与L.卡瓦利-斯福尔扎通过对欧洲早期农业传播情况的研究，总结其传播速率为1.08千米/年。虽然这一传播速率未必一定与中国的情况吻合，但作为参照还是有研究价值的。[1]

黑龙江早期农业中的黍——大黄米，最先发现于河北武安磁山遗址，时间是距今10000—8700年，兴隆洼文化中的黍粒，距今约8000—7500年，到沈阳的新乐遗址，时间为距今6000年，而到松花江、黑龙江地区就更晚了。但不管怎么说，这种线性的或类线性的辐射与传播和石磨盘与石磨棒的辐射与传播，几乎是同步的。其间，以时间为函数的石磨盘与石磨棒所奏响的农业之歌，即可称为是一种《收获之歌》，或以为是一曲《欢乐颂》，也颇具韵味。

---

〔1〕参见韩茂莉《中国历史农业地理》，北京大学出版社，2012年版，第245-248页。

# 龙·中华第一龙·黑龙江江名

## 一

在中华第一村查海遗址中，发现的龙的形象有两种：一种是陶器上的浮雕的龙纹，另一种是龙形堆石。陶器虽为残片，可卷曲的龙身和上卷的龙尾，都有斑斑点点的鳞片可辨。另一个由大小基本均匀的石块堆塑出了一条石堆龙，其形象逼真，有似隐似现、腾飞跃动之状。石堆龙的龙头朝南，龙尾在北，全长19.7米，龙身最宽处达2米，其方向基本上与遗址发掘的房址相一致。龙尾居于聚落的中心，并与最大的房屋相邻，头部以下为墓葬地。——这种显示的内涵，人们至今尚不十分清楚。不过，有一点是毋庸置疑的，那就是在距今八千年前的查海——中华第一村的土地上，彼时的先人已经有了龙和龙的崇拜。

八千年前，在辽河地域上就有了龙与龙的崇拜!

类似的堆龙亦出现于河南濮阳西水堆仰韶文化45号墓中。墓主人左右两侧分别用贝壳堆出了一龙一虎的贝壳堆塑，形象都很逼真。不过，那要比查海中华第一村晚一千余年。

或问，龙果真存在吗?

因为没有考古材料的证实，人们通常都说："龙——中国神话中的神异动物。传说龙能隐能显。春分时登天，秋分时潜渊。"

8000年前的查海中华第一村的龙形堆石（据《龙出辽河源》）

或问，人，有没有见过龙呢？

有的。神农氏的母亲叫任姒，是有蟜氏部落的女儿，登为少典之妃。一次，去游华阳，见有神龙之首，感而有孕，生下炎帝。人身牛首，长于姜水。有圣德，以火德王，故号炎帝。——看来，有蟜氏女儿叫任姒，嫁与少典为妃（妃者，王侯的妻子也），是见过龙，并因见龙首而孕生了炎帝的。由此可知，炎帝——神农是龙的儿子。——如果黑眼睛、黄皮肤的中国人承认自己为炎黄子孙，那么也就承认我们是龙的传人。因为，我们的血管里流淌着炎黄（关于这一点，详见后文），我们的血脉，也就是龙脉。

在远古的传说中，龙是可以驯养的。

古时，龙似乎是常见的。《左传·昭公二十九年》，也就是公元前513年的秋天，有龙见于绛郊。由是魏献子问于蔡墨说：

“关于龙的事，很少有人知道，但也有人说知道，你信吗？”

蔡墨回答说：

“人实不知，非龙实知。古时，有畜养龙的人，故而有豢龙氏，也有御龙氏。”

魏献子说：

“此二氏，我也曾有所耳闻，但不知其详情，你知道吗？”

蔡墨回答说：

“以前有人叫有飂叔安，他的后人有一位叫董安的，他是一位好养龙的人，能知道龙喜欢吃什么，乃供给龙饮食，便有许多龙闻讯都跑到他那里去。由此，董安便摸索出来一套畜养龙的技艺，并以此来服事舜帝。舜帝乃赐之姓董，其氏曰豢龙氏。随后又封他到鬷川。他的后人，也称鬷夷氏。如此说来，在帝舜氏时代，果然有畜养龙的人。”

“噢，是这样！”魏献子点点头说，“那以后呢？”

“到了夏代，”蔡墨继续说，“孔甲扰于帝，帝给孔甲以乘龙——乘龙者，四条龙也。孔甲不知道如何畜养龙，因为他未见过豢龙氏其人，更没有向豢龙氏请教过。彼时陶唐氏已经衰落，其后裔中有一位叫刘累的人，曾经在豢龙氏那里学过畜龙的技艺。恰好刘累在孔甲的门下，会畜养龙。夏后嘉之，乃赐刘累为御龙氏。孔甲掌权元年，废了豕韦氏，便命刘累代之，为孔甲养一对雌、雄二龙。可是，天有不测风云，不知为何，一条雌性的龙被养死了。刘累不敢报告孔甲，却悄悄地把龙肉制成龙肉酱，烹饪后给孔甲吃。孔甲吃了之后，感到味道极为鲜美，便让刘累再做给他吃。刘累听了以后，十分害怕龙死的事儿暴露，也不声张，竟神不知鬼不觉地举家迁逃到了鲁地。”

“噢，原来如此！”魏献子恍然大悟，便又问他说，“那么，现时怎么没有养龙人了呢？”

牛河梁地势——小玉猪龙即在此附近出土　范震威 摄

蔡墨想了想说：

“古有五官，是尊是奉，尚好。……龙本水生之物，如今水官弃矣，故而龙不得生。如此，何来畜养龙的人呢！……”

随后，蔡墨乃说了一些关于《周易》中如“飞龙在天”等涉及“龙”的记述之语，结束了这场对话。

还有一个关于龙的故事，亦广为人知，那就是“叶公好龙”。

此故事记于刘向《新序·杂事》中：

“古时，叶公子高是一个喜好龙的人。他在写字作画中，不时地勾画出龙的身形，凿于石上也是龙的形象，在他家的梁栋、屋宇、门窗上，无不绘画出龙的千姿百态以为欣赏。讯息传遍环宇，天龙也知道了，就来他家视看。真龙将龙首窥于窗前，又将龙尾施于堂上。叶公见到了真龙以后，大惊失色，匆忙地逃走了。他失魂落魄，六神无主，吓得不能言语，也不能动弹了。弄得天龙好没趣，只好无声地走了。原来，叶公所喜好的是绘画中的假龙，而非真龙。一旦真龙出现了，他反而不知所措了。”前一个故事乃见于《左传》，以后因孔甲在夏朝的十七位帝王中名列第十四而将之记录在《史记·夏本纪第二》中。——在我看来，古时的“龙”也可能是指自然界中如巨蜥之类的四足爬行动物，抑或若鳄鱼类的两栖类爬行动物。这样一类的动物，后来显然稀少而渐趋灭绝了，也未可知。至于叶公好龙故事中的真龙，那就只能说是一种寓言了。

汉画像砖上的四灵
左上：青龙　　右上：白虎
左下：朱雀（凤）　　右下：玄武（龟蛇）

如果说上述关于畜龙、好龙的故事，传递了龙的真实存在，毋宁说，在早期人类对龙的认知还是有生物学知识作支持的：龙分雄雌，龙可以畜养，龙亦有饮食，龙亦有生死，甚至龙肉不仅可食，而且味道鲜美……龙十分可爱，民间不乏喜好龙的人。只是龙的真面目恐怖而吓人云云，如此，我们见到了龙在神化前的另一种存在。

牛河梁出土的小玉猪龙 之一
（据《龙出辽河源》）

古人将龙按彼时的分类方法，分为四种：

有鳞者称蛟龙；

有翼者称应龙；

有角者称虬龙；

无角者称螭龙。

可是，这种分类所指称的四种龙，同我们今天所见到的如华表上的龙，故宫丹墀石雕上的龙、九龙壁上的龙，清朝青龙旗上的龙，以及龙年纪念邮票上所画的龙等，都有显著的区别。而且，随着时间的推移，时间距今越近，龙的形象也越加复杂，也越加生动威猛了。

古时又有四灵之说，《礼记·礼运篇》说：

“何谓四灵？麟、凤、龟、龙，谓之四灵。”

有此四灵，故而有了祭祀，最后形成制度，才有了礼官和礼仪。对龙的祭礼是随着对四灵的祭祀开始的。这一祭就是数千年。如今，民间的元月舞龙便是遍及世界各地的华人对龙的最好的祭祀，从而展示了龙的生动威猛。

由此，龙逐渐被神化。因为，龙是水生动物，故而人称龙是主水之神，从而在中华大地上，多有龙王庙。连黑龙江省兴凯湖出湖的松阿察河口处，也立有龙王庙，并成为那里的一个村名。小说《西游记》中，龙的出现就更多了。

# 二

龙在祭祀中被神化，在神化中被异化，也被改变与丰满。因此龙又是被古今华人高超的想象力创造出来的图腾。

除了上面我们已经提到的查海与仰韶所发现的卧于大地上的堆龙外，前文也提到有一种小型的类似于玉玦的玉玦龙，作为礼器或葬品遍及于红山文化遗址诸地。在这些体形仅有数厘米之高的龙的背后，笔者走访西辽河诸地和红山文化遗址诸地，还见到了许奇形怪状的石雕动物与不知名的异化变形了的动物像及两个或两个以上动物的复合体。这些千奇百怪的各种动物的石雕像，在20世纪七八十年代被大量复制并流向世界各地。笔者曾在一位朋友处见到过不下一百种这类红山文化的雕像，其中亦不乏龙的雕像。当然，因为是复制，在他收购时，价格也就十分低廉了。虽然如此，这些并不影响人们观赏。

内蒙古翁牛特旗赛沁塔拉村——中华第一龙发现地　翁宣 供稿

追溯这些神奇石雕像的来龙去脉，一只因形态如英文字母“C”字，从而以英文字母“C”命名的C形石雕龙浮出水面，或者说，这只C形龙则是那几年仿造石雕像的一个真的“龙头”。

这只用墨绿色玉石雕出的C形龙，最先出自内蒙古赤峰市翁牛特旗赛沁塔拉村（也称三星他拉村）。如今那里立了一座石碑，石碑上立着一只放大了的巨型的C形龙。石碑的底座是深褐色的大理石，碑身为白色大理石，碑顶为C形龙。龙头向东，若从南向北望此碑，正面镌刻着红色的五个大字：

“中华第一龙。”

“中华第一龙”是迄今为止在中华大地上发现的最早的玉雕实体龙。C形龙最早发现于1971年“文化大革命”中期。那时，翁牛特旗归属于辽宁省。这年春3月，居住在今乌丹镇[1]以北朝格温都苏木赛沁塔拉嘎查[2]的青年农民张凤祥和同伴去村东一公里的小泉山南坡的文冠果林，平整土地，准备修梯田及种树。张凤祥在离一棵树不远的地方下挖至两尺深的时候，铁锹碰到一块硬东西，一看是石质的，再挖是一块青石板。他撬开石板，下边有一个石槽，槽深有两尺左右，探之，乃发现一个似环又似弓形的石制品。张凤祥没见过这种东西，以为是一个大马掌什么的，便掩好土坑，将这个石制的东西带回家。这件器物的弓形弯处有一个孔洞。他找了一根麻绳，从中孔中穿过，系了一个结，做成了一个玩具，让他的小孩子当玩具玩儿。

时间长了，这东西上的土锈被磨去，露出了一些黑绿色的玉石光泽。邻居的一位姓陈的老太太劝张凤祥不要叫孩子玩儿了，这东西很可能是个好物件。于是，张凤祥将它洗净，用红布包了起来，藏入箱子底。后来，“文革”中的一波接一波的灾难，让张凤祥害怕了，便找到“旗革命委员会”，表示愿意将他挖到的这个东西上缴。于是，旗革命委员会便派当时的文化馆长到村里，接受村民张凤祥的捐献。

两年后，这个似弓又似开口环的石器物件经过中科院考古研究所研究员刘观民和辽宁省考古研究所孙守道研究员辨识、鉴定、考证，确定此物为新石器时代红山文化玉器。器型为早期龙形像实体，其时间“至少不会晚于5000年”（孙

---

〔1〕乌丹镇，今翁牛特旗政府所在地。该镇得名于清朝嘉庆年间，蒙语称“宝日浩特”，汉译为紫城。因忌紫禁城之讳，乃改称乌丹，因乌黑与红色相合而为紫色。

〔2〕朝格温都苏木，又称白音汉。苏木为蒙古语，原意为部落，现汉译为乡。赛沁塔拉，“文革”称三星他拉。塔拉/他拉，汉译为草甸子、草原。嘎查，蒙古语，汉译为村。——以上参见范郁森主编《翁中特旗志》，内蒙古人民出版社，1993年版有关文字。

中华第一龙（据《翁牛特旗志》）

守道语），另一说认为距今已有6000年的历史（《赤峰往事语》）。——2007年6月的一天，笔者走访西辽河，在翁中特旗文化馆两位馆长的协助下，打开封闭的文物展室，见到了这只后来被称为中华第一龙的复制品。这只复制品与《翁中特旗志》中的该物的彩色照片十分酷似，它的精美绝伦让我震惊。时过八年，至今想来，仍唏嘘不已。

在那之后不久，考古工作者在张凤祥的带领下去那片树林寻找C形龙的出土之地时，已不复辨认。仅在该地大约20万平方米的树林坡地上，采集到泥质红砂陶钵，夹砂陶之字纹大口深腹罐，以及石斧、石耜、石磨盘和石磨棒等，故而确定为红山文化聚落遗址。

一副石磨盘与石磨棒在发现C形龙的赛沁塔拉地方被采集、被发现，显然它们属于同一年代的器物，距今约在六千至五千年之间。——这个年代显然比传说中的黄帝的年代还要早，似乎应与三皇之首——天皇伏羲的年代相仿佛，当然这只是笔者的猜想，是不能成为信史的。

另外，引起笔者注意的是，在1993年出版的《翁中特旗志》中，便已记录到这一地区——西拉木伦河与老哈河二河相合之地，除有一处距今一万年的旧石器时代晚期遗址（四道杖房乡新房子村上窑古遗址）外，其余发现的近三十处的新石器时代的遗址中，已发现有石磨盘五个，石磨棒十五根，二者同时发现的有三对。

西拉木伦河南岸与老哈河西岸之间地域中发现如此多的石磨盘与石磨棒，暗示了上古神农氏尝百草，教人耕种技艺的北传。——或者，红山文化地域上，另有一个尝百草而又教人耕种的和神农氏相似的神人？

出自赛沁塔拉的C形龙，高26厘米，椭圆短径长21厘米，龙体横面2.9厘米-2.3厘米，龙背有孔，外孔径0.95厘米，内孔径0.3厘米。此物曾随辽宁省博物馆去外国展出，后交内蒙古自治区博物馆收藏，现藏北京国家博物馆。随着这只C形龙的发现，随后又有多只类似形状、大小不一、玉色颜色也不同的C形龙陆续出现。

第二只C形龙也发现于翁牛特旗，具体地址在旗所在地乌丹镇西南的广德公镇黄谷屯，时间是1985年，在距乌丹镇三十多公里的西拉木伦河一级支流少郎河北岸，为一位走街串巷的民间古董贩子所得，这只呈翠黄色的玉制C形龙，比赛沁塔拉的C形龙玉质较优，更显温润有泽，但比赛沁塔拉的C形龙小些，高为17.3厘米，其他尺寸也相应地减少了。

另外三只C形龙的情况如下：

其一，北京故宫收藏有一只C形龙，其弯曲的龙身更近似于圆形，躯身比赛沁塔拉C形龙和黄谷屯C形龙均稍细些。玉质更莹明透亮、更细润洁清。但其发现地及发现时间均不详。

其二，1996年北京瀚海冬季拍卖会拍出一只黄色略深于黄谷屯C形龙的C形玉龙，背景材料为商业秘密，主人与买家均未公布。

翁牛特旗少郎河——在此河左岸黄谷屯发现了另一只C形龙　范震威 摄

牛河梁出土的小玉猪龙之二
（据《龙出辽河源》）

其三，2007年10月某日，我在网上见到一位中年女士手握一只墨绿色的C形龙，形制若赛沁塔拉C形龙，但更大些，网上给出的价格为人民币1000万元，比5年后莫言所获得的诺贝尔文学奖约750万元还多出三分之一，可见其含金量之高。其实，在今天看来，C形龙是无价之宝，在某种程度上说来，它是无法用金钱来衡量的。——由于赛沁塔拉（先前，多称三星塔拉）墨绿色的C形龙现身最早，早被誉为中华第一龙而载入史册，它的历史文化价值是怎么估计也不为过的。

中华第一龙的龙头和红山东山嘴地区出土的小玉龙的头形并不相同。小玉龙曾以其动物形象猪而被称之为“玉猪龙”。但这种“玉猪龙”后来受到质疑，而又称其头形像熊，而称为“玉熊龙”。可“玉猪龙”最先、最早已叫出，因而在多种情况下，此类小玉猪仍称“玉猪龙”。

中华第一龙，即C形龙的头部与“玉猪龙”有相当的不同，特别是在它的头上后部还有一个飘飞状的“鳍翼”，因此，似可断定它是一种蛇或泥鳅——或称之为应龙的化身。当然，这仅是笔者的一家之言。不过，夸张而又抽象了的C形龙的头像，却又难以断定它的对应动物实体。在发现C形龙的东南方，即与翁牛特旗相邻的敖汉旗，直线距离约190公里的小山遗址，出土了一只陶尊。陶尊上有绘制精美的“四灵”图：其一为猪，其二为鹿，其三为鹰鸟，其四不详。在此四灵图上，猪的图像因其外露的猪牙而易于辨识。其他的二图，也因绘画抓住了其鹿角与鹰之喙而特征明显。由此可知，猪的形象易于辨识，而如中华第一龙——C形龙的头部，则难以同猪的形象联系起来。看来，C形龙所隐指的原型，尚需进一步予以考证。

被称为玉猪龙的，是那些形制比较小的小玉玦龙。

中华第一龙的出土地属于红山文化遗址圈内，其实在红山文化诸遗址地点中，还发现了许多小的玉玦龙（已如前述）。它们的大部分也若C形龙似的有一个开口，呈现“C”形，但也有没将开口断开的小玉龙。如在辽宁建平牛河梁出土的一只没有全部断开成玦形的浑黄色的“玉猪龙”，高仅7.2厘米，有中孔与侧孔。而类似的这种小玉龙（姑亦称其为玉猪龙），同向北飞翔，在吉林农安左家山出土的小玉龙，竟然十分酷似，只是后者制作略显粗陋，好像还没加工完成就已佩戴使用上了。

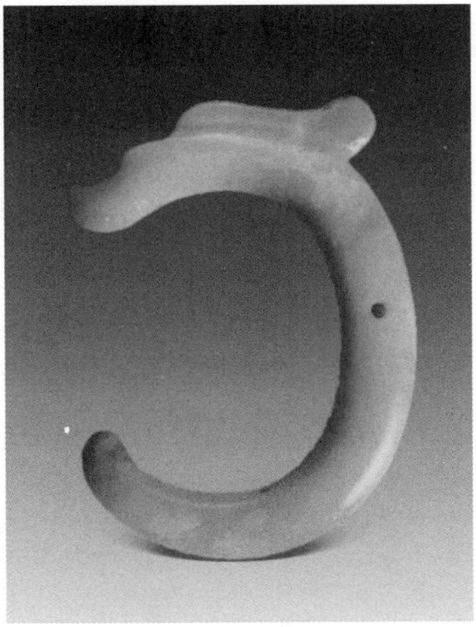

从黄谷屯古董贩子手中缴获的另一只C形龙　翁宣供稿

随着玉器物制件的“北飞”，小玉龙在农安左家山遗址的现身，我们亦不妨称它为“玉龙”或“龙图腾”的北飞，甚至是龙这种被神化了的奇异动物的北飞。

## 三

然而，龙的“北飞”却是艰难的，除了农安左家山遗址外，至今尚无第二只玉龙在松花江地域出现。对此，我给予热诚的期待。

在左家山小玉龙之后，似乎以玉龙为图腾象征的“龙的崇拜”，隐形了数千年。可是，龙的抽象形态，却在燕、辽、松、黑、乌等山河地域隐性辐射地传播到了天涯海角。随着中原文化与燕、辽、松、黑、乌山河地域文化的双向交流，龙文化、龙图腾、龙的崇拜，还是向北飞腾了。这期间的龙的隐形传播阶段，正如《易经·乾》中之所言，为龙的六种存在形态之一，如是而已。《易经·乾》

中示出的龙的六种形态都有哪些呢？它们是——

潜龙；

见龙在田；

龙跃深渊；

飞龙在天；

亢龙有悔；

群龙无首。

尽管我们难以指出生活在大地上有一条有血有肉的龙在行走，但在中国古代的天文观象中，却有一条“显现”在天宇星象间存在的苍龙。古代的天文学家将黄道（太阳与月亮所经过的天区）的恒星分成二十八星座，即二十八宿，按东西南北四方，每方各有七宿。其东方的七宿为：角、亢、氐、房、心、尾、箕。而这七宿星的运行，是同中国北方大地上一年四季相攸关的。这正如《说文解字》解读“龙”（繁体为“龍”）字时之所言：“龙，鳞鱼之长。能幽能明，能细能巨，能短能长。春天而登天，秋分而潜渊。从肉飞之形，童有声。”这样，我们便可以借助天时节气的变化，把《易经·乾》中的龙的形态链接到了一起。

古时，天文学家仰观天象多在晴朗黄昏的某一时刻。当春分黄昏时，天宇中“苍龙”之角（即角宿）始出现于东方的地平线上。自此以后，“苍龙”即顺时逐渐地上升，至夏至时全部陈列于天。至最高天之后，又开始逐渐下降。到了立秋和秋分之间（约在农历八月中），角星降至地平线之下。而亢宿就处于西方地平线之上。待到季秋、孟冬之时，“苍龙”全部隐于地平线之

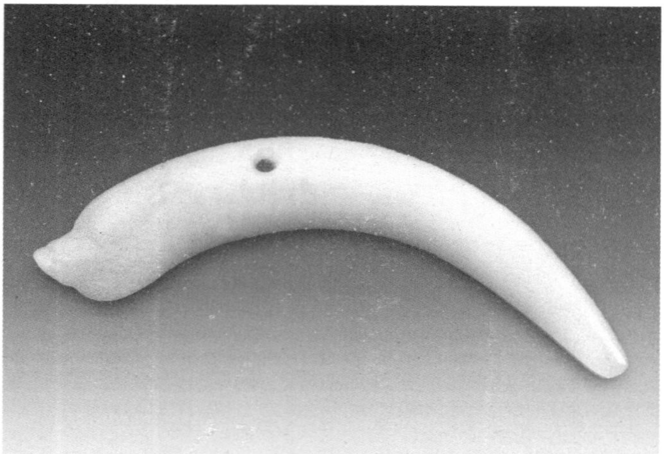

北飞的龙——通辽发现的弧形龙，龙头与C形龙、小猪龙相似，后体却大大地简化了

（据《红山玉器图鉴》）

下，不见于夜空了。——把“苍龙”的这种年复一年的运行规律，同卦辞中的“六龙”形态联系起来，于是有了“见龙在田”，有了“飞龙在天”，也有了“潜龙”，有了“龙跃深渊”；并在此基础上，因飞至最高，而出现了“亢龙有悔”，更有了对应的“群龙无首”。在这种互相借助、补用，而以龙的六种形态说事的情况下，古人便将思维、行动与天时、节气的变化联系起来，以取得思维、行动的最佳点和最好时机，并由此而暗示出其中的许多机玄。——龙形态的这些隐喻、暗示，使北方诸族在后来的崛起、强健、壮大之际，在夺地争王的战事中，于军中设有星占师、卜卦师不无关系。星占、卜卦的结果，虽然有时不全被帝王、大将军等接受、使用，但从文化的视角看，对龙的抽象的膜拜心理仍然会制约人，且起很大作用。

“龙”这种潜移默化的对北方诸地诸族的影响，也表现在以龙为天子，以天子所居之地为“龙城”这一文化现象中。比如，以龙命名的“龙城”，就是一座会飞的都城。最早的龙城之一，在今天的河北省长垣县南，是因夏代名臣龙逢所居而得名的。汉代时，匈奴也有龙城，如“卫青至龙城，获首虏七百”，此龙城在大漠以北。“但使龙城飞将在，不教胡马度阴山”中的“龙城”，王昌龄诗句中的这个龙城，一说是大漠以北匈奴人聚会之地；另一说乃指河北之卢龙城，或指柳城之龙城，

瀑布流出长白山，形成二道白河，为松花江主源 王冰 摄

因彼时飞将军李广居北平地，匈奴不敢南进也。这其中的龙城即辽西朝阳之柳城，此距查海中华第一村遗址，并不算远。十六国纷争中的前燕、后燕、北燕三个由东胡——鲜卑后人演化的民族政权，均建都于此龙城。

唐代的肃慎、挹娄、勿吉的后续民族靺鞨，在牡丹江的东京城建立了地方政权海东震国——渤海国。建都于牡丹江畔，名之曰上京龙泉府。京都上京龙泉府的都城设置是参照唐都长安设计建造的，几乎就是长安的缩微版。除京都名龙泉府之外，还另有龙州，以及在濊貊故地置东京，名曰龙原府。其龙州产细，十分有名 ；而龙原即今珲春，由图们江口可以入海，驾船去日本。

更有甚者，在渤海国之后，契丹的辽国在辽、松之地崛起。辽天显元年（公元926年），辽太祖耶律阿保机在辽立国19年后，发兵东进为报旧仇攻打渤海国，并将渤海国灭掉，建立了东丹国（东丹国者，东方的契丹国也），让他的长子耶律倍当上了东丹国王。辽太祖带兵返回辽国的路上，在秋七月甲戌日走到扶余府时，辽太祖不豫，也就是得了病。七天后的辛巳日早晨，竟然在子城上出现了一条黄龙在那里盘绕，人们见到有一里长的光，光耀夺目，入于行宫。有紫黑气蔽天，踰日乃散（《辽史·太祖本纪下》语）。由是，扶余改名称龙州黄龙府。

《辽史·地理志二》记云："太祖平渤海还，至此崩，有黄龙见，更名。"四十多年以后，有辽之军将燕颇在此叛乱，平叛后，府名即废。辽亡后，金朝统一北方，黄龙再现。由是再次改称黄龙府。金灭宋以后，金军受到南宋岳家军的强力抗击。岳飞有一句名言称："直捣黄龙府，与诸君痛饮耳。"其所指称的地望，即此黄龙府。

黄龙府即今吉林省农安县，属北流松花江左岸地，亦即左家山新石器时代遗址出土了唯一一只黄色小玉龙的地方。——看来，此地亦即松花江之地与龙有缘耳。

在所谓红山文化之地，也就是发现小玉龙和C形龙之地，在距今一千年前都是契丹——辽地。当时的辽国（先称契丹，后改称辽；嗣后又改称契丹，再后复改称辽），由于汉人的大量涌现而接受了汉文化。除了龙州、黄龙府之类使用龙字外，龙的形象出现并不算多，仅在祭山，册封的衣、坛上出现龙的形象。契丹

牛河梁积石冢——小玉猪龙在此沉埋了五千余年 范震威 摄

为马背上的民族，旧俗便与马鞍为家，故其掌马之官即导骑，称飞龙使。中原地区亦有称“快马”、“宝马”为“龙马”者，此飞龙使亦言“马作的庐飞快”也。

《辽史·国语解》中记载了一个“龙”的故事。

故事说，辽太祖耶律阿保机有一位从兄叫铎骨札。一天，他听见他所居住的帐下有蛇鸣，大概是响尾蛇在鸣叫。他立刻派人叫来一位能听懂蛇语的人名叫神速姑者。神速姑是一位宗室中的能人，俗传他能听懂蛇语。他来到铎骨札的帐下果然听见了蛇鸣。原来，盘据在这里的蛇告诉他：“穴傍的树中有黄金。”于是，铎骨札马上派人到树那儿去取，果然得到一大批金子。后来，铎骨札将这些金子制成一条腰带，起名叫“龙赐金”。这里的龙，即鸣叫的蛇也。蛇，又称小龙、土龙。在古代的中国龙蛇总是在一起相提并论的。现代诗人邓拓诗中亦有“笔走龙蛇二十年，只因非梦亦非烟”诗句，可见古今龙蛇不分与联系密切是很普遍的。成语中的“大野龙蛇”，亦即此之谓也。

# 四

从长白山瀑布流淌下来的水叫二道白河，是松花江的主源，也称正源。隋朝时，这条水名叫粟末水。居住在这条水域诸地的勿吉人，便称之为粟末部。居于阿什河——当年称安车骨水的勿吉人，便称安车骨部。渤海国时，粟末水称作涑沫江，是一种异写。

契丹——辽统一北方以后，涑沫江又写成了鯐木河。其实，这仍是粟末水——涑沫江的异称。鯐木河向东北流，在流过左岸黄龙府、右岸宁江州之后，再向下流便和自北向南转东南流的纳水（古嫩江）相会合，然后再向东转东北流，后者就是松花江干流。在两江会合之地，江河面宽阔，水深，多鱼。两水相会之地，远古时是一片大湖，辽时湖虽已因地壳抬升而逐渐消失，可留下的湖泊、沼泽却大片存在，加上水草丰美，南来的大雁、天鹅、老鸨、水鸭等水鸟均落在这里度过夏天。

契丹人是以渔猎为生的。辽国虽然也有发达的农业，可那是辽治下的汉人们所从事的。辽治设有两个平行的政府，一个统治契丹人及其他北方民族的人；另一个统治汉人，故分别称北院与南院，是不折不扣的一国两制。两个政府，衙门里使用的公文也法定为两种文字。北院用契丹字书写公文；南院公文使用汉字，因此又称一国两字。辽亡后，契丹文亦亡佚，故《辽史》

通往女神庙遗址的路　范震威 摄

是由元人用汉字书写的。

辽的皇族、贵胄不忘渔猎之事，故一年四季有四个捺钵：春捺钵、夏捺钵、秋捺钵和冬捺钵。捺钵还有“行在”的意思，但他们不修行宫，而是迁徙营帐。踈木河与纳水相会之地，便是他们的春捺钵之地。在这里，他们正月立春而来，以捕第一只牛头鱼而设头鱼宴。牛头鱼即今鲟鳇鱼，彼时因其鱼头像牛头而称牛头鱼，大的重达千斤，小的也有几百斤。因而，捕上第一条牛头鱼炖煮起来，就是一个大宴会。

与此同时，辽皇还鼓励下人射天鹅、射雁、射野鸭等水鸟，第一只猎获天鹅的人，第一个捕捉到牛头鱼的人，辽帝均给予重奖。

两江河会合之地，因为多水草而聚集了许多野鸭子，因此被称为鸭子河。因此，每年立春以后，鸭子河地区春捺钵的渔猎非常热闹。

在先，辽与宋互击时，辽皇无暇北顾。辽圣宗统和二十二年，即北宋真宗景德元年——公元1004年，交战多年的辽、宋在澶渊签盟，结束了数十年的战争而进入双方和平共处的新时代。辽圣宗才坦然地率领皇亲贵胄北上，到二江会合地——鸭子河地带，观鱼、观猎，举行头鱼宴。

据《辽史》记载——

辽圣宗太平二年（公元1022年）春正月，如纳水钩鱼。

太平三年（公元1023年）春正月，辽圣宗如纳水钩鱼。

太平四年（公元1024年）春正月，辽圣宗在鸭子河捺钵，宋使张传等四人也到鸭子河来贺。二月己未朔，辽圣宗又到挞鲁河狩猎。在他看到北来的纳水与东南来的踈木河相会之河段，即鸭子河水面上因纳水绿，踈木河水发黄，二河流下去近百里才相混时，便诏令这段俗称鸭子河的河段改名叫混同江。如是，纳水与踈木河相会后向东北方流去的松花江干流，有了一个由辽圣宗诏改的名字——混同江。辽圣宗者，即耶律隆绪，小字文殊奴。他的母皇即“辽史”上著名的萧太后萧燕燕。圣宗小时即受到良好的汉学教育，史称他“幼喜书翰，十岁能诗。既长，精射法，晓音律，好绘画”。故而，因有良好的汉学教育，才能“诏改鸭子河曰混同江，挞鲁河曰长春河”（挞鲁河又称他鲁河，即今洮儿河）。

如果说鸭子河只是纳水和蹥木河相会后的那一段河道因野鸭子多而得之名为俗称的话，那么，混同江作为松花江之名，便是一个纳入正史的，由辽圣宗下诏正式命名的官名了。

混同江起名以后，在“辽史”上还有一段混同江与鸭子河名共存的一段时间。彼时，鸭子河是纳水下游的指陈，而混同江则是二水会合后松花江干流的指陈。

以后，辽圣宗又于太平五年、七年、八年和十一年如混同江搞春捺钵。他最后来混同江之年六月，帝崩于大福河之北行宫，享年六十一虚岁。

辽圣宗之后，接位的是辽兴宗。辽兴宗十四岁即位，至重熙二十四年（公元1055年）驾崩。在此期间，他十次如混同江，一次至鸭子河，如此多次光顾松花江之地，说明了该地的春情（生态）之好，辽帝喜欢这个地方。

接位兴宗大宝的是他的长子耶律洪基，小字查剌，是为辽道宗。辽道宗执政初期曾五次来鸭子河，三次到鱼儿泺（查干湖）。他同样迷恋这片土地的富饶与

从牛河梁远望努鲁儿虎山——红山龙文化的摇篮　范震威 摄

涿鹿合符广场上的九龙雕塑。在此，龙用到了极致 王冰 摄

美丽。公元1075年，他改元太康。这年春正月，他捺钵如混同江。

太康三年正月，辽道宗再次捺钵至混同江。

随后，他在这里流连甚久，到夏四月乙酉，“泛舟黑龙江”。——这是《辽史》上，也是中国历史上第一次出现“黑龙江”的名字。所以我猜想，黑龙江的江名很可能源于辽道宗。

在此之后，辽道宗又多次到混同江和鱼儿泺搞春捺钵。公元1085年辽道宗改元大安。大安七年春正月，辽道宗再次到混同江来，三月丙戌，辽道宗驻跸黑龙江。[1]

这是“辽史”中第二次出现黑龙江的名字。所以我说，辽道宗不仅是黑龙江的命名者，还曾两次在黑龙江上活动：一次是泛舟，另一次是驻跸。或问：何为驻跸？所谓驻跸，就是指皇帝出行，中途暂住的意思。由此，我更愿意指出，辽道宗耶律洪基不仅是黑龙江的命名者，而且是中国历史上唯一两次身见黑龙江风采的皇帝。

由此可知，黑龙江与辽朝渊源甚深。

在泛舟和驻跸黑龙江之后，辽道宗仍对混同江与黑龙江之地情有独钟，他持续不断地到混同江/黑龙江来。公元1101年春正月，再次来到混同江/黑龙江的

〔1〕辽道宗泛舟与驻跸黑龙江见《辽史·道宗本纪》，中华书局标点本，1974年版，第279，299页。

年已近古稀达七十岁的辽道宗，竟然驾崩于他深爱的混同江北岸今天黑龙江省肇源的土地上。

黑龙江的命名有了之后，随后在《金史·世纪》中也有了回应：

“五代时，契丹尽取渤海地，而黑水靺鞨附属于契丹。其南者籍契丹，号熟女直；其在北者不在契丹籍，号生女直。生女直地有混同江、长白山。混同江亦号黑龙江。所谓‘白山、黑水’是也。”〔1〕

这里的“混同江亦号黑龙江”，我以为是指松花江与今黑龙江会合后，也有一段青黑色之水与浑黄之水相混的情况发生。而且，彼时人们认为二江会合后一直到入海口都是松花江，而在会合后的那一段也称为混同江。故而，这里的混同江是指黑水靺鞨地之混同江——即指今日地图上的混同江，即西起松、黑二江会合处之“同三公路”北端零公里广场，东到黑、乌二江会合处之黑瞎子岛东北端。

这段黑龙江，今天仍称混同江。

〔1〕参见《金史·世纪》，中华书局标点本，1975年版，第1—2页。女直，即女真。

# 伏羲·女娲与神农

## 一

《三国演义》电视剧热播的时候，杨慎作的片头词曲《临江仙》也走红了，走红的还有大器晚成的歌唱家杨洪基。杨洪基的歌声浑厚而洪迈。你听：

滚滚长江东逝水，
浪花淘尽英雄。
是非成败转头空：
青山依旧在，
几度夕阳红。
白发渔樵江渚上，
惯看秋月春风。
一壶浊酒喜相逢：
古今多少事，
都付笑谈中！

这首词、这首歌的魅力在于它把远去的历史事件看得淡泊了，辽远了……作为历史看客的今人，心中涌起的尽管像滚滚长江之水那样汹涌澎湃的波涛，无数英雄往事却都如流水一样纷纷逝去了，留下的仅仅是怅惘与叹息，笑谈未必轻松却也十分轻松。

其实，和“滚滚长江东逝水”一起享誉古今的，还有另一首词，那就是《东周列国志》小说的开篇词《西江月》，只不过这首《西江月》因无媒体的推助，不那么为老幼咸知而已。然而，它的内涵丝毫不逊于“滚滚长江东逝水”。你听：

中华远祖伏羲——他发明了八卦　泛舟 摄

道德三皇五帝，
功名夏后商周；
英雄五霸闹春秋，
顷刻兴亡过手！

青史几行名姓，
北邙无数荒丘；
前人田地后人收，
说甚龙争虎斗！

这首《西江月》词把读者引向中国文字与传说相混的历史的发端期——三皇、五帝。实际上，这也是今人涉足中国历史的切入点：你是中国人吗？你是中国人，那么你就是炎黄子孙。炎黄是什么？炎黄是指炎帝和黄帝，而一讲炎帝与黄帝，那就要明了三皇和五帝了！也就得从上面这首《西江月》开始，从“道德三皇五帝”词句引领的长篇小说《东周列国志》，以及更远的话题说起。

历史是一条无头无尾的河，要是图个近便些，我们即可从上述《西江月》词中的三皇五帝讲起。

那么，试问：三皇是谁？五帝是谁？

## 二

三皇时代离我们今天太久远了，当时还没有出现纪事的文字，许多人与事件都靠传说——耳口相传，时间久了，未免走样——到今天有许多事仍然弄不清楚，“剪不断，理还乱”，总括起来，可归纳为六种说法：

其一，三皇即天皇、地皇、泰皇。——这种说法出自《史记·秦始皇本纪第六》：“丞相绾、御史大夫劫、廷尉李斯等皆曰：‘古有天皇，有地皇，有泰皇，泰皇最贵。’”然此三皇涉及的是天、地、人，前者是天神、地神，只有后者才是人间主宰，可见与历史传说中的三皇，有点南辕而北辙。

其二，三皇是为伏羲、神农、黄帝。——此说见于《世本》、孔安国《尚书·序》、皇甫谧《帝王世纪》。

其三，三皇是指伏羲、神农、祝融。——此说见于《白虎通·號》。

其四，三皇是为伏羲、女娲、祝农。——此说见于《风俗通·皇霸》、唐司马贞补《史记·三皇纪》。

其五，三皇是为伏羲、神农、燧人。——此说亦见于《白虎通·號》。

其六，三皇系指天皇、地皇、人皇。——此说见于《艺文类聚·春秋纬》。

以上的六种说法，除了其一、其六的说法之外，还剩下四种说法。这四种说法中，都有伏羲、神农，其余的四位，如黄帝，可依《史记》之说，列于“五帝”之首，在此略去。“女娲”传说中她和伏羲是兄妹夫妻，似可以将女娲的圣迹归并于伏羲中去，二者相继。另外两位，一位是祝融，一位是燧人。祝融，《吕氏春秋·四月》：“其帝炎帝，其神祝融。”有注文云：“祝融，颛顼氏后，老童之子吴回也，为高辛氏火正，死为火官之神。”可见祝融生平较晚，可舍去。至于燧人氏，也是一位古代的帝王之名。传说，他是一位发明钻木取火的先人，教民熟食。《韩非子·五蠹》：“民食果蓏蚌蛤，腥臊恶臭而伤害腹胃，民多疾病，有圣人作，钻燧取火以化腥臊，而民说之，使王天下，号之曰燧人氏。”[1]燧人氏教民取火，可能更早些，也可能与三皇之伏羲、神农同时代，故而得惠于天下，既已成帝王，似亦可并于伏羲、神农之中，不单列为一帝，其亦可夫。

写到这里，我又想起了《韩非子·五蠹》中，列于燧人氏之前的有巢氏。《五蠹第四十九》说：“上古之世，人民少而禽兽众，人民不胜禽兽虫蛇。有圣人作，搆木为巢，以避群害，而民悦之，使王天下，号有巢氏。”[2]

这就是说，有巢氏、燧人氏，教民筑巢、取火熟食，都是圣人，也都是王者。似乎应是三皇、五帝之外（或之先）的另两位大人物，可资顶礼膜拜，并非都纳入三皇之中。——有巢氏这位王者，就没有纳入嘛。

由是，我们似可以选取“其四”的说法，定三皇为：伏羲、女娲、神农。关于三皇的这种说法，也见于《风俗通义》所引之《春秋运斗枢》：“伏羲、女

公祭伏羲大典（天水，2014） 王文 摄

〔1〕〔2〕参见《诸子集成·韩非子集解·五蠹》，上海书店，1986年影印版，第5册，第339页。

公祭伏羲大典近景　王文 摄

娲、神农是三皇也。”〔1〕

此外，我们也可以在清代马骕的《绎史》中见到他为“三皇”所作的图解：

伏羲——女娲——神农——……〔2〕

接下来，就让我们一起认识一下这三位中华民族比我们的黄帝老祖宗更古老的共祖——伏羲。

关于伏羲，现只有一些零星的传说。伏羲即太昊。

太昊是远古时洪荒大地上的一个氏族，其族名也是其首领的人名或帝王之名。由于流传得久远，伏羲还有许多别名：庖牺、包牺、宓牺、虙戏、伏戏、包羲、伏牺等，这些不同均源自古时的通假字，但最多、最常见的称谓还是伏羲。

伏羲作为中华共祖和中国古时的第一个皇祖，传说中不免被神化。东汉著名学人王逸之子王延寿，曾在游鲁时撰有《鲁灵光殿赋》一篇，篇中说：“遂古之

〔1〕应劭《风俗通义》，载《野史精品》第一辑，岳麓书社，1996年版，第167页。
〔2〕参见［清］马骕《绎史》，中华书局标点本，2002年版，第2页。

初，五龙比翼，人皇九头。伏羲鳞身，女娲蛇躯。”在有的汉砖画或帛画中，都是把伏羲、女娲画成人头蛇身，下体互缠的形象的。这种画法表示太昊氏族最初是以蛇为图腾的。鳞身、蛇躯不过是本族图腾的一种象征而已。

伏羲是中国古时第一个伟大的王者，被尊为天皇。经由孔子之手读过的《易经·系辞下》评述了伏羲的功德：

古者，包牺氏之王天下也，仰则观天象于天，俯则观法于地，观鸟兽之文，与地之宜，近取诸身，远取诸物，于是始作八卦，以通神明之德，以类万物之情。作结绳而为网罟，以佃以渔，盖取诸离。[1]

这段系辞概括地介绍了伏羲的主要圣迹：一是创画了八卦，用鸟兽的足迹之文画出八个对应的符号，以求取人与天地自然万物、神明的关系与变化。他还教民结绳系网，用以捕鱼，是最早的大发明家。此足以证明伏羲时代是中国古人

伏羲庙　王文 摄

〔1〕孙振声《白话易经·系辞》，台北星光出版社，1981年版，第481，518页。

伏羲墓正门 王文 摄

的渔猎时代。除了渔猎之外，他教民驯养了家畜，用燧石取火，发明了琴瑟。而且，他还用当时有限的食材造出美味的菜肴。因而，他还有一个名叫“庖厨”。

中华三皇中的第二位是女娲。

女娲本是伏羲的妹妹，据传又是他的妻子。他俩属于远古时的兄妹婚。汉代刘安的《淮南子·览冥训》记述了女娲的一些圣迹：

往古之时，四极废，九州裂，天不兼覆，地不周载，火爁炎而不灭，水浩洋而不息。猛兽食颛民，鸷鸟攫老弱。于是女娲炼五色石以补苍天，断鳌足以立四极，杀黑龙以济冀州，积芦灰以止淫水。苍天补，四极正，淫水涸，冀州平，狡虫死，颛民生。背方州，抱圆天。和春阳夏，杀秋约冬，枕方寝绳。阴阳之所雍塞不通者，窍理之；逆气戾物，伤民厚积者，绝止之。当此之时，卧倨倨，兴眄眄；一自以为马，一自以为牛；其行蹎蹎，其视瞑瞑；侗然皆得其和，莫知所由生。浮游不知所求，魍魉不知所往。当此之时，禽兽蝮蛇无不匿其爪牙，藏其螫毒，无有攫噬之心。考其功烈，上际九天，下契黄垆，名声被后世，光晖重

伏羲祭祀大殿　王文 摄

万物。乘雷车，服驾应龙，骖青虬，援绝瑞，席萝图，黄云络，前白螭，后奔蛇，浮游消遥。道鬼神，登九天，朝帝于灵门，宓穆休于太祖之下。[1]

其实，让伏羲之妻女娲泽被后世，光辉普照万物的，不单是她的炼石补天，还有她的抟土造人。据汉代应劭所撰之《风俗通义》记载，俗所说天地开辟，未有人民，女娲抟黄土造人，剧务而力不暇供，乃引绳于泥中，举以为人。——也就是说，女娲造人，实在累极了时，便用绳子蘸泥向外甩，凡甩出的泥点子，也都成了人。由是人有了贵贱之分。凡专注所造之人，都成了贵者、贤者、达者，凡用绳子蘸泥向外甩出的泥点子变成的人，都为贫贱者，芸芸众生。所以，在人世上有了地位、等级、贵胄与贫苦人的差别。——令人感兴趣的是，中国古时有女娲造人，而在西方，在《圣经》中，也有上帝造人与耶和华造人之说。在两河流域的古巴比伦，在古埃及，在古希腊，在古印度，在美洲……在许多地方都有先圣造人的传说，仅是造法各异而已。——这样的传说令人着迷，也让人困惑。但不管怎么说，女娲抟土造人，使人类不绝后嗣，其中的内涵或即是早年夫妻生子的神话的变异。因为，在古代的传说中，大水一度

〔1〕参见《诸子集成·淮南子·览冥训》，上海书店，1986年影印版，第7册，第95页。

淹没了一切，天塌地陷之后，当太阳重新照耀万物，洪水退去之后，天下只剩下伏羲、女娲兄妹二人，为了子嗣，他们才结成夫妇。结成夫妇之际，二人也曾犹豫过，不知这样做当不当。于是二人找来神祇，他们还找来一盘石磨，将上下两扇石盘搬到山上躲洪水的地方，在神祇的监视下同时将手中的石磨滚到山下去。若两扇石磨合在一起，他们就结婚，否则便不结婚。谁知两扇石磨滚到山下之后，恰好上下合在一起。——按着神的旨意，他们便结成了兄妹夫妻，生儿育女。生儿育女太慢，女娲等不及了，便在神的授意下，抟土造人。由是，女娲夫妇创制了中华古人类，制定了婚姻，不仅成为生育的祖神，还成了婚姻、家庭的福神。

《帝王世纪》记述说：

“女娲氏，亦风姓也。承庖牺制度。亦蛇身人首，一号女希，是为女皇。”

《说文解字》解释女娲的“娲”字说：

“娲，古之神圣女，化万物者也。”

## 三

中华共祖的第三位天皇是神农，也就是炎帝。

关于神农，我们有录自孔子《易经·系辞下》的一段话：

包牺氏没，神农氏作，斫木为耜，揉木为耒，耒耨之利，以都天下。……日中为市，致天下之民，聚天下之货，交易而退，各得其所。[1]

皇甫谧在《帝王世纪》中记述说：“及女娲氏没，次有大庭氏、柏皇氏、中央氏、栗陆氏、骊连氏、赫胥氏、尊卢氏、浑混氏、昊英氏、有巢氏、朱襄氏、

〔1〕参见孙振声《白话易经·系辞下》，第519页。

葛天氏、阴康氏、无怀氏，凡十五世，皆袭庖牺之号。”[1]

也就是说，太昊——伏羲/庖牺这个部族，其首领传了十五代之后开始衰落。但每一世首领皆袭传的是“庖牺”之号。这里需要指出的是：“女娲袭庖牺制度，故虽为皇而不自为一代。”这反映了父系男权对女权的藐视。然女娲氏以其造人、补天的巨大功绩为世后所仰慕与尊崇，后世还是有许多史家将三皇的桂冠之一，戴在了她的头上。因此，数千年来女娲成为中华民族一致认知的祖母女神，也是先于炎黄二帝的民族共祖。

太昊——伏羲——庖牺这支部族传了十五世首领而至无怀氏时衰落。该部族衰落后，中华民族的第三位天皇——神农氏出现了。这其中是怎样度过的，权力是怎么移交的，保留下来的上古文献皆语焉不详，本文亦只好从略了。

《帝王世纪》是一部荟萃的资料书，作者皇甫谧是晋代人，故该书起自前世诸朝而终于汉魏。《隋书·经籍志》说：“《帝王世纪》十卷。……然孔子赞《易》，尝言庖牺、神农、更推黄帝以上。……”故而，我这里所说的三皇，亦自《帝王世纪》的荟萃之资以用。

于是，现在我们也把关注的目光转向神农。

“神农氏，姜姓也。母曰任姒，有乔氏之女，名女登，为少典妃。游于华阳，有神农首感女登于尚羊，生炎帝。人身牛首，长于姜水，因以氏焉。有圣德，以火承木，位在南方，主夏，故谓之炎帝。都于陈，作五弦之琴。凡八世：帝承、帝临、帝明、帝直、帝来、帝衰、帝榆罔。”——这段话出自《太平御览》，亦记于《帝王世纪》。

据记，炎帝初都陈，又徙鲁。换言之，神农时代，正是由渔猎牧向农业转化的转型期时代，部族人亦时常迁徙。迁徙的原因甚多，如避兽、避水、避旱、避虫灾……但不管迁到哪里，神农坚持尝草木，令人食谷以代牺牲之命，故而号神农。由此可知，神农氏是中华民族上古时代农业的开拓者——开山祖师。因此，

---

〔1〕参见《帝王世纪·山海经·逸周书》，辽宁教育出版社，1997年版，第3页。以下所引文字，凡不注者，皆出自此书。

被尊之为神——是为神农天皇。

神农与炎帝是不是一个人呢?

有人说不是，也有人说是。东汉末的王符在他所撰的《潜夫论·五德志》中已将神农与炎帝合为一身：

“有神龙首出，常羊感任姒，生赤帝魁隗，身号炎帝，世号神农。代伏羲氏。其德火纪，故为火师而火名。是始斫木为耜，揉木为耒耨。日中为市，致天下之民，聚天下之货，交易而退，各得其所。后嗣庆都，与龙合婚，生伊尧。……”〔1〕

对于神农二德，我想引《庄子·盗跖》中的一段话作个小结：

“古者，民不知衣服，夏多积薪，冬则炀之，故命之曰知生之民。神农之世，卧则居居，起则于于，民知其母，不知其父，与麋鹿共处，耕而食，织而衣，无有相害之心，此至德之隆也。”〔2〕

由此可知，自古以来，神农/炎帝是对中华民族的先世积有大德的人。

伏羲墓前的祭台与三皇雕像　王文摄

〔1〕参见《诸子集成·潜夫论·五德志》，上海书店影印本，1986单版，第8册，第163-164页，引文中的“斫木……各得其所”句，显然来自《易·系辞下》。

〔2〕引自陈鼓应《庄子今注今译》，中华书局，1983年版，第778页。

中华远祖女娲雕像 白杜 摄

故而，可以说由伏羲至女娲至神农，是谓三皇。三皇是中国人的先祖，是神化和神话了的人物。然而，当我们有暇来回顾历史时，它的首页，也应该从三皇讲起，而后才是以黄帝为首的五帝。

黄帝和神农有一段共存的年代。

东汉时袁康撰《越绝书》云：

风胡子对曰："……时各有使然。轩辕、神农、赫胥之时，以石为兵，断树木为宫室。死而龙臧。夫神圣主使然。至黄帝之时，以玉为兵，以伐树木为宫室，凿地。夫玉亦神物也，又遇精圣主使然。死而龙臧。禹穴之时，以铜为兵，以凿伊阙，通龙门，决江导河，东注于海。天下通平，治为宫室。岂非圣主之力哉！当此之时，作铁兵，威服三军。天下闻之，莫敢不服。此亦铁兵之神，大王有圣德。"

对于这段话，钱穆先生析之说：

"文明的进步，按照应用的器具划分为四大时代，是近代史家的事。我们这段记载是两千年以前的说法。所指的人物和时期虽不尽可靠，所分的时代和次序则确不可移。'时各有使然'，正是说时代有变迁。"

最古老的"以石为兵"，就是现在所说的旧石器时代。

"以玉为兵"的时代，就是新石器时代。

"以铜为兵"的时代，就是铜器时代。

"以铁为兵"的时代，就是现在所说的铁器时代。[1]

---

〔1〕引文与析解，参见钱穆《黄帝》，三联书店，2004年版，第5页。

女娲造人（浮雕） 白杜 摄

由此，我们亦可以结合本文与上边的几篇文字对照起来，从而可以说，中华大地上的旧石器时代、新石器时代——也包括“玉器时代”，各时期的古代先人是如何生活的，三皇时代只是一个口耳相传的时代的缩影。而通过考古发掘所取得的层累积淀下的史料、史证，却是这个缩影的旁证。然而，让它们之间一一对应起来，其概率是何其微小啊！

然而，不管怎么说，伏羲——女娲——神农的三皇时代，则是我中华民族由蒙昧草莱时代迈向文明的初始时代，也是中华民族经历自然风雨，从茹毛饮血时代，向农业迈进的时代。到了农业时代，才有了古代的华夏之国，从而才有了东方大地的今日中国。

数千年的历史进程，既是我们的骄傲，也是我们的精神财富。然而，从另一方面说，也是我们的负累。

为了增加知识，这里我愿将前文所讲的伏羲世系再强调一下，故而将明代王圻、王思义编集的《三才图会》之《五帝世系图》中的伏羲氏十五世系改录如下：

伏羲氏——女娲氏——共工氏——大庭氏
柏皇氏——中皇氏——栗陆氏——骊连氏
赫胥氏——尊卢氏——混沌氏——昊英氏
宋襄氏——葛天氏——阴康氏——无怀氏……[1]

〔1〕明·王圻等《三才图会》，上海古籍出版社，1988年版，第526页。

像许多古代文献一样，这样的世系表在一些史家看来，有不屑一顾之慨，故而在20世纪被冷落了百年之久，后又将之归于神话传说。然而，这个既难以证实，又难以证伪的东西，我以为还是有大雅一阅一思一传的必要。前人之迹，后人履之，文化不就是这样踏着许多人走的路走过来的吗？

或云，此即是文化的脉络焉。

简言之，此即为文脉。

唐代伏羲女娲图（据《中国历史未解之谜》）

# 黄帝·炎帝与蚩尤

## 一

传说是文明的前史。

古史传说从伏羲、神农到黄帝，显现了中华文明萌芽发展和形成的过程（李学勤《走出疑古时代》语）。走出疑古时代，实际上历史学家正在实践着“信古——疑古——释古”三个阶段。因此，关于“三皇”之后的“五帝”，我们必得小心地诠释，以尽量解决有关的疑难。

关于“三皇”的事迹，可以见上文所述。那么，何谓“五帝”呢？

《史记·五帝本纪第一》其“正义”引郑玄的注文……云：“德配天地，在正不在私，曰帝。”下边有案语说：“太史公（司马迁）依《世本》、《大戴礼》，以黄帝、颛顼、帝喾、唐尧、虞舜为‘五帝’。谯周、应劭、宋均皆同。”也就是说，《古史考》与《风俗通义》等，均同此说。本书作者不介入关于五帝的学术之争，权引一些普遍接受的说法，以述读者。

《国语·晋语四》云：

昔少典娶于有蟜氏，生黄帝、炎帝。黄帝以姬水成，炎帝以姜水成。成而异德，故黄帝为姬，炎帝为姜。二帝用师以相济也，异德之故也。

《晋语》文中的少典，据释："少典是国号，非人名也。"[1]

在我们基本上了解了黄帝与炎帝的关系之后，再来看清代学人马骕《绎史》中关于炎黄二帝世系的简表如下——

**少典氏生炎帝、黄帝世系简表**

（据《绎史》等改制）

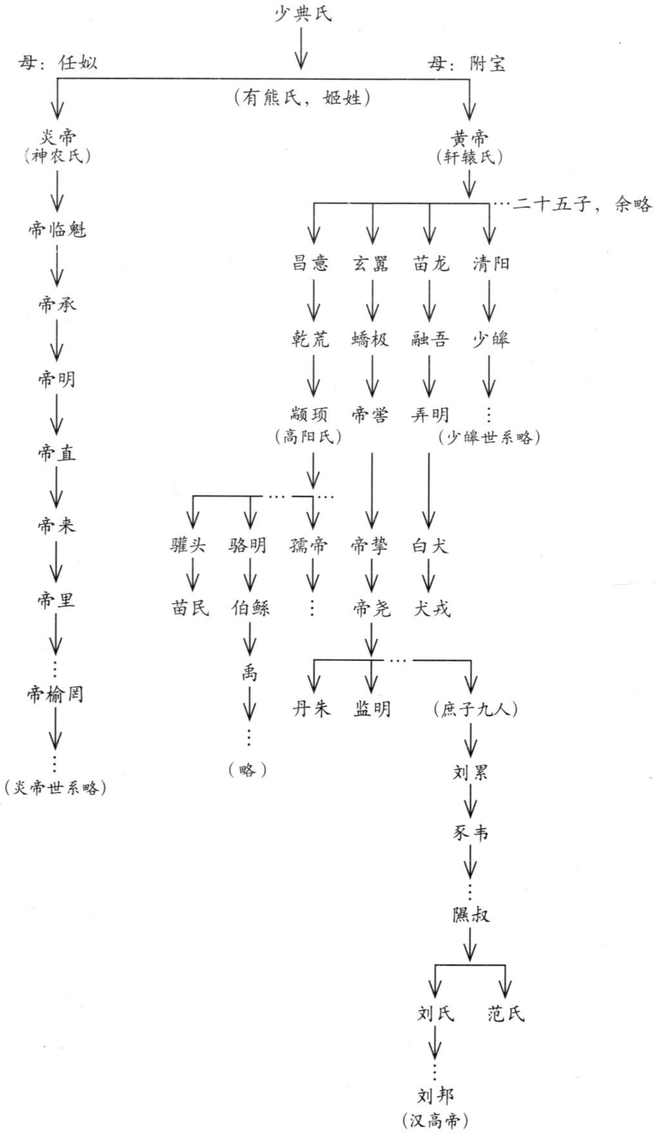


（注：《绎史》原表为繁体字竖排版，世系极复杂，此据之改为简表）

---

〔1〕司马迁《史记·五帝本纪第一》，中华书局标点本，1959年版，第2页。

黄帝像

炎帝像

关于少典氏，据悉在伏羲时代，由于有了八卦，标志着那时已经出现了对天宇的观测和对天道的探索，并且形成了专业的人群：女者称巫，男者称觋。如是，巫与觋将观测的天象、阴阳之类的成果汇集起来，成为那时的典籍。巫与觋是彼时的典籍的记录者与官员，而且可能在宗族内是世袭的，故可称之为“有典氏”。少典氏的含义就是记录刻写与管理典册的官员。基于如上的认识，人们推测少典氏族，应该是最早创立汉字的功勋之一。现代学人认为，“仓颉” 发明文字，是刻于陶器或岩壁上，而少典氏则可能刻于竹木片上，用葛藤串连起来保存，比仓颉更早。……所以，典字被后来衍化为典册、典籍、典常、典型、典范等名词。（何光岳《炎黄源流史》语）

关于有蟜氏，《山海经·中次六经》云：“平逢之山……有神焉，其状如人而二首，名曰骄虫，是为螫虫 ，实惟蜂蜜之庐。”按照古时先人的图腾崇拜，可知有蟜氏是一个崇拜蜜蜂，以蜜蜂为图腾的氏族。但也有人将“蟜”释为蚕的。其根据是《说文解字》释蟜云：“虫也。从虫，乔声。”段玉裁对此的注文说：“蟜，当亦蛅蟴之类耳。”对于蛅蟴，《说文解字》又释之云：“毛蠹也。从虫，臽声。”而蠹，《说文解字》又释之云：“木中虫，从虫，橐声。”而段

黄帝陵　范震威 摄

玉裁乃释蛓为："不居木中，但食叶也。……其后而成蛹，外则有壳，如雀卵然。（木草）谓之淮瓮，或生成蛾，放子如蚕子。"以此解释，蟜可能是野蚕类。看来有蟜氏是我国最早的驯化蚕类的先进氏族（张启成《中外神话与文明研究》语），也未可知。不管怎么说，华夏先民最早利用养蚕抽丝织帛，则是中国四大发明之先的另一伟大的发明。

通过以上的分析，我们可以这样说，炎黄时代广泛地推广和承继了伏羲时代的渔猎与畜牧养殖技术，并且学会了养蜂取蜜和养蚕抽丝的技能。而这一切都记在了史家的笔下——

《易经·系辞下》云："黄帝、尧、舜，垂衣裳而天下治。"对此，孔颖达疏曰："以前衣皮，其治短小，今衣丝麻布帛，所制衣裳，其制长大，故曰垂衣裳也。"

《史记·五帝本纪第一》说："黄帝……播百谷草木，淳化鸟兽虫蛾。"……这里的百谷是指耕耘播种，继炎帝神农之业；而虫蛾之说，也就是指养蜂、养蚕了。黄帝的正妻嫘祖传说是最早教民养蚕抽丝的人。或许，这项技术的原创不是她，而是黄帝母系家族有蟜氏的人。嫘祖可能将之提升，并加以传播开去，也未可知。

炎帝与黄帝均为少典之子，炎帝神农的母亲叫任姒；黄帝的母亲叫附宝；两位母亲均为有蟜氏之女。由此我们可以认为炎帝与黄帝，虽各为不同部族的首领，但在血缘上却是姨表亲。所以，后世人把炎帝与黄帝连在一起称之为“炎黄”是没错的，而且还暗示了他们之间是为姨表兄弟及同父异母（母为姐妹）兄弟之间的关系。

## 二

传说中，黄帝的降生有不凡的景象。

黄帝本是有熊国君的儿子，他的母亲叫附宝。有一天晚上，她看到绕着北斗第一颗星的天宇上亮出了一道电光，突然照耀四野，从而感到腹中涌起一股暖

黄帝陵西侧钟与鼎　王冰 摄

流，从而怀孕。她怀孕二十四个月后，方才生下了黄帝。生产的时候，有紫气东来，满屋通亮。黄帝生下后，就显现了他非凡的品质："他生而神灵，弱而能言，幼而徇齐，长而敦敏，成而聪明。"人间几乎所有最佳的品格，都集中到了黄帝身上。黄帝长大以后，身高九尺，"河目，隆颡，日角，龙颜"。——说到"龙颜"，也就暗示了黄帝不仅是电光起孕的上天之子，也是中华图腾——龙的儿子。对此钱穆先生说，我们想一想看：一个黑暗的晚上，只有微弱的星光闪铄着，北斗比较明亮，忽然绕着它起了一道青白的电光，四野通明，这是什么景象？这是说他在黯淡的古史上的地位。我想还应当有霹雳一声雷，惊醒了中国文明（钱穆《黄帝》语）。

轩辕之时，神农氏衰。许多诸侯互相侵伐，无非是争地、夺物、抢掠女人。侵伐到处发生，老百姓受害不浅，民不聊生。而神农氏显然拿不出办法来解决这些纷争。这一切让黄帝看在眼里，急在心上，便下定决心准备在该出手时便出手。于是，他习用干戈，训练军士，为征讨那些不听命的诸侯而时刻准备着。看到黄帝有所准备，不少的诸侯都宾服投奔他，愿意站在他有熊氏的大旗下。熊，

黄帝（中）、炎帝（右）、蚩尤三祖像　王冰 摄

汉字始祖仓颉庙（陕西白水县） 王文 摄

是有熊氏国的图腾。——彼时，各部落、诸侯均有自己的图腾，图腾是一种崇拜，也是一种自诩，还是一种对他族的宣示。

当时，闹腾最凶的是蚩尤部，也最残暴。那些挨了蚩尤侵伐、欺凌的诸侯都在忍受，谁也拿不出对付蚩尤的办法来。

字皇坊——仓颉像与陵（陕西白水县） 王文 摄

蚩尤可能是一个同神农、黄帝平行出现于东方大地的另一个古老的部落，也有人说蚩尤和神农部之间存有血缘关系，这完全是可能的。因为，当古人摆脱了族内婚之后，诸族之间的换婚几乎是普遍的。所以，诸相邻部族之间因换女而有血缘交流，十分正常。——从现在我们于河北涿鹿见到的黄帝与蚩尤的遗迹十分相近邻，可知当时是互相争雄的部落。

蚩尤又叫阪泉氏，而蚩尤之名同神农一样，也是部族名，他们诸部的首领都叫蚩尤，因此传说蚩尤有兄弟八十一人。他们纹身，穿着兽皮制作的衣服，因此有人说他们“兽身人语”。他们可能是华夏大地第一个开始学会炼铜并使用铜器的部落。据说，山上发洪水，铜矿石冲下来，让他们学会了炼铜，用铜造兵器，也造头盔。由是，他们又被说成铜头铁额，鬓如剑戟。与轩辕斗，以角抵人。

《史记》记载黄帝先战炎帝：轩辕乃修德振兵，治五气（五气即五行之气），蓺五种（种五谷，即种黍、稷、菽、麦、稻），抚万民，度四方，教熊、罴、貔、貅、貙、虎，[1] 以与炎帝战于阪泉之野。

三战，然后得其志。——黄帝联合了上述这多种以猛兽为图腾的诸侯联手出兵战胜了他的"表兄弟"部族，所以中华民族的历史，自炎黄这对表兄弟之关系的战争始，说到底不过是一种"窝里斗"的发端史。数千年来，中国的历史自始至今不乏"窝里斗"内争，溯之源，亦自我们的老祖宗炎帝、黄帝始。而这，也是我们炎黄子孙继承下来的一种血赍的基因遗产。其实，全世界都这样。故而，留了两撇小胡子，手中夹着香烟不断的鲁迅先生讲："这历史没有年代，……我横竖睡不着，仔细看了半夜，才从字缝里看出来，满本都写着两个字是'吃人'！"（鲁迅《阿Q正传》语）所谓"吃人"不过是互相攻击，一方灭掉一方的别名。

黄帝兼并了神农炎帝之后，势力马上强大起来。黄帝摄政，有蚩尤兄弟

涿鹿黄帝泉　王冰 摄

〔1〕《史记》索隐解释这些野兽如下：貔，白狐。貙，似狸。罴，如熊，黄白色。——事实上，这六种猛兽以今人解之，是说有六种以上述猛兽为图腾的部族，树其帜，衣其皮，参与了对炎帝的三次战争。

炎帝陵 神农大殿 王文 摄

八十一人，并兽身人语，铜头铁额，食沙石子，造立兵仗、刀戟、大弩，威振天下，诛杀无道，不慈仁。万民欲令黄帝行天子事，黄帝以仁义不能禁止蚩尤，乃仰天长叹。

蚩尤作乱，不听黄帝之命，于是黄帝乃征调各处诸侯之兵，与蚩尤战于涿鹿之野。初时，黄帝不能取胜。天遣玄女下凡授黄帝兵信神符，终于将蚩尤的兵队击败，将蚩尤制服。至此，黄帝乃分兵八路至八方。据说，蚩尤被斩首后，首级和身子分了家，乃被分别埋葬。蚩尤的部众和炎帝的部众一样，也被击散，逃向四面八方。多数向南方逃去，居于云贵地区。——生于哈尔滨，祖籍云南，后来移居山东，再后来又闯关东北上，最后居于台北的著名作家李敖，便自称是蚩尤的后人，并模仿鲁迅的诗句自诩说："我以我血荐蚩尤！"——好勇敢！

黄帝也好，炎帝神农也好，蚩尤也好，如今他们的后代遍迹于中华各地和世界五大洲，他们还有一个共同的名字叫华人。在华夏大地五十六个民族共同生活的土地上，各族和睦相处，共创家业，一起繁荣。——平日人们所说之"炎黄子孙"，不过是一个缩略语而已。蚩尤也是暗含其中的。

炎帝陵　王文 摄

如是，即可简言之：我们的血管里流淌着炎黄，或许也有蚩尤。

当然，这是指基因而言。而基因，是代代传递着的生命的暗码。

## 三

炎帝，姜姓。生于姜水地区。而姜者，即羌也，古时姜、羌通假。

姜字，从羊，从女，象征着牧羊者及母系氏族。

羌字，从羊，从人，即西戎牧羊人也。此字，犹如一位跪着一条腿的人在挤羊奶。所以，人们认为炎帝是一个牧羊的部落。羊也是这个部族的图腾。

中国人对羊是有很深的感情的。比方说“美”这个字。什么叫美呢？《说文解字》释之云：“甘也，从羊从大。羊在六畜，主给膳也。”羊大即为美，大羊亦为美。因为大羊或羊大，提供的肉多，而肉多即美味如甘也。而且，美又与善同意。这里，善可能就是羊温顺的别名了。——不管中国人所使用的汉字是如何造出来的。“美”和“善”这样褒义的字都远自我们的老祖宗神农——炎帝的牧羊时代，在农耕业发明之前及其以后。看来是羊最先养育了我们这个民族。

与炎帝相比，黄帝是有熊氏国，显然在农业没有占主导地位之前，他们是一个以狩猎为主的部族。在黄帝击败炎帝，又击败蚩尤之后，集天下的许多诸侯、部众在一起，开始大规模地推行农耕之业，由是土地变得重要了。土地重要，水也变得重要，于是出现了“井”。不过，井是黄帝之后若干年才出现的，这里就不详释了。

炎帝遭遇失败以后，炎帝的族人有一部分向北逃亡。他们越过燕山，也越过辽河，逃往松花江大曲折处西南方的乌桓山躲避。乌桓山也称乌丸山，是古代大鲜卑山——今大兴安岭山脉中部的山岭，遁居朔野，在南北朝时，他们重新强大起来，南下与中原人争锋。不过，斯时则是另一部有声有色的乌桓人的史剧了。

还有一部分炎帝的族人南逃，成为三苗国人的一部分。这部分人多为缙云氏，也是姜姓。

黄帝擒杀蚩尤之后，一部分族人加入应龙氏的部族，与之融合。另一部分人南逃，是为九黎。九黎，《礼祀·缁衣正义》引《吕刑·郑注》说：“苗民，谓九黎之君也。”换句话说，九黎后来与三苗融合了。

蚩尤墓前的蚩尤半胸像　王文 摄

在本文即将结束之际还有一点附言，黄帝与蚩尤之战，后世演变成了傩戏。其中的战斗之状不仅见于汉代的画像砖，还形成了一种游戏，就是蹴鞠。鞠者，球也。而蚩尤二字连起来快读之音，就是“球”字的发音。古时的球，以革为皮，内中絮毛，也写作毬。北宋时的高逑就是一个会踢球玩蹴鞠的高手，还得了高位。古时所玩的球，传说即蚩尤的头，被踢来踢去地作弄。——除此之外，还有一说，蚩尤死后，化为“战神”，战神是一个无头的躯身，此亦见于《山海经》，眼、口、鼻在腹上，有图为证。

黄帝之名取自土德，先时部人自黄土高原而来，先民崇尚土色，也就是黄色。中国历代的帝王，包括满族人的大清王朝在内，均以黄色为贵为尊。黄帝所穿的衣服——龙袍，都是黄色。黄色的衣服，古代时，民间是不能穿的。

炎帝尚火，火为红色。所以，炎黄子孙们不仅崇尚黄色，也崇尚红色。红色是火的颜色，朝日的颜色，也是血的颜色。如果说，黄色是帝王的专用色的话，那么红色就是民间最崇尚、最喜欢的颜色。因此，红色也被称为中国红。如今，颜色已经没有了禁忌，炎黄子孙也就理所当然地把黄色和红色（也是五星红旗的颜色）释为民族的肤色与血色了。

进入21世纪，祭祖之典又起。在祭黄帝时旗旌多为黄色，而祭炎帝时，旗旌则多用红色。可怜我们的蚩尤老祖，目前还显冷落了些。——然而，不定何时，也会热起来。

还有一句附言，也是本文为后文埋下的伏笔。

黄帝娶西陵氏之女为正妻，即嫘祖，也就是教民养蚕的人。嫘祖生有二子：一名青阳，一名昌意。此外，黄帝还有多位妃子，所以史载他有二十五个儿子。有姓的十四人，分为十二姓：姬、酉、祁、己、滕、葴、任、荀、僖、姞、儇、衣。另外一些失传。

史载，黄帝统一天下以后，昌意少子，也就是黄帝之孙，受封北土，北徙到大鲜卑山，因以为号。这支族人的酋长叫始均，当尧世时，居于嫩江上游，后来从大鲜卑山中南下，干出一番轰轰烈烈的大业来。如今《黑龙江志稿》中列出的黑龙江第一人名就是他——始均。始均是记载于中国历史上黑龙江地域的第一个有名姓的人。

始均是谁？详见后述。

# 华夏与华夷

## 一

上古的历史一片迷茫，没有文字记录，只留下一些口头传说。在口头传说中，有关的人物与事件及其演变，便会受到渲染与变形。这种变形的叠加逐渐形成了神话。

上个世纪疑古派史家曾一度声言黄帝、炎帝、蚩尤、大禹治水等，都是子虚乌有，不可信云云。然而，随着考古学的发展，许多新文物的出土和发现，历史的某些真面貌正在一步步地被揭示出来，许多文化遗址的考古结果证明，它们与历史传说之间的内在联系，使人们有可能以新的目光重新打量上古的历史和历史传说。因此，新史学宣示要从疑古派的迷雾中走出来。

还是老话：信古——疑古——释古。以《山海经》为例，以往的学人都认为该书荒诞不经，然而通过对古史的研究，对出土文物的研究，这部一度被认为是“纯神话”的书，其中的可信成分与历史地理价值正在被揭示出来，重新认识《山海经》，打开《山海经》与古史研究之间的某种联系，已越来越得到学界的共识。

正是在这一前提下，经专家推算，后来形成汉族或者称华夏民族主体的若干部落，从西北方黄土高原向着东南方迁徙，逐步进入到黄河流域，时间在公元前

黄帝塑像　王冰 摄

3010年[1]左右。

由中华民族最远的远祖伏羲氏制八卦、作书契、造琴瑟等，其时间为公元前2910年左右。

黄帝战胜炎帝，擒杀蚩尤，制订六相史官，制六书、阵法，排定甲子，使用货币，确定算术之学，并下令让史官仓颉"取象鸟迹"创造文字等等，也就是迈出文明最初的最重要的步伐，人们把这一切都落定在黄帝身上，不容你不信。时间为公元前2697年前后。

翦伯赞主编《中外历史年表》记录黄帝之年为公元前2550年。[2]

以上的这些时间是史家们各自推算出来的，其中因闰年等因素，肯定有若干误差，仅能成为历史参考的时间坐标。五四前后，有人提出中国应采用黄帝

〔1〕孙俍工编《中国文艺辞典·中国文艺年表》，上海书店，1985年版，附录第1页。
〔2〕翦伯赞主编《中外历史年表》，中华书局，1961年版，第3页。

纪年，即以黄帝统一天下之公元前2697年为黄帝元年[1]，而不采用现今的公元纪年，那仅是一家之言而已（公元历即公历，亦即今天国际通用之格里高利历。该历的公元元年，相当于中国西汉时汉平帝

炎帝神农氏——中国农业的始祖　王文 摄

元始六年。据传此公元1年是耶稣基督诞生之年，所以也称耶稣纪年。然而，后来“发现原来的计算是错误的：耶稣基督诞生之年，可能在公元前6年”——见神版《圣经 · 年代表解》注）。时间系的选取或许并不重要，重要的是准确、通用。

黄帝与炎帝的诞生地，据考都在西北地区，即在今天的甘肃的天水附近，那里的轩辕谷、轩辕洞等地名，都和黄帝的诞生有关。炎帝诞生在什么地方，古史语焉不详，但说他“长于姜水”。姜水在何地呢？其说也不一，一种说法是姜水即岐水，即在岐山一带，或另一种说法，认为在清姜河一带，总之，亦在甘陕之地。也有学者以炎黄两部族通婚为由，乃断定两部族相距不会太远，应当是北邻清水县的羌水（在这里，姜、羌也为同一字）。这两个大的部族世世通婚，后来又继续向东向南而下。黄帝部族进入中原，即黄河中下游地区；而炎帝部族沿汉水向东南，进入今天的神农架一带，又进而到达长江中游，为后来的楚地。他们大概留下一部分族人之后，又北上进入中原。

炎帝与黄帝三次战争的发生地都在阪泉之野。阪泉在上谷，也就是今天的河北省涿鹿县附近。涿鹿县在怀来县以西，而怀来县（古称怀戎县）古时又称妫州，妫

[1] 孙俍工编《中国文艺辞典 · 中国文艺年表》，上海书店，1985年版，第1页。

黄帝部居住的村庄（涿鹿·电视片布景地） 王冰 摄

州即黄帝都城所在地——涿鹿故城。阪泉，后名黄帝泉，在涿鹿城东。然而，由于地理的变迁，加上如今怀来县东南修筑了官厅水库，古地貌当然难以辨识了。不过也有人怀疑阪泉之野不在冀地，而在安徽北部一带，这里就不去详说了。

黄帝打败炎帝，杀死蚩尤，又用蚩尤的图腾之旗平息了一些部族的骚乱，统一中原大片地区，《史记》记述黄帝的疆域说："东至于海，登丸山及岱宗；西至于空桐，登鸡头；南至于江，登熊、湘；北逐荤粥，合符釜山，而邑于涿鹿之阿。"这就是黄帝当时帝力所能到达的地方。所谓帝力到达，实际上就是指在此范围内的部落酋长国、氏族联盟等集团势力，均承认并服从黄帝的统辖与管理。

黄帝是中国五帝中的第一个帝王。他娶了西陵之女，名叫嫘祖。嫘祖生了两个儿子玄嚣和昌意，以后都掌管了天下。黄帝死后，由昌意之子，也就是黄帝之孙高阳成了帝王，取名叫颛顼。颛顼是"三皇五帝"中的第二个帝王。颛顼生子名叫穷蝉，后来成为平民。颛顼死后，其帝王之位由他的大伯父玄嚣的孙子高辛来接任。这种接管国家最高权力的办法，也就是禅让制，并非世袭。高辛称帝喾，是五帝中的第三位。帝喾生子叫放勋，另有同父异母兄弟挚。帝喾死后，权力交给了挚。但挚不久死去，权力便由放勋来接管。

放勋就是中国历史上继黄帝之后的又一位著名的帝王——尧。尧是五帝中的第四位帝王，受到人民的拥戴，因此甚有贤德之名。他亲九族，昭百姓，合和万国（这里的国，仍是部族之国或部落联盟之国）。帝尧年老，便命令舜代天子行命。舜是一位从民间推举出来的贤者。古时，“天下为有德者居之”这句话，指的就是舜这样的贤者。舜事父母至孝。他的生母已死，父亲娶了后妻，虐待舜，舜的父亲瞽叟，几次要杀舜，都没有得手。舜不但不记仇，反而对父亲和继母仍然极好，还善待后母的儿子象。舜的孝行感动了乡亲邻里，所以人民都推举他。尧为了进一步观察这位出自平民的贤者，便把自己的两个女儿娥皇和女英嫁给他，让自己的九个儿子和舜做朋友，以便深入了解舜的品德、能力和为人。经过长期的考察，终于认定舜的确是一位高尚而又杰出的人，最后放心地将帝王权位交给了舜。舜是继尧之后五帝中的最后一位帝王。尧和舜这种以天下为公的襟怀胆识、气度和贤德之心，光昭日月，名贯古今。所以，尧和舜成为中国历史上口碑极佳的帝王，后世的大臣只要抬举皇帝，并为皇帝进言且希望皇帝采纳，无不以尧舜之名来形容当代的皇帝。毛泽东诗词中的“六亿神州尽舜尧”这句话，也是将尧舜放在中国历史上的榜样与楷模地位的。由于三皇五帝英名远扬，所以《东周列国志》开篇中的《西江月》词，才说“道德三皇五帝”，其中强调他们的道德高尚，也恰是这个道理。

尧与舜的德政使当时的中国进入和谐社会。尧以尹寿、许由为师，又下令让伯夔仿效山川河谷之音，制作大章音乐，用后来的话说，就是歌舞升平。兹时，天下大和，百姓无事，有八十老人击壤于道，唱着豪迈而又放达的歌儿：“日出而作，日入而息。凿井而饮，耕田而食。帝何力於我哉！”听到这样祥和的《击壤歌》，人们不禁赞叹说：“大哉，帝之德也！”——这个憧憬自在的画图，照耀了数千年的中国文明，成为封建时代人们交口称赞的理想境界。

# 二

汉代画像石上的大禹像
（据《文物夏高周史》）

接替舜的帝王之位的是禹。大禹的父亲鲧；先前治水，到处筑堤，妄图以堵塞之功人力胜天，结果一败涂地，被处死。大禹接替父亲治水的使命，“披九山，通九泽，决九河，定九州。”（《史记》语）功劳最大。禹是颛顼之帝的孙子，他以治水居外十三年，三过家门而不入，受到百姓的崇敬。于是，敏而克勤，功勋卓著的禹成为舜选定的接班人。

五帝中的颛顼、帝喾，年代都未能详尽考实。帝尧元年，约为公元前2357年；帝舜元年约为公元前2255年。禹接过舜的权力，开始家传（其实，舜也是黄帝的直接后代，只因为自穷蝉始，接连五代都是平民，人们似乎已经忽略了他血管里还留着黄帝之血的事实），中国奴隶制及封建制社会的帝王贵族的世袭制，[1] 即由此拉开了历史的大幕。

帝禹元年为公元前2205年，也就是中国历史上第一个朝代——夏朝的开始。

---

〔1〕据《史记·夏本纪第二》：帝禹掌政后，先举荐了皋陶，且授政焉。未几，皋陶卒。乃举益，任之政。禹执政十年崩于会稽，乃以天下授益。三年丧毕之后，益让位给帝禹的儿子启。司马迁说：“禹子启贤，天下属意焉。及禹崩，益之佐禹日浅，天下未洽。故诸侯皆去益而朝启，曰：‘吾君帝禹之子也。’于是，启遂即天子之位，是为夏后帝启。”此见《史记》中华书局标点本，1959年版，第83页。——由这段记述，史家认为禹不是家天下的始作俑者。始作俑者是他的儿子启。

禹是黄帝玄孙颛顼帝的孙子，所以说夏朝整个朝代的各个帝王，仍是黄帝这一脉的后系子孙。夏最初是舜帝封给禹的居地之地名，后来成为朝代名。夏的封地在今河南省禹县。夏的都城在安邑，即今山西西南的夏县禹王城。夏朝的第五代帝王叫相，一度迁到帝丘，即今河南濮阳县，再后来少康中兴，又迁回安邑。禹县、夏县禹王城以及濮县，都在黄河中游，分居于黄河两岸，故而夏朝的夏字便成了中原、中土、中国的代词。夏朝传十七帝，历时四百余年而亡。关于夏朝的历时，现在仍有争议，说法不一。有人不仅否定禹的存在，同样也否认夏朝的存在，其实这种否定是没有根据的，根本不值一驳。夏朝开国之君禹的陵墓在绍兴，少康的陵寝在河南太康县西，除此以外其他的陵墓都安魂于山西夏县西池下王村里。两千多年后，雄起于松花江流域的女真人完颜氏建立金朝，还曾在其地于大定五年（公元1165年）修建朝元观，对夏代诸帝王之陵进行奉祀。这是女真人自融于夏，自融于汉文化，自融于炎黄的最好的证明。大定是金源帝国金世宗的年号。金世宗的前任金海陵王德品不佳，穷兵黩武，使国政一塌糊涂。金世宗接任后，除弊布新，颇有贤名，在历史上被称为小尧舜。他生于阿什河畔，是一位女真族人，但他的美德仍使人以华夏颇有贤德的尧舜呼之，说明华夏教化的力量可以穿越几千年的时空。

不同写法的“夏”字（“夏”字的原字，见上图中下。《说文解字·夊部》云：“夏，中国之人也，从夊，从頁，从臼。臼，两手；夊，两足也。”总之，“夏”是指夏朝人，如夏禹的像。

现代中国人习惯地称华夏，在夏之前又加上一个华字，是怎么回事呢？通常认为“华夏”一词连用，最早见于《左传·襄公二十六年》，也就是公元前547年，晋楚相争，楚败晋胜，“楚失华夏”。汉代许慎《说文解字》解释说：“华，荣也。”又说：“夏，中国之人也。”而且古代的夏字（夏的原字夒）代表了一个人和他的两手、两足，头上是竹笠。由此可以推知，所谓华夏，即光荣或荣耀的中国人也。引申起来，既可以指中国人，也可以指中国这块土地。华夏，春秋时又称诸夏。诸夏是指周时分封到中原的各诸侯国。一般地说，言华夏、诸夏，是为了和中原之外的所谓蛮夷之族相对的。而区分的标准，显然是文化的不同。

这种文化的不同，有时也会成为中原帝王藐视边塞荒服少数民族的身价与资本。比如，晋末的北魏，本是由拓跋鲜卑人入主中原后建立的政权，据传（《魏书·序纪》也这么说），拓跋鲜卑族人的远祖是黄帝二十五个儿子中的一个叫昌意的儿子。昌意的小儿子，受封北土，国有大鲜卑山，因以为号。他们在匈奴溃散后，由今日的嫩江上游南下，至河套、阴山、燕山一带的广阔地域，后来建立了掌管北半个中国的魏国，与南朝分而治之。他们推行汉化，故而逐渐同中原汉人相融。和他们南下相同时的另一部鲜卑族人，由辽河北西迁进入陇上之地（今甘肃、陕西南、青海三省交会地一带），建立了吐谷浑政权。吐谷浑就是部落西迁时酋长的名字，以后成了族名、姓氏和国名。吐谷浑欲结交魏，派使臣进京（洛阳），上表求臣，奉上贡品。可是，魏的臣子们竟给魏皇上书说他们“虽人土广众，而爵不拟华夏”而予以拒绝。——这种拒绝背后还有吐谷浑与南朝宋关系密切等原因，但总的来说，其间“瞧不起他们的成分”是起了作用的。

夏，作为一个地名是有确指的。禹受舜的禅让，国号曰夏。夏，也就泛指了夏国的整个地域。夏的都城在安邑，故城在今山西夏县北。然另有一说，言舜封禹于夏，夏在今河南禹县。或许两地都不错，两地都是“夏”狭义的确指。可广义地说，夏却又泛指陕、甘、晋、宁诸地。东晋时，匈奴左贤王去卑的后人赫连勃勃据统万城，自立为帝，即称“夏国”。又，辽、宋之时，党项人李元昊自立为帝，国号也称夏，史称“西夏”。西夏自制文字，称“西夏文”。而金末，又有东夏国在黑龙江建国……所有这一切，都是对夏字的极好的诠释：它说明了，“夏”并非只是汉人的专利和自我认同，也得到了古代某些少数兄弟民族的更深刻而广泛的认同。或许这些古代的兄弟民族真的与夏朝皇族有血缘关系，也未可知。

# 四

和华夏相对应的词是夷。

夷是指使用弓箭的人，大+弓＝夷。换言之，夷是指操大弓的部族人。一般说来，华夏是指中原内地人，而夷则是中原周边的部落或族人。

由于生活方式的不同，古时又将生活在中原周边东、西、南、北四方的非华夏人取了四种名称：

在北者，曰狄。是北方少数民族的泛称，亦作翟。

在东者，曰夷。是对生活在东方的少数民族的泛称。

在西者，曰戎。是对生活在西方的少数民族的泛称。

在南者，曰蛮。是对生活在南方的少数民族的泛称。

故而，古时有南蛮北狄，东夷西戎之说。可是，这其中的“夷”字，又是对各种异族的共同称谓，如“夷族入侵”啦等。《尚书·商书·仲虺之诰》云：“初征自葛，东征西夷怨，南征北夷怨。……”在这里“夷”字，并非单指东夷了，而各方位均可泛指。并且，从“诰文”来看，这里的“夷”字，也没有贬义。贬义是在特定的环境下使用的。——在本文中，我把燕、辽、松、黑、乌诸地的少数民族，亦称为夷或东北夷，也不含贬义，这是我应事先声明的。关于这方面的详情，我们下边还要再叙。

此刻，我们再回到夏朝上来。

夏朝自夏禹始，一代代传到桀，已传了十七帝。桀是夏朝的末代皇帝，却是一个无道的昏君。他滥杀无辜，是个腐败透顶的家伙。他只知道花天酒地，吃喝玩乐，迷恋女人，不顾苍生百姓的苦与贫，所以遭到了天下诸侯的反对。

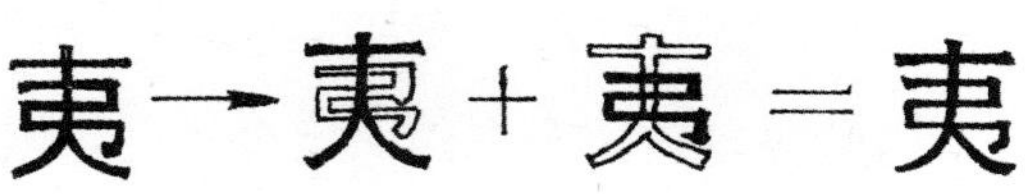

“大”字加上“弓”字，就是“夷”字

帝喾高辛氏与帝尧陶唐氏像（据明《三才图会》）

夏衰时，有一个生机勃发的新崛起的部族叫商。商的先祖叫契。契的名望很高。人们读唐诗时就知道，被后世尊为诗圣的大诗人杜甫，就是契的崇拜者，是隔了两千多年后的“粉丝”。

契生于尧代。契的母亲叫简狄。从名字上看，她应该与北方的狄族人有些关系。简狄是有娀氏之女，是从生活在西方的某一戎族那里嫁过来的。简狄，一说是帝喾的次妃。有一次，简狄和其他两个女伴在河边洗澡时，有一只玄鸟（燕子）遗在岸边一枚鸟卵（鸟蛋），简狄一摸，还是热乎的，不由分说地将这只玄鸟的蛋给吃了。由此，她怀了孕，生下一个男孩取名叫契。《说文解字》解读说：“契，大约也。从大，从邦。《易》曰：‘后代’圣人易之以书契。”可见，名字起得不凡。

帝喾即高辛氏，他是黄帝的曾孙。高辛氏最早的迁徙地在渤海的北岸或辽河下游之地。据北魏崔鸿《十六国春秋·前燕录》说：

“昔高辛氏游于海滨，留少子厌越以居北夷，邑于紫蒙之野，世居辽左，号曰东胡。其后，雄昌与匈奴争盛，控弦之士二十余万，风俗官号与匈奴略同。

帝舜有虞氏与夏禹王像（据明《三才图会》）

秦、西汉之际，为西匈奴所败，分保鲜卑山，因复以山为号也。”[1]

这里需要说明的是，高辛氏契的儿子有许多，《绎史》图表中列出十五名而没有厌越，或许契/高辛氏的少子厌越为庶子，先时已佚名，亦未可知。其次是紫蒙之野，又作紫濛之野，一说在辽北；另一说在辽阳东，辽置紫蒙县，金朝时废。不管怎么说紫蒙之野未出辽河地域。

契既然是帝喾/高辛氏这一支的后人，而高辛氏早在厌越时就已迁到了辽河流域居住，这就表明了黄帝后人，以其曾孙帝喾这一支脉，将自己的后代伸入到大东北之地，并且同彼时活跃在东北夷的族人，即使不是全部，也一定有一部分同黄帝有着血脉与族脉的关联。东胡被匈奴击散后，北逃进入大鲜卑山遁居，这又表明了松、嫩、黑三江流域之鲜卑人也与黄帝有着共同的血脉与族脉之源。

契的族人被封到商，后来便称商族。从契到他的十四代孙汤，商族迁徙了八次。后来居于殷，故也叫殷朝。《荀子·成相篇》说：“契，玄王，生昭明，居于砥石，迁于商。”迁于商的汤逐渐强大起来。强大起来的原因是多方面的，

〔1〕参见《野史精品·十六国春秋》，岳麓书社，1996年版，第一辑，第401页。

湯 成 王 商

商王成汤像（据明《三才图会》）

有两点不能不记：一是汤起用了一个奴隶身份的能人伊尹为相，伊尹辅佐汤富国强兵，而且帮助汤打败了夏桀。伊尹本是汤的妻子嫁过来从娘家带来的种田的农奴。那时，对人的自由的限制不多，伊尹曾去投奔桀，以寻求晋身和发展。桀的荒淫无道让伊尹很失望，桀也不用他。他便跑回来继续种田。他自诩为先知先觉，是可以唤醒后知后觉的人。伊尹跑了一趟京都，虽未见用，却提高了自己的名声。他终于引起了汤的注意，一番长谈，乃被汤起用为相。二是汤本身也有很好的个人口碑。汤见猎人四面张网狩猎，便对狩猎者说："这种干法，不是要叫鸟兽绝种吗？"他让猎者撤去三面的网，只留下在一面设的网说："让那些有罪的鸟兽遭捕杀吧！其余的要放它们一条生路。"这件事让汤提升了威望和贤名。事实上，在中国历史上鸟兽孕期下令禁猎的帝王真不少。换句话说，保护野生动物是传统中国文化中很重要的一条理念，其间虽无生物链之类的科学内涵，却也是环保的先声。汤的声名鹊起，灭夏桀并取代之，已是在所必得。汤军败桀军于有娀之墟（今山西蒲州一带），而后又将桀兵击败于鸣条（安邑之西），并将桀及其王族流禁在那里。三年以后，桀死。桀的儿子獯粥带着桀的妻妾和眷属北逃，"避之北野，妻桀之众妾，随畜移徙（由农耕改而牧猎），中国谓之匈奴。"（乐产《括地谱》语）司马迁在《史记·匈奴列传》中说："匈奴，其先祖夏后氏之苗裔也，曰淳维。唐虞以上有山戎、猃狁、荤粥，居北蛮，随畜牧而转移。"按照这种说法，匈奴是夏桀的后裔，当然也是夏朝始祖禹的后裔，故而匈奴也是炎黄子孙了。这样一来，汉和匈奴之间的关系，战争也好，和亲也好，互相易货换物贸易也好，就也可以视之为大族的内部关系，并没有离开华夏大部族的总范畴。

其实，周边的异族部落或氏族联盟，在华夏之族崛起于黄河中下游地带时，他们也同步地在周边壮大起来。中原人称他们为北狄、南蛮、东夷、西戎。北狄又称翟，他们的图腾同犬或同鸟有关。狄分白狄、赤狄、长狄等三种，大约活跃在河西、太行山一带。北狄之北，还有一些异族，有时也包括在北狄的泛称中，比如匈奴。匈奴（前已说过：桀之子獯粥为匈奴始祖）生活在北方从阴山、河套到燕西北的大片地区，有时也和汉族杂居，他们的称谓，或称猃狁，或称獯粥，或称匈奴，皆为一音之异译。然而，学者认为和獯粥同名异译的荤粥，在唐虞以上早已存在，黄帝已有率部“北逐荤粥，合符釜山而邑于涿鹿之阿”（《史记·五帝本纪》）的记载，所以学者们又认为夏桀之子獯粥“妻桀之众妾，避之北野”时，一定是同先前已生活在那里的部族相融合了。

南蛮，也称六蛮、八蛮、百蛮，他们生活在长江中游地域及其南部地区，部落众多，情况复杂。但他们共同的特点是稻作发达比较早，其始祖流行着槃瓠的传说。相传高辛氏有一老妇人，居于王宫，得了耳疾。医生疗治，挑出一只像茧那么大的一只虫子。妇人走后，把此虫放在瓠中，盖上一个盘子，不一会便化为一只犬。此犬很快长大，身上有五色的纹络，因而得名为槃瓠。关于槃瓠有神话说：当时有一部族叫戎吴，非常强大，经常来此侵扰。于是部族大人乃招募天下的勇士说，有能取戎吴首级者，封邑万户，并赐女儿与他为

汉画像砖上的夏桀（据《文物夏商周史》）

妻。正是这位名为神犬的槃瓠，不知通过什么手段，杀死戎吴，衔来戎吴的头颅。部族大人以王者之约不能负，正在两难中。他的女儿以为，为王的父亲要讲诚信，所以她自愿跟从槃瓠进山生活。后来生六男六女，自相配偶为夫妇。织绩木皮，染以草实，好五色服。若干年后，此女又归于部落，王者也迎其子女归来，并以他们的情况赐以名山广泽，号曰“蛮夷”。他们便是后来的“赤髀横裙，盘瓠子孙”。这个神话故事见于晋代干宝所撰之《搜神记》，当然不是历史。但神话传说中也掺杂着文明的前史，故有学者认为，槃瓠的故事应为有犬氏族，也就是以犬（狗）为图腾的民族蒙昧时代的传说。也有人说，槃瓠就是追日的夸父，也有人将槃瓠释为盘古，是开天辟地时代的圣者等。史前的传说，传递口授中不知发生了多少变形，因此在研究民族史时，是不能引以为据的。南蛮的蛮字，乃为蛇之属，仍是以蛇为图腾的部族的泛称。

西戎则是生活在西部地域的各族的泛称。在《禹贡》中的戎族指的是织皮、昆仑、析支、渠搜等部族，他们身穿羊毛或驼毛或其他毛织的衣服或其皮制的衣服，成为戎族区别于其他部族的特色。戎部生活在北方的称为北戎，在山中以狩

站在涿鹿三祖广场上，可以感受到历史的风云奔来眼底　王冰 摄

猎为生的叫山戎，总的来说戎族主要生活在中原的西部与西北部，所以华夏人称他们叫西戎，他们的生活之源来自牧羊，羌人也是西戎中的一种，只是住地更分散，他们和汉族的融合也很早。比如唐代大诗人杜甫，在遭遇安史之乱时，便将妻子儿女和弟弟安置在陕北的羌村。后来他写的名诗《羌村三首》，笔者读过数十遍，却看不到一点羌人的特征，羌村的羌人唐时已汉化。

还有一种说法叫作："九夷、八狄、七戎、六蛮，谓之四海。"由此可知，古代中国除华夏之人，生活在周边以及混在一起杂居的氏族是相当多的。这些杂居或混居在一起的氏族部落或小的氏族集团，通过生产、交换、通婚、联盟以及争战掠夺等各种方式，相互间渗透、影响和融合，由简单趋向繁杂，由单一走向多重与复合，像滚雪球似的越滚越大，越滚其兼容承纳的也就越多，最后形成了以华夏之族为核心的中华民族大家庭，其间汉族的数量为最大。从古至今，历代均可简称之为华族，非华族者便称为夷。华与夷是一个对应的词组，它们是并列的复合词，也可拆开单用。

古时，夷、蛮、狄、戎每个单称的词都可以取出来成为华夏族人以外的概称，使用中有时含有一些轻蔑或贬义，但也并不完全瞧不起夷族，夷、狄、蛮、戎毕竟是中国历史舞台上活跃的角色，有时不仅是重要的角色，而且还是主要角色哩！在所谓的五胡十六国时期，或五代十国之时，许多民族登上了历史的前台，并演绎出若干悲壮的故事。这些年来，笔者读史发现从北方南下的像拓跋元魏、契丹耶律氏的大辽，女真完颜氏的金源之国，以及蒙古族的成吉思汗，满洲女真努尔哈赤所建之大清帝国，他们或他们的先祖，都不约而同地与黑龙江——松花江扯上些关系，松花江与辽土之辽河并以其为中华民族北方各族人民的母亲河而令人刮目相看。所以，古今以来，对"夷"的轻蔑、污贬都是极其错误的。

孔子是中华民族的先哲，是民族传统文化和华夏文明最早的塑造者。他对夷的看法，一是"夷狄之有君，不如诸夏之亡也！"（见《论语·八佾》）对这句话，杨伯峻先生解读时引杨遇夫先生的话说：夷狄有君，指楚庄王、吴王阖闾等。君是贤明之君。这句话的句意是，夷狄还有贤明之君，不像中原诸国却没有。在这里，"夷狄"二字是不含贬义的。第二，《论语·子罕》中还记述孔子本人要离开鲁国，“欲居九夷。”有人问孔子：“那些地方荒凉简陋，怎么好居住呢？”孔子的回答是：“君子居之，何陋之有？”文中的九夷，当时指的是淮夷，也就是指生活在淮河流域的少数民族。淮夷这支族人很早便融于中原华夏族人中。而早年他们的身影不仅在《论语》中有，在《尚书》与《诗经》中也都能见到。

一般地说，华与夷是相对应的，它们产生得很早，随着历史的演变，随着战争、人口流动、通婚等的融合，“夷”的内涵早已有了改变。在清帝国时代，凡非中国的一切外国，清人也都称夷，而此夷却非彼夷。彼夷大多属于中国的内部族人，而此夷则为海外的一些国家了。比如，晚清思想家魏源曾著有《海国图志》一书，在该书中他提出“师夷长技以制夷”的策略理念。这里的夷指的就是西方强国——它同本文中的夷——指中原周边的少数兄弟民族的夷，内涵是根本不同的。关于他所指的师夷，要谈，则是另外一部大书了。

# 说肃慎

## 一

和中原的中央政权建立密切关系最早的古代先民中，有一个生活在松花江、长白山地区的东夷族人肃慎氏，也写作稷慎氏、息慎氏。他们生活在白山黑水之间，是一个操大弓的民族，以猎取野猪、狍、鹿和打鱼为生，也有点农业，他们是女真人，也是满族人的祖先。他们是中国先民中很早就使用弓箭的族人之一。

“帝舜有虞氏二十五年（约公元前2231年[1]），息慎（肃慎）氏来朝，贡弓矢。”

这句话记在《今本竹书纪年》中，应该是息慎（肃慎）人走进中国历史前台的一次最早的记录。离笔者今天在这里说事，已经是4246年前的故事了。

还是这部《今本竹书纪年》，在周武王伐纣（纣王无道，故而引起诸侯造反与攻伐）后，建立了新的国号叫周，这就是中国历史上时间最久的朝代——八百年周朝的开始。周武王十五年（约公元前1120年），周武王派特使到生活在周边的各地的部族，通知他们的首领来京相会。当时，称“通道九夷八蛮（也记作百蛮），肃慎氏贡楛矢、石砮”。有一本书叫《逸周书》，其《王会解第五十九》中，记载了这次成周大会的盛况。大会在东门外的会埠上举行，埠，是

---

〔1〕这个年代是我根据陈芳芝先生《东北史探讨》给出的年代推算出来的。对于这个年代，说法很多，这里不去详加讨论。

兴凯湖畔——肃慎人雕像　王冰 摄

指一片开阔的土地，和祭坛之地差不多。埠上布满了红色的帐篷，帐篷上装饰着羽翎。天子面向南方而立，身穿庄重的袍服，周公在左，太公望（姜子牙）在右，除了各种礼器和标识外，也站满了大臣和为新天子祝贺的来自东西南北的蛮夷的首领或代表。其中由周公旦主持接待东夷之宾，那里布列着青马黑毡，还站立着守营墙的兵士，兵士们也穿了一身青色的衣装，操弓执矛，一派威武。来自东北方的稷慎，列于此处的正北方，他们带来的贺礼是大麈——也就是四不像，一种麋鹿，当然是来自长白山的猎获物了。息慎、肃慎、稷慎，都是一音之转，现通常称为肃慎。《二十五史》中，有关的记述都称《肃慎传》，所以肃慎之名常见于史籍中。中原王朝更迭，进入周朝。周朝的天子通报各地的部族，召来开会，重申对九夷八蛮的主从关系。各地的部族到会，意为前朝的秩序要继续维系。这事发生在距今约3128年前的周朝之初，而且还被记录下来了，不能不说是中华民族史上的一个奇迹。这里，更令人感兴趣的是召开这次成周大会前所发出的开会通知，而且四方部族来宾都能同时到达京都，这一切不仅表明了当时中央王朝同居于四周九夷八蛮的联系何等紧密，同时也表明当时的交通与交通工具都达到了相当的水平。那时，中国大概没有多少像样的路。有，也得叫荒路。如此说来，周朝初年从中原到边荒之地的路径一定十分畅通。

至圣先师孔夫子，生于公元前551年，鲁国陬邑（今山东曲阜）人。在鲁国的鲁定公时代（公元前509年—前495年在位），孔子曾任中都宰、司寇，后因不满意当时鲁国执政者季桓子的所作所为，乃辞官周游卫、宋、陈、蔡、楚列国。在陈国游历时，他住在陈湣公为他准备好的高级宾馆里。孔子对国君陈湣公大讲其治国安邦的主张。在陈国，和其他的几个孔子去过的国家所遭遇的一样：孔子被奉为上宾，可他的主张却无人理会。恰在此时，有一只大鹰从天上掉下来，正好掉在陈王的庭院中，鹰身上中了一支箭，掉在地上鹰已经摔死了。

鹰身上中的箭矢，是一支“楛矢”，长约一尺有余。陈湣公听到报告，亲自验看了一番。他不明就里，便派人带着这支染了鹰血，致鹰于死命的“楛矢”到宾馆里拿给孔子看，请教孔子，想问一个为什么。

孔子用眼一扫“楛矢”，便告诉来人说：“这只鹰的来路，可以说是相当遥远了。这个楛矢，是肃慎氏他们使用的猎器。当年武王克商，通道九夷八蛮，让来自四方八服的氏族来进贡、开会，于是肃慎氏的使臣们带来了他们东北夷自制的楛矢、石砮。嗣后，武王将这些楛矢、石砮，分给周朝皇家姬姓的每一支贵

兴凯湖风光　王冰 摄

胄，也分给了陈国的始君胡公。陈国的胡公，是虞帝舜的后代。想当年舜为平民时，尧把自己的两个女儿嫁给舜，居住在妫汭，以后便以其地为姓，称妫氏。但后来，在历史的记录经过不断或续或失的交替演变，到周武王克商，灭纣立周，寻找舜的后人时，便到妫满，于是封妫满至陈，是为陈国，以奉舜祀，这就是陈的始君陈胡公满的后裔——也就是陈国的由来。古时，分同姓以珍宝，是为了展现亲情之亲；将远方的贡物分给异姓的贵胄，以警醒他们不要忘君忘本。所以，陈国分得了肃慎氏的来自远方的贡物楛矢。如果你们派人到国府的库房或是储藏室中看一看，一定会找到同样的楛矢呢！”

听了孔子的一番话，来人将楛矢带回，报告给陈滑公。陈滑公派人在库府中果然找到了当年——也就是距坠鹰之时已经过去了数百年以前武王时代分得的楛矢。

这个故事记载在《史记》和《孔子家语》里。

## 二

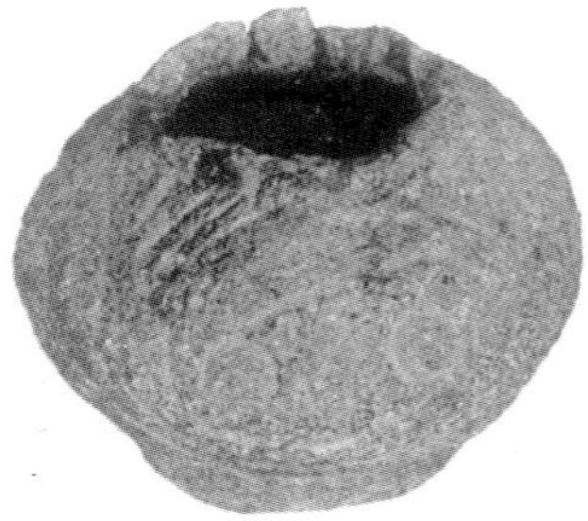

饶河小南山出土的器物
（据《赫哲族漫记》）

肃慎人所造的楛矢、石砮，以后在历史上多有记载。楛矢一度被指为用楛木制的箭杆，而箭头被释为用石头制作的。——当时，生活在松、辽地区的肃慎人，还没有完全脱离石器时代。

或问，楛木是一种什么木呢？

《说文解字》云：“楛，木也。从木，苦声。”文以下许慎还举了《诗经》中的一首诗《旱麓》中的诗句：

“瞻彼旱麓，楛榛济济。……”

如果用白话文翻译，那就是：

“你看那干旱的山脚下，榛树和楛树多繁茂啊。……”

诗中的楛树被释为红荆（刘毓庆、李蹊译注本）；另一种译注本（樊树的译注）引了朱熹的话说：“朱熹以为‘楛似荆而赤’。”看来，朱熹并没有认定楛就是一种荆木或红荆。但不管怎么说，楛木是一种树木，在周朝时是存在的。

现代学人干志耿、孙秀仁著《黑龙江古代民族史纲》，对楛木作了精心的考察：楛木指的是箭杆木，楛矢是指以楛木为箭杆的箭。……那么楛木是什么木呢？原来，它“应是桦木一类的杂木”。

桦木生长在北温带，正是黑龙江流域大小兴安岭和长白山区的特产木种之一。它是一种双子叶植物的一属，为落叶乔木或灌木，树皮有白、赤、黑多种，多产于东北地区及黑龙江以北的西伯利亚地带。因树皮的颜色而分为白桦、赤桦、黑桦、岳桦等多种。——有趣的是《说文解字》中，没有“桦”字，那就是说，“桦树”这个名字到汉代许慎解字时，还没有出现。如果我说得不错，那么古时，比方说在周代以前，称桦木为楛木，也就顺理成章了。楛（读hú），桦（读huà），只是尾音有变，或也是一音之转。

除了岳桦为灌木外，桦树作为乔木，高大笔直者居多，而且多生长在山脚下。《诗经》中的“旱麓”，有人将之释为旱山（山名，在陕西），但如果释为干旱的山脚，似乎更合适。因为许多白桦林都是成片地铺展在山脚下成林的，当然在混交林中，白桦也是常见的。如果说把“楛木”释为一种似荆而赤的树，若是指赤桦亦通。桦树因纹理直长，且又易于加工，得到古时肃慎人喜爱而制成箭杆是可以理解的，也是顺理成章的。

最让人服膺的楛木即桦木之释，是《黑龙江古代民族史纲》中，作者所举的语音例证：

从比较语言学上看，“桦木”与“楛矢”的满文的汉字注音同为“索拉勒恩”，证明“桦木”即“楛矢”（应为楛木）；又“桦树皮”蒙文的汉字注音为“楛矢”，越发证明“楛矢”即“桦木”。

据此，可推测称“桦木”为“楛矢”，可能源于蒙古族先世之东胡人，而后面这一词语被肃慎人所借用。[1]

如果“楛木”即为“桦木”无疑，那么许多以往的关于楛木的注释，包括《诗经·旱麓》的诗注，也都应该因之而改写。这里还有一句附言，除了肃慎人用白桦木制箭杆外，桦树皮的利用在后世用得更多，如可制桦皮船、桦木屋、桦皮柜、桦皮匣等等。可见，桦木是黑龙江流域民族不可或缺的帮手。

## 三

兴凯湖岗上六千年前肃慎人的栖息地　王冰 摄

肃慎人生活的地域，相当广阔。1963年在镜泊湖南端的莺歌岭，进行考古发掘，上层距今3000年左右，下层距今4000年左右，出土了许多新石器时代的石斧、板状石砍砸器等，还发现了一件鹿角鹤嘴锄，以及骨针、骨锥等工具，两座带火灶的穴居房子，还有石镞、陶猪等物。同类的遗址，在松花江下游，牡丹江地区和乌苏里江左侧及黑龙江下游地区，也有发现。而这，就是肃慎人的居地。《山海经·大荒北经》记述说：“大荒之中，有

〔1〕参见干志耿，孙秀仁《黑龙江古代民族史纲》，黑龙江人民出版社，1987年版，第121–122页。

山，名曰不咸。有肃慎氏之国。”此书的注释说：“今肃慎国去辽东三千余里，穴居、无衣，衣猪皮……其人皆工射，弓长四尺，劲强。箭以楛为之，长尺五寸，青石为镝，此春秋时隼（大鹰）集陈侯之庭所得矢也。”这些记述同后来的考古发掘出土的实物完全吻合。笔者为撰写《松花江传》曾走访过上述各地区，在大小兴凯湖之间的湖岗，见有新开流文化遗址，他们的情况更早，在六千余年前，是渔猎部落人的居址。他们应当是肃慎人的一支先祖。不咸山，即今天的长白山。不咸是光秃无草的意思。笔者曾一度不解，后来登长白山，观天池，在长白山顶看到的只有火山喷发的岩灰，果然寸草不生。这一切所记都说明了古史录下的这些记载，绝非无稽之谈。肃慎氏人早年居不咸山——长白山之北，可是后来他们也向南迁徙，在辽沈一带也有他们的居地。这和《左传 · 昭公九年》所记：“肃慎、燕、亳，吾北土也！”也是一致的。

清光绪丙午年（公元1906年），在沈阳以东辑安县（今吉林省集安县）“西北九十华里之板石岭，开道得之”一块“丸都山纪功残石”，石上有北朝魏正始

不咸山（长白山）北，早年肃慎人的家园　范震威 摄

六年（公元509年）的“肃慎南界”字样，实际上这便是肃慎向南达到的地域。肃慎进入中国历史舞台的时间很早，可在中国的正史《二十五史》中，它的传文出现却比较晚，仅见于唐代由房玄龄等所撰之《晋书·四夷传·肃慎传》中。其文略云：“肃慎氏一名挹娄，在不咸山北，去夫余可六十日行。东滨大海，西接寇漫汗国，北极弱水。其土界广袤数千里，居深山穷谷，其路险阻，车马不通。夏则巢居，冬则穴处。父子世为君长。无文墨，以言语为约。有马不乘，但以为财产而已。无牛羊，多畜猪，食其肉，衣其皮，绩毛以为布。……周武王时，献其楛矢、石砮。逮于周公辅成王，复遣使入贺。尔后千余年，虽秦汉之盛，莫之致也。及文帝作相，魏景元末年（三国魏元帝曹奂癸未年，公元264年），来献楛矢、石砮、弓甲、貂皮之属。魏帝诏归于相府，赐给其王傉鸡、锦罽、绵帛。……”

肃慎氏一名挹娄，在《后汉书·东夷传》中录有《挹娄传》。其传文云：“挹娄，古肃慎之国也。在夫余东北千余里，东滨大海，南与北沃沮接，不知其北所极。土地多山险，人形似夫余，而语言各异。有五谷、麻布，出赤玉、好貂。无君长，其邑落各有大人。……”与其相似的传文，在陈寿的《三国志·魏书》中也有收录。——挹娄是肃慎人在汉代时的称谓。

近年来，在三江地区的友谊县，曾发掘了一座挹娄古城，出土了不少文物。

丸都山雄姿（据《中国历史地图集·吉林分册》）

该城距七星河不远。不远处还有一座小山，山上有七星祭坛，故专家们认为，这座名叫凤林古城的挹娄人的“城市”，是一座王城。同样或相似的挹娄城市有多处被发现。经计算，当时的挹娄人，人口已达20余万。挹娄可能是肃慎氏中新崛起的一个新部族，所以在史书记载有挹娄人的同时，还有一部分人仍以肃慎之名自称。这样在晋朝里，既有挹娄人，又有肃慎人，也就不足怪了。肃慎人后来又发展成勿吉人。在鲜卑拓跋氏时代由魏收撰写的《魏书·勿吉传》说：“勿吉国，在高句丽北，旧肃慎国也。邑落各自有长，不相总一。……延兴中（约为公元474年），遣乙力支朝献。”乙力支率进贡团若干人，带着贡马五百匹，由松花江而行，直到洮儿河，沉船于水底，然后改为陆路而行，最后到达当时的魏都和龙城。

肃慎——挹娄——勿吉，都是居于黑龙江——松花江地区的最早的居民之一。今天我们生活在松花江母亲河的臂弯中，自然不该忘掉曾经在这块土地生长繁衍过，并留下无数故事的先民。他们不是别人，他们就是后来强大起来，进入中国历史前台的女真——满族人的先祖。这些喝松花江水长大的民族，后来也成为中国历史的书写者之一。

所以，我们可以说文脉、武脉，都可归于一脉。

# 在凤林古城城垣上眺望

在三江平原，息慎——肃慎的称谓，后来演变成为挹娄。关于挹娄的情况，史书中的记述不多，可在20世纪末，在乌苏里江二级支流七星河上游，在友谊县南境的七星河畔凤林，发掘了一座相当于中原汉代时的挹娄人的古城，被定为挹娄人的都城。

于是，我来到凤林古城的遗址地，登上了它的城垣。

## 一

站在凤林古城的南城垣上，我眺望。

眼前是一片沃野，在迷蒙的细雨中，有人在侍弄秧苗，他们躬曲的身影，宛如一幅亲昵土地的水墨画。越过玉米地的田垄，不远处是蜿蜒向东北方流去的七星河。河面灰蓝色的波纹上，映出灰蒙的云天。蒙蒙细雨，簌簌地下着，听不见一点儿声息，只有偶尔飞落的鸟儿发出一点响动。

静静地，越过田垅，越过七星河，我的目光被一座称为炮台山的山形所吸引。这是一座无论怎么看都是形体美丽的平顶山。它坐落在七星河的对岸，漫漫平顶仿佛像一座被削去了山峰的死火山。可它不是一座死火山，而是七星河湿地平原上的一个突起的缓缓的平顶的山体。漫坡的舒缓，给眺望者一种荡气回肠的感叹。我赞美她的美妙绝伦，更惊异它自诞生以来，经历了无数的风雨寒暑而越发修饰了它的美丽。这美丽中透溢出一种圣洁，一种威严，一种凛然的无畏，一种不可名状的威猛或自信。

原来，它是一座祭坛，一座跨越了一千七八百年的古时的人类的祭坛。怪不得叫人顿生一种敬畏之情，有一种神性的意味附丽着，无论是这灰蒙蒙的云天，抑或是这无声的细雨，那蜿蜒而远去的七星河，以及那偶尔有展翅飞过水鸟的湿地，它们都是这座祭坛，这座平顶山所依附书写的劲键。

我身边是蓊郁的树林，古木苍苍，我不知道这些栽于城垣土墙的树木起于何时。而在这土城围拢的中间，我和来访者一样，也拣拾了一些破碎的陶片：青灰色的、褐红色的、带点纹的、光滑不带纹饰的……一些历史的碎片，一些文化的碎片，远古历史的碎片，一些散落在地的语言碎末。

地方文物工作者们说，这是一座挹娄古城，经碳14鉴定的绝对年代定为公元215年，这一年恰是东汉末代皇帝、汉献帝刘协建安二十年。这一年，已进入三国纷争的年代：先是曹操攻张鲁，冬月张鲁投降曹操；稍后孙权攻合肥，无功而返；刘备遣将破朴胡，曹操将攻取三巴，张飞大破之。——中原战火弥漫。而在距中原数千里的当时被称为东北夷的松花江下游、乌苏里江二级支流七星河一带的挹娄国，也发生了一件大事：生活在今天被称为三江平原七星河湿地凤林古城的这个规模很大的部落国的国人，竟然弃城而走了。

没有被战争摧毁和战火焚烧的痕迹，也没有相互攻伐杀戮奔亡的迹象，更没有七星河突发洪涝水漫浪淹的可能……那么，这片聚落众多，据说居民已达20余万人的部落国，到底哪里去了呢?

我在眺望中，敢于向云天，向灰蒙蒙的烟云雨幕问一句：凤林古城何以被弃为一座空城?

云天沉沉，小雨簌簌，迷蒙之中听不到一点回答……而我的记忆却翻卷起来了。然而，历史的事实不能靠记忆，必须去翻检历史的简册。“在正史中，历史的一切疑难，都会有答案!”著名历史学家陈寅恪先生如是说。我也作如是想，如是做。

如果说，公元215年（东汉建安二十年）是凤林古城出土器物经过碳14鉴定后而确定的绝对年代，它的上下误差给出±100年的话，那么可以推知，凤林古城的上下限年代为公元115—315年。公元115年为东汉刘祜元初二年，公元315年为西晋末晋愍帝司马邺建兴三年（两年后，西晋亡，东晋始）。如上所言，从东汉、三国到晋，在史书中关于挹娄的情况，还是有史料可查的。

《后汉书·东夷传·挹娄传》说："挹娄，古肃慎之国也。在夫余东北千余里，东滨大海，南与北沃沮接，不知其北所极。土地多山险，人形似夫余，而语言各异。有五谷、麻布，出赤玉、好貂。无君长，其邑落各有大人。处于山林之间，土气极寒，常为穴居，以深为贵。大家至接九梯，好养豕（猪），食其肉，衣其皮。冬以豕膏涂身，厚数分，以御风寒。夏则裸袒，以尺布蔽其前后。其人臭秽不洁，作厕于中，圜之而居。自汉兴已后，臣属夫余，种众虽少，而多勇力。处山险，又善射，能发入人目。弓长四尺，力如弩矢，用楛长一尺八寸。青石为镞，镞皆施毒，中人即死。便乘船，好寇盗，邻国畏患而卒不能服。东夷夫

七星湿地之一　王冰 摄

坐落于七星河左岸的凤林古城遗址　杨梅荣 摄

余，饮食类此，皆用俎豆，唯挹娄独无法俗，最无纲纪者也。”挹娄，古为肃慎氏之国，已如前述。

《山海经·大荒北经第十七》记述说：“大荒之中，有山名曰不咸，有肃慎氏之国。”又，《海外西经第七》也说：“肃慎之国在白民北。”除了上面的记述外，肃慎之国还见于《大戴礼记》《说苑》《尚书》等典籍中，其中息慎和肃慎在《大戴礼记》的《五帝德》和《少间篇》里两见。而在《春秋左传·昭公九年》中又有“肃慎、燕、亳，吾北土也”的记述，其诂文引韦昭《国语注》说：“肃慎，东北夷之国，去扶夷千里。”扶夷，即夫余，亦即上文中的“白民”；不咸山，一般释为长白山。“吾北土”，是说肃慎在春秋时代，已是中国北方的土地。

如上所述，关于挹娄——古肃慎之国的情况，大体可以确定其方位在今天的长白山以北的松花江中下游、三江平原以及乌苏里江流域和锡霍特山及滨海等广大地区。他们以耕猎为生，贡楛矢石砮就是极好的证明。他们虽被称为东北夷，但在周朝时已被中原的中央政府视之为所管辖之北方的臣民了。从这一点上说，松花江中下游、乌苏里江流域，在远古时代生活在这里的肃慎氏族人便已成为华夏民族的一部分了。换言之，所谓东北夷生活的土地，白上古时代起便是中国的领土。到东汉时，其遥远的北地竟不知其所极，东滨大海，其广阔的土地已囊括了东北亚的广大领域。

## 二

我站在凤林古城的南城垣上眺望……

眼前的三江平原、七星河及其湿地、炮台山的七星祭坛等等，不言而喻，从年代上说正是挹娄人的一处大聚落。

然而，我的眺望与思索并没有到此为止。接下来，我还要继续对肃慎和挹娄进行考察和追问。

《三国志·魏书·挹娄传》的记述与《后汉书·挹娄传》的记述大体相同，唯多了“有牛马”之句足以引人注意。更引人注意的是，两传中的“挹娄”，“古之肃慎氏之国”的记载，到了唐代编撰的《晋书》中，却没有了《挹娄

今日七星河流域中的友谊农场大农业　友宣供稿

传》，而有了《肃慎氏传》。传文说："肃慎氏，一名挹娄，在不咸山北，去夫余可六十日行。其土界广袤数千里，居深山穷谷，其路险阻，车马不通。夏则巢居，冬则穴处。父子世为君长。无文墨，以言语为约。有马不乘，但以为财产而已。无牛羊，多畜猪，食其肉，衣其皮……无井灶，作瓦鬲……土无盐铁，烧木做灰（炭？）……周武王时，献其楛矢、石砮。逮于周公辅成王，复遣使入贺。尔后千余年，虽秦汉之盛，莫之致也。及文帝（曹丕）作相，魏景元末，来贡楛矢、石砮、弓甲、貂皮之属。……至（东晋）成帝（公元325—432在位，比凤林古城出土文物碳14测定之绝对年代下限公元315年略晚。——引者注），通贡于石季龙（东晋末后赵主石勒之从子，曾废石勒子石弘自立，称赵天王。时间为东晋成帝司马衍咸康元年，即公元335年。——引者注），四年方达。季龙问之，答曰'每候牛马向西南眠者三年矣，是知有大国在，故来'云。"

上述引文已接近凤林古城出土文物碳14测定年代的下限。将引文与出土文物相比较可以看出，除了种五谷、畜猪、弓猎、穴居、有瓦鬲等彼此能相互印证外，也还有一些不同。《晋书·肃慎氏传》中"有马不乘"、"无牛羊"的记述，同传尾中"牛马向西眠三年矣"句已自相矛盾；而"有马不乘"和凤林古城中出土的陶马也不符。凤林古城出土的陶马已见鞍形，想来已成了坐骑，与"有马不乘"相抵牾。传文中还说"土无盐铁"，而凤林古城出土文物中却有多种铁器发现，它们是"铁镬、铁鱼钩、铁铠甲页片、铁箭镞"等，说明生活在凤林古城的肃慎/挹娄人已经进入了铁器时代。七星祭坛是早期国家的明证之一。而对中原的瞩望，由于地域遥远，需费时4年才能到达，所以对中原的情况，只好以"牛马的眠向"进行占卜测定了。

如是，以铁器滥觞后到广泛应用，以陶马上的坐鞍形等为标志，我个人认为居住于凤林古城的肃慎/挹娄人已初步具备了早期国家的形态——凤林古城及其周围的兴隆山遗址群、长胜遗址群（此遗址群略早于凤林古城）一起，说明在后汉——两晋——北魏年代，生活在这里的肃慎/挹娄人，在以进贡等方式与中原政权建立联系的同时，也发展、促进和壮大了自己。

由肃慎到挹娄，继而到鲜卑人拓跋氏建立的北魏王朝，他们已改称为勿吉了。《魏书·勿吉传》说："勿吉国，在高句丽北，旧肃慎国也。邑落各自有长，不相总一。"风林古城的城址看来是"邑落之长"所居地，似或非实质意义上的王城。那么祭天之坛何以解释呢？我以为，那应是部落联盟共同祭祀时使用的，是一个公器。以下传文又说："……去洛五千里……国有大水，阔三里余，名速末水。其地下湿，筑城穴居，屋形似冢，开口于上……其国无牛，有车马，佃则偶耕，车则步推。……多猪无羊……善射猎，弓长三尺，箭长尺二，以石为镞。……国南有徒太山……"其传文中的"筑城穴居"则和凤林古城相合。速末水即松花江，徒太山即长白山，这些记述与三江平原上发现的挹娄遗址群方位基本相合。所以，在某种程度上我猜测，凤林古城为汉魏古城。其中的魏并非三国时的曹魏，而是北朝时的拓跋氏北魏。换言之，凤林古城的居住者似应为挹娄晚期，或正向勿吉过渡，或已过渡至勿吉初期者。

还是这篇传文，它又记述说："去延兴中（延兴为北朝魏孝文帝元宏年号，相当于公元474年，比之凤林古城碳14测定年代误差下限晚百余年。——引者注），遣使乙力支朝献。太和初（公元477年），又贡马五百匹。乙力支称：初发其国，乘船泝难河（今嫩江）而上，至太沵河（今洮儿河），沉船于水，

南出陆行……渡洛孤水（今西拉木伦河？），从契丹西界到达和龙。自云其国先破高句丽十落，密共百济谋从水道并力取高句丽。遣乙力支奉使大国，请其可否。诏敕三国同是藩附，宜共和顺，勿相侵扰。乙力支乃还。从其来道取得木船，泛达其国。九年（太和九年，公元485年），复遣使侯尼支朝献。明年，复入贡。……太和十二年（公元488年），勿吉复遣使贡楛矢方物于京师。十七年，又遣使者婆非等五百余人朝献。景明四年（公元503年），复遣使俟力归等朝贡。自此迄于正光（北魏孝明帝元诩年号，为公元520—525年），贡使相寻。尔后，中国纷扰，颇或不至。兴和二年（东魏孝静帝元善见年号，为公元540年）六月，遣使石久云等贡方物，至于武定（同前年号，为公元543—550年）不绝。”

我之所以引述《魏书·勿吉传》中的这些文字，是想说，面对凤林遗址这座挹娄古城，看到的是一座被放弃的城址，这就不能不让人联想到它有可能源于迁徙。有人说它迁至松花江中游，即松嫩两江会合地，进入夫余。而夫余国，据《晋书·夫余传》说，“其人强勇，会同揖让之仪有似中国。”换言之，他们的礼仪社交方式已趋汉化。而且，夫余国于晋武帝太康六年（公元285年）已被慕

凤林古城遗址 范震威 摄

本书作者站在古城城垣上眺望　阿干 摄

容廆灭掉，后在中原王朝干预下，帮助依罗王复国，却已是夕阳西下，仍常被慕容廆氏所掠，凡被掠去的夫余人，都被卖到中原为奴。晋帝无力阻止，只好下令由官方出资赎还。并且诏令，在同州和冀州等地严禁买卖人口。——在此之后一二百年，才有旧肃慎（或挹娄，或靺鞨）改称的勿吉人乙力支等进京朝贡献马，从里程上看，他们仍来自松花江下游及三江平原地区。那么，是否可以设想，凤林古城及其周围地区的挹娄人的迁徙，只是向松花江某地迁移了呢？这虽是一个悬而未决的问题，但至少可以拓展一个思路。

上面我所引述的《魏书·勿吉传》，到了《北史》作者李延寿手里，传文又有了相当的扩充。关于马、牛、羊的问题，我以为仍可作为一条思辨之路去考量。其次可以作为思辨线索的是地名及水名，关于这一点，谭其骧先生主编的《中国历史地图集》及《释文汇编·东北卷》可以帮助继续拓展思路。集中这些思路，我在撰著《松花江传》时，已做了一些初步的考释。但不管怎么说，乙力支贡献的500匹马，肯定是松花江下游地区畜牧经济飞跃的一个象征，这其中和凤林古城中出土的带鞍形的陶马之间，有什么样的文化联系，如何诠释，也仍是不可忽视的，一条文脉的脉动。

《魏书·勿吉传》中所言之速末水，是松花江早年的同名异译，这一点已成为史家所共识。换言之，研究自上古开始出现的肃慎氏族人，以及后来更名的挹娄、勿吉、靺鞨、女真等名字的变迁过程，恰是生活在松花江（也包括黑龙江、乌苏里江）地区民族的变迁史。凤林古城遗址及其周围地区数百上千遗址的发现与相关的出土文物，无疑给揭示该地区古代历史文化以丰富的物证，是一笔极其珍贵的物质文化遗产。其发现与存在的意义，它们的历史文化内涵，将会随着时间的推移而愈会为人们所认识、所钟爱。国务院将凤林这一遗址定为国家一级文物，足见其历史的含金量是怎么估计也不过分的。

中国北方诸族对中国乃至全人类的历史进程的影响是巨大而深远的。因撰著《松花江传》，笔者考察流域文化史发现，肃慎——挹娄——勿吉——靺鞨——女真——满洲（族），是活跃于中国历史东北夷舞台上的主要角色；在松花江中游，褲离、夫余、豆莫罗、黄头室韦等，是活跃在松辽、松嫩平原一带的历史角色；而在大兴安岭、松花江西南、嫩江流域，所谓的东胡人、鲜卑人之拓跋氏、慕容氏、宇文氏，以及辽之耶律氏，金源之完颜氏（源起于松花江下游，后进入中游阿勒楚河——阿什河支流海古水），以及后来席卷欧亚大地的蒙古帝国（先祖为蒙兀室韦，曾经生活在嫩江上游左右岸嫩江走廊草原地带，后来西迁进入蒙

三江友谊农场上大农业的航喷作业　杨梅荣 摄

古高原）之苍狼、白鹿部落等，都是喝松花江——嫩江水长大，松花江是驰骋在北中国大地上各显神威、建立雄武政权的诸兄弟民族共同的母亲河。因此，我坚定地认为，黄河、长江、珠江是中华民族的母亲河，松花江同样也是中华民族的一条伟大的母亲河。松花江母亲河养育的各族儿女和生活在中原以及江南各兄弟民族一起，缔造了我们的伟大祖国和我们伟大祖国的历史与文化。

## 三

站在凤林古城的城垣上，我在眺望……

眼前是七星河的平原与湿地。七星河从三江平原的胸前流过，向东北流，进入三环泡的湿地大湖。这片广阔的三环泡大湖由两个出口流出：一支向东，注入挠力河中游；另一支从东北方流出称为外七星河。外七星河穿越三江平原湿地中

专家学者们在凤林古城遗址上追怀往事　范震威 摄

被开垦的土地，从大兴农场和建三江农场的垦地、湿地中穿过——在撰著《松花江传》中，笔者曾在这里考察三江平原的湿地保护，见到耕地与湿地犬牙交错，白鹳、灰鹤与引进的西门塔尔肉乳两用牛的身影交叠在同一片天空下，在冉冉升起的朝阳中，给三江大地留下苍茫而发人深省的身影。我是一位民间写作者，对三江平原的湿地（地球的肾，中国东北的肾）保护，我不便赞一辞。就在我写作这篇随笔之前半月，中央电视台《焦点访谈》节目还曾就三江平原偷垦湿地的情况进行了批评报道。——我想，这事儿应该是有人管的。我在这里唠叨两句，只是因为外七星河穿过的那片湿地，也已受到了干旱和沙化的威胁。外七星河正在步霍林河下游的后尘，向季节河流演进。只是在水多水涨的时候，它才重新将漫散于湿地中的水重新集结，继续向东北流，注入挠力河下段，然后注入乌苏里江北流，在抚远三角洲黑瞎子岛那里与黑龙江相会，再向北，朝大海奔去。

站在凤林古城的南城垣上，我眺望，我怀想……

我脚下的这片土地属于乌苏里江流域。

也许有人会问，你前边讲了许多松花江的往昔，这和乌苏里江有何种联系呢？我可以告诉你，首先这里属于乌苏里江，也属于三江平原，而三江平原，不正是松花江、黑龙江、乌苏里江三江共同交融的杰作么？在三江平原上，遗留下的远古时代三大江废弃的旧河道有许多条，它们是三大江所依湿地的水道和命脉。换言之，三江的地理联系与文化之脉是维系在一起的。古代时，在这里生活的肃慎人、挹娄人，向东一直到达滨海的海岸，在他们的生活逻辑和生活理念中，无所谓此江彼水，也无所谓此岸彼岸，他们心中的土地囊括了这里的全部。部落纷争，不过是他们留在历史册页上的一些窝里、窝外斗的投影而已。

笔者曾多次到松花江进入黑龙江的河口进行考察。最先来到松花江河口考察的当然不是我，余生亦晚，何能有如此的荣幸。公元1856年—1857年美国旅行家佩里·格林斯曾来到松花江河口，他后来在《西伯利亚之行》一书中，描述了松花江河口的广阔和自然之美，这或许是来到松花江河口进行地貌考察，并最早留下文字记录的外国先行者之一。然而，在此之前，也有许多人到过这里，只是没有留下文字记录罢了。《辽史·圣宗纪》记载，辽圣宗耶律隆绪太平四年（公元

1024年），“诏改鸭子河曰混同江”。鸭子河是松花江辽代时的土名，而混同江则是辽代皇帝给予松花江的一个官方的正式命名。这个正式命名虽然比北魏乙力支时代的速末水之名晚了500多年（足见松花江本名历史之悠久），可它却是由统一了北方中国的辽代皇帝命名的。而且，更引起笔者注意的是，此混同江之名是自松花江上游起，一直到下游进入鞑靼海峡北端，当时称为北海（今鄂霍次克海）的全流域的。

# 濊貊·橐离·夫余

## 一

中国北方诸族中，传习中原文明最早者，莫如濊与貉。濊，简化之作涉，又作秽；又作貊。这两个民族习俗、语言十分相近，故在"前四书"中，有时两族分叙，有时两族共称，共称时称濊貊或涉貉。

涉，或貉，在中国历史上出现得也很早。范晔《后汉书·涉传》云："涉，北与高句骊、沃沮接，南与辰韩接，东穷大海，西至乐浪。……昔武王封箕子於朝鲜，箕子教以礼义田蚕，又制八条之教，其人终不相盗，无门户之闭。"〔1〕王钟翰主编《中国民族史概要》释为，箕子教涉人礼义……云。从之。

这就是说，殷商亡后至周初，涉人居辽东地，与他族人混居。箕子是周武王派到朝鲜之地的第一任国王，涉人随之受到了中原文化的熏陶，接收了八条之教。在周武王派箕子去朝鲜之前，两个人有一次很重要的谈话，箕子为武王陈述了一番《洪范》大道，即治国的一些理念，不久武王故去。时间是周武王十三年，即公元前1064年（翦伯赞主编《中外历史年表》）。换言之，涉貊族之一的涉族此时居于箕子朝鲜——即辽东之地，或其附近。

但是，在公元前一千余年的年代，从事渔猎生活的涉族人是到处迁徙的。这

〔1〕范晔《后汉书·东夷·濊》，中华书局标点本，1965年版，第2817页。

一点，我们从《诗经》中提到貉/貊（狩猎民族）的诗词中，即可窥见一般。

现在，我们先读《诗经·大雅·韩奕》中最后的一段：

| [原文] | [笔者的译文] |
| --- | --- |
| 溥彼韩城， | 那广大壮伟的韩城啊， |
| 燕师所完。 | 是燕国的工匠们所筑。 |
| 以先祖受命， | 自从先祖接受了册封， |
| 因时百蛮。 | 亦靠北方诸蛮族的协助。 |
| 王锡韩侯， | 周王赐韩侯为他们的侯者， |
| 其追其貊。 | 那就是追族和貊族之地啊！ |
| 奄受北国， | 全盘接受这个北国之土吧， |
| 因以其伯。 | 你会成为他们的侯者伯者。 |
| 实墉实壑， | 在这里筑城开壕吧， |
| 实亩实藉。 | 在这里耕耘垦殖吧！ |
| 献其貔皮， | 他们会向你进献貔皮， |
| 赤豹黄罴。[1] | 也会进献红豹皮和黄熊皮呢！ |

这是一首赞美任用韩侯的诗。从诗中透露出，周朝锡命韩侯，让他们在山岭之地筑城，建立侯国，以治理他们的国民——追族与貊族。史家引“陈硕甫《毛诗传疏》谓，追、涉声近，疑追即涉。蒙文通、吕思勉、张博泉、武国勋等，均秉此说。”《后汉书·杜笃传》：“蹂辚涉貊，注曰：‘涉貊，东夷号也’。”当为东北夷之简称。涉貊连称的有《史记·货殖列传》：‘东绾秽貉、朝鲜、真番之利。’《汉书·食货志》：‘彭吴率秽貊、朝鲜，置沧海郡。’《后汉书·东夷·句骊》：“句骊王宫遂率马韩、涉貊数千骑围玄菟……其后，涉貊率

〔1〕诗节录于《诗经》，中华书局，2011年版，第786—787页。其中“藉”字，又作“籍”字（见樊树云《诗经全译注》，黑龙江人民出版社，1986年版，第529—530页。译文为笔者试译。）

服，东垂少事。”[1]上述引文中的二族即为涉和貊。

诗中提到了燕王，故可知此韩城即指河北的韩城，非陕西之韩城。由此，我们可知，涉族、貊族在此诗所昭示的时代，当居于燕地，而非辽东的朝鲜玄菟、乐浪地。

在这首诗中，我们看到了涉貊（追貊）是连在一起称呼的。

《诗经·颂·鲁颂·闷宫》中，也有一段诗句涉及貊族：

| [原文] | [笔者的译文] |
| --- | --- |
| 保有凫绎， | 我们鲁国有凫山和绎山啊， |
| 遂荒徐宅。 | 遂即占到徐国的边荒！ |
| 至于海邦， | 一直达到东方的海岸啊， |
| 淮夷蛮貊。 | 连同淮夷蛮貊的族邦！ |
| 及彼南夷， | 即令是南夷的部族啊， |
| 莫不率从。 | 莫不纷纷来归降！ |
| 莫敢不诺， | 没有谁敢说个不字啊， |
| 鲁侯是若。 | 鲁侯的号令达于四方！ |
| …… | …… |

这首诗是歌颂鲁侯的功绩和威力的，诗很长，反复吟咏的都是这一主题，上文选取的仅是其中的一段。这里，笔者不去推敲诗中的语句及其白话译文，唯一引起我们注意的，是在鲁侯国扩边的过程中，也“征服”了貊族。由此可知，貊族此时的居住地是同鲁国、徐国和大海相攸关的。换言之，貊族，有一部分人，早年生活在今日的山东。据研究，此诗是鲁国公子奚斯——即子鱼为鲁僖公建祖庙时所作的一首颂诗，也是《诗经》中最长的一首诗，计117行。诗中有“周

〔1〕见干志耿、孙秀仁《黑龙江古代民族史纲》，黑龙江人民出版社，1987年版，第89-90页。

周初貊人向中原进贡的乘黄　阿干 画

公之孙，庄公之子”句，按鲁庄公在位32年，即于公元前693年——公元前662年在位。换言之，貊族人在公元前7世纪居住地在鲁国附近，即今日的山东地区，大约在徐国与东海岸之间。

从上述的记述之例，我们知道貊族的迁徙范围是相当广的。

如果追族就是涉族的话，那么可以推知，早年——也就是箕子为朝鲜的第一任国君时，涉族人（因居濊水而得名。“濊水在今辽宁省凤城东”——《辞源》如是说）曾在那里接受条教。但涉/濊族人因是以渔猎为生的民族，他们到处游徙，逐水草而居。他们可能在燕北与貊族相邻近（其追其貊），又因为风习、语言的相同或相近，便经常比邻而居，甚至组成联盟，后来连称为涉貊。至于貊在鲁国附近居住的情形，应是貊族与涉族没有联合结盟前的景况。

## 二

分散各一的涉与貊，在中国历史上留下的是孤单乏力的脚印。当涉貊联合之后，他们彼此相携或互相照应着走上了中国历史的前台。

《辞源》言：“濊水在辽宁凤城东”（疑或即今叆河），但未注何据。北魏郦道元《水经注》卷十“浊漳水，清漳水”云：“清漳迳章武故城西，故涉邑也。枝渎出焉，谓之涉（濊）水。应劭曰：平舒县西南五十里有参户亭，故县也。世谓之平虏城。枝水又东注，谓之蔡伏沟。又，东积而为淀。一水迳亭北，又迳东平舒县故城南。……《魏土地记》：章武郡治。故世以为章武故城，非也。又东北分为二水；一右出为淀，一水北注滹沱，谓之涉（濊）口。清漳乱

流，而东注于海。”〔1〕

如果依《水经注》所言，涉族人出自清漳河附近的章武故城附近之枝水，又谓之涉水/濊水。换言之，濊（涉）族则是从中原北去的族人。

吕思勉解读《史记·燕召公世家》中之“齐桓公救燕，北伐山戎而还”，即为“燕北迫蛮貉”，把貉归属于山戎中的一支。那么，貉——即貊的根柢在燕北，或即右北平地，今天的辽河南源平泉、宁城、赤峰之地焉。〔2〕秦末汉初，貉族人曾居于燕地，此亦有史为证：

《汉书·高帝纪第一》记汉高帝（即汉高祖刘邦）四年，“八月，初为算赋。北貉、燕人来致枭骑助汉。”仅此一句，即知北貉当时乃居燕北，故而才可能与燕人一同派勇健的骑兵来帮助汉军。“高帝纪”中的这句话以下，有颜师古的注文：“貉在东北方，三韩之属皆貉类也。”

这就是说，貉与三韩总括起来“皆貉类”，只是各个分支部落不同而已。更多的貉/貊族在东北，此亦见于《三国志·魏书·东夷·夫余传》：

“夫余在长城之北，去玄菟千里，南与高句骊，东与挹娄，西与鲜卑接。北有弱水，方可二千里。户八万，其民土著……国之耆老自说古之亡人。”〔3〕

由此知夫余居涉貊地。原来，夫余是涉貊族演化后出现的国名，犹如前文所述挹娄、勿吉都是肃慎之后演化的名字。当然，演化有一个漫长的过程，容在下我将之徐徐道来。

涉貊久居燕北之地，自春秋时齐桓公助燕伐山戎时，居于燕北的涉貊亦遭遇败绩。对此，《管子·小匡篇》云：

桓公曰：“余乘车之会三，兵车之会六，九合诸侯，一匡天下。北至于孤竹、山戎、秽貉……”

〔1〕郦道元《水经注全译》，贵州人民出版社，1996年版，第381页。

〔2〕如果把《诗经》中“其追其貊”之韩城解读为陕西韩城的话，那么追/与貊人的居地就应该在晋陕中部或北部地区求之。这也是有可能的，因为这两个民族的迁徙地太广了。没有线性记录，只有点状记录。此亦聊备一说。

〔3〕[晋]陈寿《三国志·魏书》，中华书局标点本，1959年版，第841-842页。

史家认为涉与貊至春秋时逐渐合为一族。更重要的是，涉貊族北居的中心地逐渐移至嫩江、松花江会合地一带。这一地带分布着以今黑龙江省肇源县白金宝遗址命名的青铜文化。向南进入吉林省境，则为汉书文化。不管是白金宝文化，抑或是汉书文化，都是松嫩之地的青铜文化之始。

在此，人们还应注意到，涉貊的“涉”字，出现了字旁的变化，涉写成了“秽”字。换言之，此时的秽貊族中出现了早期农业，因此“三点水旁”的涉字，易成了“禾”字旁的秽字。关于这一点，在白金宝与汉书文化中，其地其时均有石磨盘、石磨棒出土，已如前文所述，显然说明了涉貊或秽貊族已由渔猎开始向农耕业转化了。

有趣的是，汉语中的“鲜”字，或可释为鱼之美味与羊肉之美味。其实不然，“鲜”是一种鱼名。《说文解字》释“鲜”字时说：“鲜，鱼名。出貉国。从鱼，羴省声。”然，鲜鱼到底是貉/貊国出产的哪一种鱼，现已不可考矣。

宾县华锋夫余城塞遗址　王冰 摄

白金宝遗址碑（据《松花江传》） 肇宣 供稿

关于濊/涉，前文已释。现在，我们再来看一下貉/貊字。

貉，《辞源》本条释云："似狸，锐头尖鼻，昼伏夜出。皮毛为珍贵裘料。"《现代汉语词典》释"貉"字说："哺乳动物，毛棕灰色，两耳短小，两颊有长毛横生。栖息在山林中，昼伏夜出，吃鱼、虾和鼠、兔等小动物，是一种重要的毛皮兽。"

对于貊，《辞源》本条释云："兽名，本作貘。"《后汉书·哀牢传》云："出铜、铁、铅、锡……犀、象、猩猩、貊类。"注中引《南中八郡志》："貊大如驴，状颇似熊，多力……"又引《广志》云："貊，色苍白，其皮温煖。"又云："古称居于东北地区的民族为貊。"而前文中，对于貉，又云："古泛指居于北方的民族。"貉，通于貊。

从貉与貊两个字可以看出，它们本为两种野兽，但貊早就在中国灭绝了（今天南美洲还有貘），故而后来将貉与貊含混地融成了一个字。——在《现代汉语词典》中，只用一个貊字，而貉字标在括号内，似已取消（其实是不妥的）。如今，一丘之貉（读hè）的貉字，和人工饲养的吃鱼和苞米面粥的貉（读háo）子，还是不同的。

古时，貉同于貊，将涉貉连写成涉貊（读mò）或秽貊，究其原因，可能是音译与意译混合时的写法不同而已。自然界中的貉，常到水边捕捉小鱼、小虾吃，同时被貉人猎获。而与此同时，涉人以渔猎为主，如捕鲜鱼之类，亦易于在捕鱼的同时常与貉相遇于水滨，顺便捕之。故而，可知貉人与涉人的生活方式相类，交往亦多，恰又是语言、风习相同的民族，故而最后，不管是自称，抑或是它称，将二字相连呼之为涉貊，也就顺理成章。涉貊/貉族人很可能多数人衣貉皮服饰过冬，又可能如其他民族一样，以貉/貊为自己民族的图腾，亦未可知。

狩猎的涉貊族人在猎获野兽剥皮后，会燃火烤其肉，聚而食之，历史上称这种烤肉聚食的方法叫“貊炙”。所谓貊炙，就是指一种烤肉聚餐的方式，由涉貊族传至中原各地。晋朝泰始年间（晋武帝司马炎初始年号，为公元265年至274年，计10年），盛行于中原地区。一般富豪之家，用于享受新鲜美味之食，聚会在一起，烤食其肉：全体炙之，各自以刀割，“出于胡貉之为也”（《辞源》“貊炙”条语）。——或问，现时流行的烤肉，与此有没有一点关联呢？

## 三

涉貊北徙时，有一部分部落留下来，后来成了槖离国。槖离国也是一个部落联盟国，许多事情至今难以考实，就连槖离国本身的情况，亦语焉不详。若不是国中发生了一件大事，显然它还会默默无闻下去，堙埋在历史的深处。

夫余国的创始人——东明 （据《夫余国史话》）

最早有东汉著名学者王充在他的力著《论衡·吉验篇》里，记载了槖离国的故事。所谓吉验，即是说，一切吉兆必有吉祥事发生，历史上吉兆得到验证的很多，槖离国的故事，仅是其中之一。故事说——

北夷橐离国王侍婢有娠，王欲杀之。

婢对曰："有气大如鸡子，从天而下，故我有娠。"

后产子，捐于猪溷中，猪以口气嘘之，不死；复徙置于马栏中，欲使马藉杀之，马复以口气嘘之，不死。

王疑以为天子，令其母收取奴畜之，名东明，令牧牛马。

稍长，东明善射，王恐夺其国也，欲杀之。

东明走，南至掩㴲水，以弓击水，鱼鳖浮为桥。

东明得渡，鱼鳖解散，追兵不得渡，因都王夫余，故北夷有夫余国焉。[1]

这就是夫余国的诞生。

夫余之名，最早已见于《史记·货殖列传》："燕国，北邻乌桓、夫余。"由此可知，夫余的建国相当早。王钟翰《中国民族史概要》指出："筛汰传说中荒诞不经的虚构部分，可以推知，夫余国的统治者出身于橐离贵族。而橐离是涉貊族迁居东北地区最北的一支。被统治者则来源于两部分：一是战国前后陆续移居今第二松花江中下游以西地区的部落，即传说中橐离王子东明南逃至此，以当地涉貊人作为属人；二是夫余国强盛后，东明原属橐离部落的广大部民也沦为被统治阶层——由于统治者和被统治者均来自涉貊，故"夫余"一词，既为族称，也为国号。"[2]

由上述可知，橐离或可以视为在散徙的涉貊和夫余之间的一个中介，一个前后钩连的链环。然橐离国的详细情况及二字的含意至今不清，或即"夫余"二字的变音亦未可知。

"夫余"二字早就有了。史家推定，夫余即古之符娄。如《逸周书·王会篇》所附《商书·伊尹朝献》云："伊尹受命为四方令，曰臣请正东符娄。"王应麟《周书王会补注》云："符为夫余，娄是挹娄。"何秋涛《王会篇笺释》谓："符即夫余。"

〔1〕王充《论衡》，岳麓书社，2006版，第024-025页。
〔2〕王钟翰《中国民族史概要》，山西教育出版社，2004年版，第26-27页。

辽宁喀左县东山嘴遗址出土的绿松石鸮
（据《红山玉器图鉴》）

干志耿、孙秀仁《黑龙江民族史纲》释云：

夫余，即凫臾。李巡《尔雅·释地》注："凫臾为九夷之五。"又《字汇补》云："凫臾，东方国名，即夫余也。"大概符娄、凫臾，还有不与，均为夫余之古称（或译记有别）。

以后，金代之蒲峪、乌裕尔，当亦语源于夫余。[1]

实际上，元代的浦峪路万户府、明代的福余（好儿趁），以及当代黑龙江省的富裕县、乌裕尔河之河名——都源自古时的夫余。

《后汉书·东夷传·夫余传》："夫余国，……本涉地也。"可是《后汉书·东夷》中另有《濊传》："涉，北与高句骊、沃沮，南与辰韩接，东穷大海，西至乐浪。涉及沃沮、句骊，本皆朝鲜之地也。昔武王封箕子于朝鲜……"

这说明，虽有夫余国诞生，涉族人还有一部分独自存在。而说得最明白的是《三国志·东夷·夫余传》：

"今夫余库有玉璧、珪、瓒数代之物，传世以为宝，耆老言先代所赐也，其印文言'濊王之印'，国有故城名濊城，盖本濊貊之地，而夫余王其中……"

由此可见，夫余虽为国名，可国王之印及都城之名，仍然以濊/涉之名名之。

夫余立国之后，东明离开的故地，史上称北夫余，以后又称为豆莫娄（达末娄）国。他们的生活之地即在今松嫩两江会合处以北之松嫩平原上，主要在嫩江以左之地。

〔1〕以上参见干志耿、孙秀仁《黑龙江民族史纲》，黑龙江人民出版社，1987年版，第151页。

关于夫余人的去向是，有一部分夫余人与勿吉融合，称为浮瑜鞣鞨，后来演化成粟末靺鞨。这种融合的过程相当长，其初始时期是夫余征服了挹娄（此可能即是夫余称“符娄”的时期。其中，夫余二字快读即符，故可猜知“符娄”可能是“夫余与挹娄”之意），然后发生了民族融合。其融合之地当在夫余与挹娄相接之地最先发生。史家认为夫余（橐离）早期王城在哈尔滨宾县三宝乡古城子（亦称新华古城）。

还有一部分夫余人与北燕的鲜卑人慕容氏融合。如北燕慕容皝破夫余国，虏其王及部落五万余口还（《十六国春秋》语）。

另有三部分人，分别与高句骊融合、与渤海国融合，与燕地的汉族人融合。居于北地的达末娄（豆莫娄）是北夫余人在松嫩之地所建之国。《新唐书·东夷·流鬼传附传》云：

“开元十一年（公元723年），又有达末娄、达姤二部首领朝贡。达末娄自言北夫余后裔，高丽灭其国，遗人度那河（嫩江）居之，或曰他漏河（洮儿河），东北流入黑水。达姤，室韦种也，在那河阴，涑末河之东，西接黄头室

宾县三宝乡（或即夫余国）古城子 王冰 摄

韦，东北距达末娄云。”

以后，契丹崛起，达末娄国可能又与地豆于国人相融。

总之，夫余虽是我东北夷兄弟民族在松花江流域最早建立政权的民族，可是在一两千年的民族冲突与融合及融合与冲突中，竟如星云飘散，在今天的北流松花江左岸仅留下了一座县城——扶余，其他均难以寻迹矣。

# 始均——黑龙江第一人

## 一

始均是谁?

始均是《黑龙江志稿》卷51《人物志》中的第一个留存名字的人。

大清帝国光绪二十三年（公元1887年），黑龙江将军恩泽上书奏请光绪帝纂修《黑龙江通志》，然还未着手组织，即宣告搁浅。清亡之后，进入民国时期，黑龙江巡按使朱庆澜在当时的黑龙江省会齐齐哈尔市成立通志局，组织人员开始搜集资料，钩沉爬梳，撰写初稿。此后，时续时辍，又经几易书手。至1929年，由万福麟主政黑龙江，乃聘请张伯英领衔主其事，历时三年，终于告竣。此时，由赵尔巽任馆长的清史馆已完成清史初编，作为清代历史的第一部官修史书，虽有大辂推轮之先声，并非视为完善之成书，故名之曰《清史稿》，于公元1927年完稿。而晚于《清史稿》五年方才完稿的“黑龙江志书”，亦以《黑龙江志稿》命名，既是谦辞亦是实情。但不管怎么说，五千年中华历史上的第一部“黑龙江志书”，其历史、文化诸意义都是空前的，它至少是研究我黑龙江地域文化、人文地理、先民足迹的第一部可资借鉴与参阅的宝典。

《黑龙江志稿》卷51《人物志》中，搜集了黑龙江大地上的先人名宿数百人，而其中名列第一的是始均，夫余王东明名列第二。这就是说，始均是黑龙江有史以来留传下来的第一位有名有姓氏的名人。不管从哪个角度来说，始均都

黄帝泉　王冰 摄

是撰写黑龙江历史绕不过去的第一人。

那么，我们不妨再问一句：始均到底是何人？

魏收《魏书·序列第一》说：

> 昔黄帝有子二十五人，或内列诸华，或外分荒服，昌意少子，受封北土，国有大鲜卑山，因以为号。其后，世为君长，统幽都之北，广漠之野，畜牧迁徙，射猎为业，淳朴为俗，简易为化，不为文字，刻木纪契而已，世事远近，人相传授，如史官之纪录焉。黄帝以土德王，北俗谓土为托，谓后为跋，故以为氏。其裔始均，入仕尧世，逐女魃於弱水之北，民赖其勤，帝舜嘉之，命为田祖。爰历三代，以及秦汉，獯鬻、猃狁、山戎、匈奴之属，累代残暴，作害中州，而始均之裔，不交南夏，是以载籍无闻焉。[1]

这就是始均的家世，及其该部拓跋氏前后的因由关系。总之，始均是黄帝的后系子孙。黄帝有二十五个儿子，其得姓者十四人，为十二姓：姬、酉、祁、己、滕、葴、任、荀、僖、姞、儇、衣是也。——以上这句话引自《史记·五帝本纪第一》之“索隐”，它的最早著录者是《国语》。这就是说，黄帝之子“昌意的少子，受封北土，国有大鲜卑山”这一支，抑或就是失姓的那一伙中的一员。然而，这一支黄帝的裔孙，在尧世时出来做官，因逐女魃於弱水有功，命为

〔1〕魏收《魏书·序纪第一》，中华书局标点本，1974年版，第1页。

田祖。[1]

这就是说，黄帝的裔孙始均曾经在尧、舜时，还曾在中原的政权中从吏为官，担任过祭祈田祖的官职。以后，由于累代的战乱暴戾，始均的后人便在北方的地区迁徙牧猎，不交南夏，故而有很长一段时间载籍无闻。但是，不管怎么说，始均作为黄帝的后裔，受封北土，来到大鲜卑山——“国有大鲜卑山”，那就是说，始均这支族人拥有广阔的土地，大鲜卑山不过是他们国中的一部分。[2]

大鲜卑山即大兴安岭，它的全部却包括了今天的大兴安岭、小兴安岭，也包括了黑龙江以北的外兴安岭。若以此推之，那么可知，彼时黄帝昌意少子受封北土时，其封地相当广阔。——到了20世纪，当史家来回顾中国历史有文字记述的这段历史时，那么生活在大鲜卑山即大兴安岭的始均，则在古代黑龙江地区生活的千千万万人中，是第一个留下名字的人（如果要推他的姓氏的话，既然不属于上述留下的十四姓外，始均还可以继承黄帝的姓公孙或有熊氏）。所以，不管从哪一个角度来说，《黑龙江志稿》的撰写者把始均列为《黑龙江志稿 · 人物志》中的第一人，是非常有见地的。

《魏书 · 序纪第一》接下去又说：

“（他们）——指拓跋氏积六十七世，至成皇帝（建立北魏政权后追谥的封号）讳毛立。拓跋毛聪明武略，远近所推，统国三十六，大姓九十九，威振北方，莫不率从。”对于这段记述，可以释为，自始均后传衍了六十七世，到了一位头人——拓跋毛的时代。如按每一世30年计，那就是已过去了两千年有余，

〔1〕田祖，中国古时的农神，即神农氏之神化。官方年祭田祖，祈求丰年的官员，亦称田祖。文中的始均，为舜帝命为田祖，主持祭祈农神的活动。女魃，一般释为旱神。

〔2〕吕思勉在《中国民族史》中说：“五胡诸族，多好托于古帝之裔，其说殊不足信。然其自述先祖事迹，仍有不尽诬者。”其实，这种怀疑之说，均源自疑古史学。疑古，是大胆怀疑，却又拿不出“足可信”的说法，比较起来，我更愿意相信诸族的托古之说。因为，古事已苍茫难求其迹，口耳相传的说法，亦是文明的前史，不由你不信。黄帝后裔分封北土为常情常理，初起时，族人可能不多，但是引来的统国三十云，大姓九十九中，自然有在北地牧猎的其他族人。在1:99的人口中，黄帝后裔亦只好融于九十九姓中，所以，吕思勉又言，“后魏出自西伯利亚”，还是不诬而可信的。如是，后魏为出自大鲜卑山的鲜卑人，西伯利亚即锡伯利亚，锡伯即鲜卑，故而西伯利亚之名或由大鲜卑山生活的鲜卑人——其中主干之一即为拓跋鲜卑人。而拓跋鲜卑族人的主干族人是黄帝后裔始均的后代，也就毋庸置疑了。

也就是相当于西汉初年。毛是继始均之后拓跋氏的又一位杰出的渠首。在毛的时代，他已经统辖了周遭的三十六国，也就是三十六个较大的部落，还有大姓九十九，加上本部落之姓拓跋氏，正好成了一百个姓，俗称百姓，说明了人口众多，逴逴巨世。自拓跋毛之后，拓跋氏续传至七十二世时，首领讳推寅。

由推寅开始，拓跋氏感到所居之地的山洞太小了，已不适宜人口猛增之所需。于是，他们南迁大泽。这个大泽方千里，厥土昏冥沮洳。[1]本想继续南迁，头人推寅故去，他们便在大泽旁住了下来。

在大泽旁的湿地草莱中，他们又延续到第七十九代首领邻，乃有神人于梦中言于拓跋邻说："此土荒遐，未足以建都邑，宜复徙居。"也就是提醒他们说，"这个地方太荒芜，太遐远，不足以建都邑，还是再迁徙吧！"届时，拓跋邻已年老，无法率众迁徙，他便把酋长的位置传给他的儿子——拓跋诘汾（后来谥封圣武皇帝之号）。

拓跋诘汾遵照父亲拓跋邻的遗愿，带领族人南迁。一路上山高谷深，九难八阻，困厄重重，正在犹豫这路是否可行，迁徙是否要进行下去时，突然出现了一匹神兽，其外形长得像马，其声音如牛，人称神马，为这批前行的族人开路，导行历时一年，方才从那片望不到边际的湿地（沮洳之地）中走出来，来到昔日匈奴人居住的故地——塞北草原上。因为拓跋人南迁主要由宣皇帝拓跋推寅和献皇帝拓跋邻力主，故而人们称二人号为"推寅"，此二字，乃有俗语中的"钻研"之义。

在圣武皇帝拓跋诘汾帝众人南迁的途中，头人诘汾还有了一次"艳遇"：当时拓跋诘汾曾率领数万骑田于山泽之间，忽然见有一辆带着锦绣珠簾障蔽的马车，自天而降。拓跋诘汾正在惊诧之际，乃从车中走出一位天仙似的美女，在众女侍的拥戴下，向拓跋诘汾款款走来，一身的艳装，一身的华丽，风仪高雅，姿容奇瑰。拓跋诘汾见美女直奔他的马而来，便下马询问："美女何人？从何而

---

〔1〕这句话亦出自《魏书·序纪第一》，厥土，即其土地；昏冥，指昏黑不亮堂，泛指土湿；沮洳，指泥泞不干，或为湿地。出自《诗经·魏风·汾沮洳》："彼汾沮洳……"亦指湿泞之地。

来？有何见教？”

美女端庄持重，微启朱唇，含笑而答说：

“我，天女也，受命与汝相偶……”

说毕掩颜而笑，一脸的娇羞。

拓跋诘汾正是奔往而立之年的壮小伙，彼时也未答话，提起美女之手，便带她一同向宿帐走去。由是，天降喜雨，一片甘霖，全族人马亦息于山泽之畔。

一宿云雨，至天明时，雨过天晴。

美女在众女侍的侍从下，仍然身着华丽，从帐中走出，向拓跋诘汾告别说：

“明年此时，我复来，愿与君复会于此。”

言毕，一阵风起，不见了踪影。

美女从天而降，令拓跋诘汾喜从天降；美女告别，快如风雨，又让他怅然若失。

一年匆匆而过，到了相会那天，拓跋诘汾来到田于山泽的地方等候，正在顾

大兴安岭——即古代的大鲜卑山　范震威 摄

本书作者在嘎仙洞口　王冰 摄

盼之间，美女不知从何而至，怀中却抱了她所生的一个男婴。她把男婴交给拓跋诘汾，并嘱咐说：

“此君之子也，已满一岁。请君善待亲养之。以后子孙相承，必当贵为帝王。”

拓跋诘汾接过儿子，还想执美女之手，孰料只转瞬间，美女已经不见了。

这个再没见到妈妈面的孩子，即在父亲的养视下长大。这个孩子，后来起名曰拓跋力微。他就是后来被封为始祖的神元皇帝。对于知道底细的人，不免对他的来路颇为崇敬，时人中流传着两句嗑儿：

“诘汾皇帝无妇家，力微皇帝无舅家。”

从拓跋力微开始，这个部落国有了纪年。

拓跋力微元年，岁在庚子。此时，拓跋部已南迁到了匈奴旧地，因此也学习中原文化，有了纪年。

这一年，西部内侵，部落国族人离散，力微尚年轻，乃依没鹿回部大人窦宾。力微寄人篱下，沉默寡言，人说他有雄志之度，心中无人能测。力微随窦宾与西部攻战，被西部人击败，马跑丢了，力微把自己的马让人给窦宾牵去。回到营地，窦宾让部下去寻找给他马的人。力微默不作声，窦宾想加赏给他马的那个人，一直没有找到。久之，窦宾所骑之马认得它的原主人。马跑到力微身边，又打响鼻，又磨蹭它的脖颈，窦宾奇之，问部下给传马的人，方知舍马给他骑的人是力微。窦宾见其相貌伟岸，大惊，欲分国之半给力微，力微婉拒。窦宾便将女儿嫁给力微。窦宾仍想报答他的让马救命之恩，便问力微，有何要求。力微说，请允许他带领部落人马北居长川，窦宾答应他请便。拓跋力微便带族人迁到长川去。经过十多年的休养生息，力微德化之名大盛，许多离散的拓跋部旧民，都投奔长川。长川者，今内蒙古兴和县西北沙漠边缘地也。

拓跋力微二十九年，窦宾故去。临终前遗言给两个儿子说：汝二人力有未逮，可奉力微创业。二子不从，乃阴谋作乱，被拓跋力微以酒召来，杀之。于是，其部众全归了力微，诸部大人也都宾服。从此，力微实力大增，控弦之士达到二十余万。

在长川盘桓了十几年，拓跋力微率部稍稍南下，迁于定襄的盛乐。这年夏四月，草盛树丰，力微率部祭天。祭天，乃是北方部落共有的习俗。届时，诸部大人均携部来祭，唯白部大人观望不至。力微率部戮之。自是，诸部肃然，远近震慑。拓跋力微乃告诸部大人说：

呼伦湖北岸风光　范震威 摄

“我历观前世匈奴、蹋顿之徒，苟贪财力，抄掠边民，虽有所得，而其死伤不足以相抵。更招寇盗，百姓涂炭，非长久之计也。”

众问：“何以长久？”

他说：“我部当与中原曹魏朝和亲相处也。”

于是，在拓跋力微四十二年之际，即派他的儿子沙漠汗[1]如曹魏，以观风土。——时为魏元帝曹奂景元二年（公元261年）也。

自斯而始，从大鲜卑山南迁来到晋、冀之北盛乐之地的拓跋氏人走上了中国历史的前台。

以后，又经过了许多磨难，拓跋氏这支鲜卑族人，终于在公元338年，由拓跋什翼健建国。最初是部落联盟国。此后，又过去了四十余年，至公元386年正

嘎仙洞对面的嘎仙河　范震威 摄

〔1〕沙漠汗即沙漠之王。匈奴称王者曰单于，皇帝为大单于。如果说东胡的官号与匈奴略同的话，那么自沙漠汗始，史家已注意到北地诸族的首领不称单于，而称汗了。而大汗，又称可汗或大可汗。如成吉思汗。唯满族先祖努尔哈赤氏俗称汗王、老汗王或老罕王，其称呼已是华夷合璧了，亦是中原文脉影响的结果。

月，乃由拓跋氏族中的又一个杰出人物拓跋珪接位，称魏太祖道武皇帝，即代王位，是为登国元年。夏四月，改称魏王。

至此，黄帝裔孙始均所率领的北地拓跋族人，南下中原建国，开启了来自北方的强族到中原逐鹿，并建朝开国的历史。历史是由强者书写的，观拓跋氏族人的史迹，信然。

这里还需指出的是，始均族人在大鲜卑山中南下的出发点，是今天内蒙古鄂伦春自治旗西北嘎仙河边的嘎仙洞，已为考古学家所证实。

拓跋氏族人曾经居住过的大泽是呼伦湖。其证据是湖西北的一片墓地的出土文物与葬式，全是拓跋鲜卑人的遗存。

另外还要指出的是，嘎仙河出自大兴安岭山中，注入甘河，甘河注入嫩江。又，呼伦湖与黑龙江南源大雁河相连，大雁河注入额尔古纳河，额尔古纳河与来自蒙古国源自不儿罕山的石勒喀河交会后，为黑龙江干流之起点。由此可知，始均及其族人是在黑龙江母亲河怀抱中长大的。

## 三

关于始均——拓跋氏族人的居住地嘎仙洞，我愿意以散点透视的笔法，再描述一番。

2010年，为撰写《黑龙江传》，我来到嘎仙洞，并且虔诚地献上了我的揖拜——

我站在远古时代一页历史的坐标前，身后是伊勒呼里山脉横亘在大兴安岭东侧的屏障。这屏障隔阂了嫩江与黑龙江的早期相约，作为分水岭，山中的流水纷纷扬扬地，一泻而又放纵地朝南、朝北分道而去。当她们再度相会时，已是在两千多公里之后。不管是情人，还是兄弟姊妹，远离后的重逢，自有一番欣喜。那欣喜便是同江三江口的壮阔与雄浑，绚丽而璀璨，成就了一碧一黄的混同江。

绚丽而璀璨的，还有山腰上的那个壮观的大山洞——嘎仙洞。

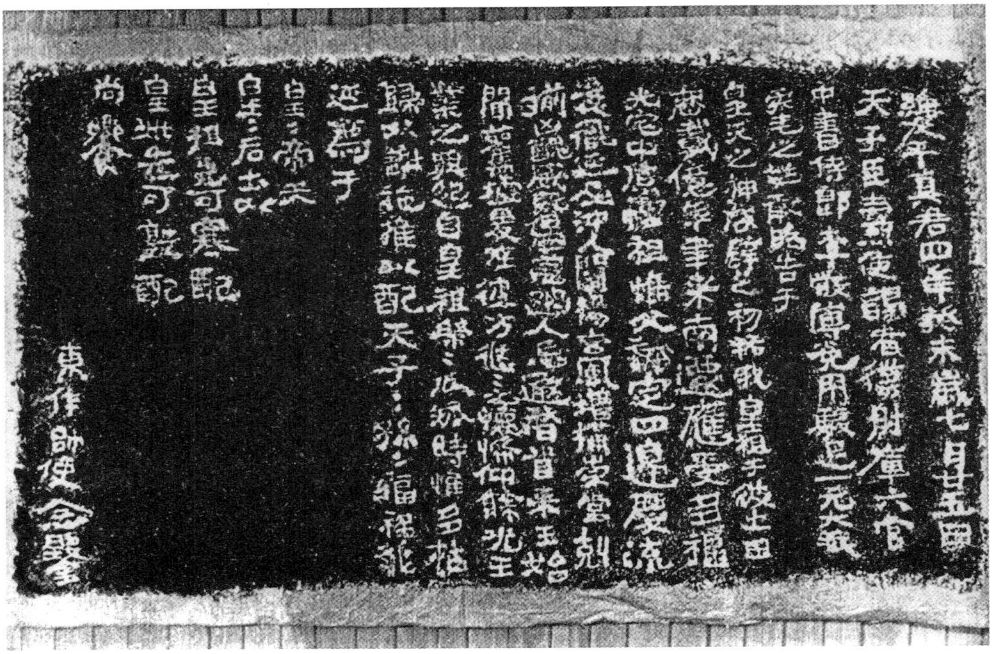

刻于嘎仙洞口左侧石壁上的北魏祝文，拓片，与《魏书》上的记述相同　孟广耀 提供

在黑龙江水系的数十条或成百条的溪涧流水里，我驻足在一条长不过30公里的小河——嘎仙河边，站在奔腾汹涌的激流前，凝目沉思，河边碗口粗的树木因大水而歪倒了，俯身向河水，像我的注目一样，仿佛要和这急速远去的河水、浪波倾心地谈一谈……汩汩而去的是嘎仙河诉不尽的心语，一溜小风吹来，树叶哗哗地响，惊起一阵鸟鸣。树林与河，果然在倾诉中互慰着彼此。

而我却在黑色的杂有鹅卵石的土岸边，一面凝视滔滔河水的远去，一面回身眺望，一百多米远的山腰上的那个庞大的山洞口，大张着口面向着嘎仙河，似乎在注目，也在倾听。它倾听着历史的足音，从这里远去。这一去，就是1660多年！

不必去重复嘎仙洞诞生了鲜卑拓跋部族国的故事，这故事早已刻进《二十五史》之一——《魏书》的册页里，任人翻检、阅读。

也不必去诠释洞口左侧刻在石壁上的那些文字。那些文字早就积淀在魏收撰写的《魏史·礼志》中，像一坛封存千余年的酒酿，自有它的绵味、芬芳与醇香。

也不必去回顾日本人寻找此洞而付出的心力与险恶用心。他们找不着这山洞是上帝对他们的冷落与鄙弃。他们滴血的枪刺挑着大兴安岭的日月晨夕，砍伐了大树，挖走了煤炭还不够吗？他们还想占有鲜为人知的历史与过去。痴人说梦去吧，上苍没有赐给他们有幸的机缘。这机缘给了一个叫米文平的《呼伦贝尔日报》的记者，一个山东来的移民，也是一个执着的寻梦者。

三千多年前，一伙人住在嘎仙洞内，用火照亮了洞宇，烤熟了他们猎取的狍鹿之肉。渴了他们便喝嘎仙河清凌凌的河水，冬天他们也可以嚼雪吃冰……可是，山洞毕竟是山洞，他们要繁衍后代，他们要多子多孙，他们要走出去，走出山洞，离开嘎仙河……一个叫推寅的部族族长，或者也可以叫头领大人，带他们“南迁大泽，方千余里”地，也就是今天的呼伦湖。在湖的东北方，曾发现了一片鲜卑人的墓葬，是彼时他们先人的安魂之所。于是，他们走出大山远行，不断南行，后来在奔往中原的路上强大了自己，建立了北魏。这不奇怪，他们原本就是黄帝的后人嘛！他们要回归，他们要在中原寻觅一席之地，这是他们奋斗的必然的结果。

他们走后，这山洞便消寂无声了。

没有人去打扰这山洞、这河水，只有大自然的绿了又黄和黄了又绿的季节轮回，在这里频频地光顾。

也不知道过去了多少年，在嫩江上中游地，在大兴安岭，在伊勒呼里山范围内建立了乌洛侯国的，也是鲜卑的又一支部族人，来京都报告。他们在太平真君四年（公元443年）来京前，找到了先帝旧墟，地址在其国的西北某地。于是，魏太武帝拓跋焘派中书侍郎李敞带了人，北上至山洞告祭。他们杀牛、猪、羊告祭先祖后，又在洞壁上刻字留刊，成为这一历史事件的佐证。

1480多年之后，日本学人历14年没有找到这个叫石室或旧墟的山洞。于是，他们宣布说，《魏史》中的此事纯系子虚乌有……小鬼子们心怀鬼胎，找到了便声称是他们发现的，找不到便如狐狸面对葡萄说酸……或说没有一样，这是他们一贯的手法，令人鄙视……然而他们又云，石室当于黑龙江以北之地求之。

1961年夏天，著名史学家翦伯赞先生在内蒙古地区走访了两个月，曾撰写了《内蒙访古》一文。文中说，内蒙古是中国历史的后院，有许多册页还没有打开。于是，翦老提到鲜卑石室，还隐在历史的深处……这让当时担任记者的米文平动了心，他矢志寻找……他一找就找了20年！

最后，在“文革”后期，米文平果然找到了它！

山洞口石壁上刻的字和《魏书·礼志》上所记载的祝文刻字是一样的。李敞还斩“桦木而立之”，由是我在嘎仙洞面向嘎仙河小道两旁的混交林中看到了若干株桦木，在1570多年之后的今天，这些桦树不知几生几灭，经历了多少代的荣枯了，如今其一息尚存，也成了历史的佐证。

这山洞的名字也是米文平发现时，从鄂伦春的猎人口中听说的，由是便成了石室或旧墟的命名——嘎仙洞，一度是鄂伦春猎人祭礼的地方。

站在嘎仙河前，我望流水而思。

从《魏书》中记载的“黄帝昌意少子，受封北土，居大鲜卑山，因以为号”，由后裔始均到今天，经历了多少岁月风雨啊！

我站在河边上，追今抚昔，真的感慨万端。

过去，我们的前辈中有那么一些人，对于史书中的记载，一律持怀疑态度，并以疑古自居。结果怎样了呢？还不是在一个个被发现的古迹前哑口无言了吗？嘎仙洞的存在和发现成为中国考古史上的一个重大事件。一个确切无疑的历史时间的坐标，它证明了许多，难以用几句话来概括！而由嘎仙洞生发出去的话题也许更多，只是让学人们来不及细细地咀嚼罢了，让我们一点一点地消化吧。

今夏的雨水很大，嘎仙河猛涨了起来，它激流奔涌，一往无前。

我站在河边上，望上下游歪斜的树木，显见是一派大自然的原生态景象，这让我略感一点儿欣慰。

请不要叨扰大自然的这片沃土上的宁静，我在心中祝愿说。

我从河边的水流中捡起一块小卵石，这卵石不知被流水抛在这里有多少年了，它是否见过当年拓跋鲜卑人的身影或聆听过他们的步声，我也不知道。

不管怎样，我却将它带了回来，因为我答应要把我走过的河流所拾到的卵石，无偿地献给一家博物馆，真的。而嘎仙河是松花江北源嫩江支流甘河的支

嘎仙洞森林公园门票上的嘎仙洞遗址，参谒者云集　范震威 提供

流，或者叫二级支流。和海古水一样，这两条小河，分别养育了两个伟大的民族，他们同是华夏民族的骄子。

已故《辽史》专家孟广耀先生曾与我结邻数年，故有石室壁文拓片相赠。每读《辽史》不免将拓片找出，一是欣赏其原生态的魏字，二是品读其祝辞，默想李敞等在大兴安岭荒寂的深山中祭祀的情景，遂打开《辽史·礼志一》，朗声念出李敞的祝词：

天子焘谨遣敞等用骏足、一元大武敢昭告于皇天之灵。自启辟之初，祐我皇祖，于彼土田。历载亿年，聿来南迁。惟祖惟父，光宅中原。克翦凶丑，拓定四边。冲人纂业，德声弗彰。岂谓幽遐，稽首来王。具知旧庙，弗毁弗亡。悠悠之怀，希仰余光。王业之兴，起自皇祖。绵绵瓜瓞，时惟多祜。敢以丕功，配飨于天。子子孙孙，福禄永延。

现在，坐落在内蒙古呼伦贝尔市鄂伦春自治旗的嘎仙洞，已辟为“嘎仙洞森林公园”，成为北方的著名旅游景点，于是我也来到这里，对先祖的居地进行拜祭……

# 突厥·渤海及李白与唐诗

鲜卑人在大鲜卑山自北向南迁徙之后，他们遗留下来的空间，逐渐由跨黑龙江南下的室韦人和西来东渐的突厥人填充。诸股势力在嫩江流域相遇，但因突厥的来势凶猛，室韦的力量分散，由是最先强大起来的突厥帝国率先东进南争，主力进入中原北境的历史舞台，以长城一线为界，在隋朝和唐初，一度成为大漠草原上的豪雄，就连李渊、李世民，在唐朝建国初期，对突厥也只能避其锋锐，无法与之争锋。

## 一

突厥最早在《二十五史》之一的唐令狐德棻所撰之《周书·宇文测传》中现身。

西魏文帝元宝炬大统八年（公元542年），宇文测行绥州事。那些年，每年深冬黄河结冰封冻以后，南下的突厥便越过黄河来边地掠抢物资和女人。原先预防的办法是，彼来掠时，边关将散居的边民聚入城中，以避其锐。宇文测到任后，恰是又一个冬天来临。他下令还是采取城中藏民的办法，一切照旧。唯在入城之前，安排军民于要路数百处结节点，多积柴草，并且按原来长城烽火台的瞭望法警戒。当年冬十二月，突厥从连合入寇，去界数十里时，宇文测下令把所积柴草用火一齐点着。突厥寇抄的兵马见浓烟升空，火光频闪，以为有防军突至，立刻拨转马头逃跑，混乱之中，自相践踏，死伤甚巨，且丢下杂畜、辎车、杂物不可胜数。宇文测率军收拾起来，除铠甲武器外，将畜物都分给百姓，自是兵民联防成功，突厥寇抄之骑，不敢在此露面。

突厥石人 阿千 画
（突厥石人，1961年新疆阿尔卡特墓地出土，现存乌鲁木齐新疆维吾尔自治区博物馆）

聚啸于大漠草原的雄族，自秦汉以降，先是匈奴，然后是从鲜卑山南下的拓跋鲜卑等诸部，步鲜卑后尘的突厥重复了匈奴、鲜卑的故事，那么或问，突厥是怎样的族人呢？

《周书·异域下·突厥传》说：

突厥者，盖匈奴之别种，姓阿史那氏。别为部落。后为邻国所破，尽灭其族。有一儿，年且十岁，兵人见其小，不忍杀之，乃刖其足，弃草泽中。有牝狼以肉饲之，及长，与狼合，遂有孕焉。彼王闻此儿尚在，重遣杀之。使者见狼在侧，并欲杀狼。狼遂逃于高昌国之北山，山有洞穴，穴内有平壤茂草，周回数百里，四面俱山。狼匿其中，遂生十男。十男长大，外托妻孕，其后各有一姓，阿史那即一也。子孙蕃育，渐至数百家。经数世，相与出穴，臣于茹茹。居金山之阳，为茹茹铁工。金山形似兜鍪，其俗谓兜鍪为“突厥”，遂因以为号焉。

或云，突厥之先出于索国，在匈奴北。其部落大人阿谤步，兄弟十七人。其一曰伊宾泥师都，狼所生也。谤步等性并愚痴，国遂被灭。泥师都别感异气，能征召风雨。娶二妻，云是夏神、冬神之女也。一孕而生四男。其一变为白鸿；其一国于阿辅水、剑水之间，号为契骨；其一国于处折水；其一居践斯处折施山，即其大儿也。山上仍有阿谤步种类，并多寒露。大儿为出火温养之，咸得全济。

遂共奉大儿为主，号为突厥，即讷都六设也。讷都六有十妻，所生子皆以母族为姓，阿史那是其小妻之子也。讷都六死，十母子内欲择立一人，乃相率于大树下，共为约曰：向树跳跃，能最高者，即推立之。阿史那子年幼而跳最高者，诸子遂奉以为主，号阿贤设。此说虽殊，终狼种也。

其后曰土门，部落稍盛，始至塞上市缯絮，愿通中国。大统十一年，太祖遣酒泉胡（人）安诺槃陁使焉。其国皆相庆曰："今大国使至，我国将兴也。"十二年，土门遂遣使献方物。时铁勒将伐茹茹，土门率所部邀击，破之，尽降其众五万余落。恃其强盛乃求婚于茹茹。茹茹主阿那瓌大怒，使人骂辱之曰："尔是我锻奴，何敢发是言也？"土门亦怒，杀其使者。遂与之绝，而求婚于我。太祖（即宇文泰）许之。十七年六月，以魏长乐公主妻之。[1]

以上便是突厥的来源之说。上述这两种说法，均融入了神话传说的成分，读

北疆牧羊人　王冰 摄

〔1〕《周书·异域·突厥传》中华书局标点本，1971年版，第907–908页。《周书·异域·突厥传》中华书局标点本，1971年版，第907–908页。

者姑妄听之，非研究者难以细察。但在我看来，二说合而为一，或可视为突厥之“前史”。

突厥的含义有两种说法，一种指的是兜鍪（亦作兜牟），即突厥，故因以为号。另一种说法是，突厥一词有“强力、气力”之意。法国学人伯希和认为，“突厥”一词乃由属蒙古语系的柔然人介绍到中国来的，内中掺杂了复数的变音。后一种说法为“近代”一般治突厥史者所采用。[1]

除了上述的两种突厥之源的说法外，还有三种说法，兹列述于后——

其一，见于段成式《酉阳杂俎》卷四：“北虏之先索国，有泥师都，二妻生四子，一子化为白鸿，遂委三子，谓曰：‘尔可从古旃。’古旃者，牛也，三子因随牛，牛所粪悉为肉酪。”——此说，实为上述二说之补充。

其二，仍见于《酉阳杂俎》卷四：“突厥之先，曰射摩舍利海神，神在阿

克鲁伦河边　王冰 摄

〔1〕参见马长寿《突厥人和突厥汗国》，广西师大出版社，2006年版，第1–2页。

草原上的马群　王冰 摄

史那窟西。射摩有神异。又海神女每日暮以白鹿迎射摩入海，至明送出。经数十年后，部落将大猎。至夜中，海神谓射摩曰：‘明日猎时，尔上代所生之窟，当有金角白鹿出。尔若射中此鹿，毕形与吾来往；或射不中，即缘绝矣！’至明入围，果所生窟中有金角鹿起，射摩遣其左右固其围……（此处有阙文）[鹿]将跳出围，遂杀之。射摩怒，遂手斩阿咴首领，仍誓之曰：‘自杀此之后，需人祭天。’即取阿咴部落子孙斩之以祭也。至今，突厥以人祭纛，常取阿咴部落人用之。射摩既杀阿咴，至暮还海。海女报射摩曰：‘尔手斩人，血气腥秽，因缘绝矣！’”

据此，突厥的发祥地在海东之阿史德窟。然，此又为上述二基本之说的后续之史。

其三，即平凉杂胡之说。此见于《隋书·北狄·突厥传》：

“突厥之先，平凉杂胡也，姓阿史那氏。后魏太武（即拓跋焘，公元424年至公元451年在位）灭沮渠氏，阿史那以五百家奔茹茹，世居金山，工于铁作。金山状如兜鍪，俗呼兜鍪为‘突厥’，因以为号。或云，其先国于西海之上，为邻国所灭，男女无少长均杀之。至一儿，不忍杀……”[1]至此，以下的接文又回到前述的两种基本说法之中了。

岑仲勉《突厥集史》录帕尔凯尔《鞑靼千年史》云：

“突厥出自匈奴之阿史那族，魏太武延和二年（公元433年），因魏人用兵沮渠，有五百家逃归蠕蠕（即茹茹）。所居之山，状类兜鍪，遂得突厥之号。突厥语中今尚有称兜鍪为Durko者。”[2]

如果说，突厥骑兵在《周书·宇文测传》中首记其踪，时间为公元542年的话（文中有记，此前亦掠边），那么到公元552年之际，历时仅10年，他们即在漠北建立了地域广阔的突厥汗国。其疆域东西万里，称雄约三百年，不可谓不神奇。故而史家说，“它的奇迹式的崛起，至今仍是一个待解的谜”（薛宗正《突厥史》语）。

突厥的崛起既然不甚清晰，尤其缺少历史的细节，那么，笔者亦只能将其东扩版图的过程略去，只说结果。结果，按谭其骧《中国历史地图集》第五册，第29页《隋（大业八年，公元612年）东突厥图》和第74页《唐（开元二十九年，公元741年）突厥图》，以后图为例，彼时的突厥汗国，北达安加拉河，西达金山，向南最远进入贺兰山右地，稍东在河套以北，在东北方，已达克鲁伦河、石勒喀河上中游流域，遥望额尔古纳河与俱轮泊（今呼伦湖）。

然而，它的影响，不仅越过了大兴安岭和嫩江，甚至还远达乌苏里江以东的滨海之地。——在远东绥芬河中下游之交地的俄乌苏里斯克（双城子），“沙夫库诺夫刊布了在乌苏里斯克（双城子）城附近发现的一块砾石上字数不多的铭文（11个符号），将它当作鲁尼文献”。[3]

但该书的作者，对此尚有疑问，而且又是一个孤证。因此，鲁尼文/突厥文字是否浸润到远东滨海地区——唐时的地方政权渤海国，尚有疑问。——这11个

---

〔1〕五种源说来自薛宗正《突厥史》，中国社会科学出版社，1992年版，第40-42页。
〔2〕参见岑仲勉《突厥集史》，中华书——1958年版，第16页。
〔3〕参见[前苏]克里亚什托尔内《古代突厥鲁尼文碑铭——中亚细亚史原始文献》，黑龙江教育出版社，1991年版，第55页。

倭肯河——牡丹江的姊妹河，靺鞨人的家园（据《走进依兰》）

奇怪的铭文符号，至少是一个待解之谜。

然而，这里还有后续故事……

## 二

唐代时，崛起于牡丹江地区的一个地方政权渤海国，是由肃慎——挹娄——勿吉后族即靺鞨人建立的国家，它是满族先祖靺鞨人在牡丹江地域雄起的政体。

关于地方政权渤海国，《新唐书·北狄·渤海传》文云：

渤海，本粟末靺鞨附高丽者，姓大氏。高丽灭，率众保挹娄之东牟山，地直营州东二千里，南比新罗，以泥河为境，东穷海，西契丹，筑城郭以自居，高丽逋残稍归之[1]。

渤海大祚荣氏在唐/周武则天圣历元年（公元698年）建国。初称震国王（或振国王）。震者，东方也，亦即东方的国王是也。建国后，“震国王遣使交突厥”，此为《新唐书·渤海传》中语。《旧唐书》本传亦言：“振国王，遣使通于突厥。”由于渤海国与突厥有交往，遂使渤海国文化受到突厥文化的影响乃成为可能。

突厥人是有文字的，现称之为“鄂齐浑—叶尼塞文”或“蓝突厥文”。最早发现叶尼塞河沿岸悬崖上文字符号的人中，有一位被俄人俘虏的瑞典军官斯特拉伦堡（塔伯尔特）。此人于公元1713年至1722年居住在西伯利亚，他将这些文字称为鲁尼文。不管称什么文，突厥人在大漠草原上立了许多石碑，仿照中原人的模式，以碑文记事，故而留传下来许多可资重视的突厥史料。

公元630年前后的50年间，东突厥汗国一度成为大唐帝国的属国。突厥文的《阙特勤碑》和《苾伽可汗碑》都记下了这件事：

尊贵的突厥子孙悉成为唐家的奴仆，其清白的处女亦悉降为奴婢。突厥伯克弃本族之称号，而用唐家的称号。屈服臣事于大唐天子之下凡五十年。为大唐天子先征东方之高丽王，后征西方，至于铁门，其间各地悉尊大唐天子而行其国之法度。[2]

虽然有突厥文化的浸润（如两者都称唐朝为唐家，即为一例），可渤海国使用的是汉文汉字，甚至通行唐诗。《旧唐书》说渤海，“风俗与高丽及契丹同，颇有文字及书记”；《新唐书》说渤海，“颇知书契”。“书记”亦好，“书

[1] 欧阳修、宋祁《新唐书》，中华书局标点本，1975年版，第6179页。

[2] 转引自马长寿《突厥人和突厥汗国》，第42页。文中的铁门，即铁门关，故址在今乌兹别克斯坦之杰尔宾特附近。为古时史国与吐火罗国分界，立于山中，石色如铁，中具铁门，故名。唐代高僧玄奘曾经过此地。

契”也好，都是指渤海接受并普遍使用汉字、汉文。最突出的例子是渤海贞孝、贞惠公主二公主墓志文，都是用汉字写就镌刻的。还有的例子是，渤海使者跨海去日本，双方的文臣还以模仿中国的唐诗互相作诗赠答。

唐玄宗先天二年（公元713年），唐派郎将崔䜣往渤海国册渤海大祚荣为左骁卫员外大将军、渤海郡王，仍以其所统为忽汗州，加授忽汗州都督，自是每岁遣使朝贡。开元七年（公元719年），大祚荣死，玄宗派使吊唁，乃册立其嫡子桂娄郡王大武艺袭父爵，为左骁卫大将军、渤海郡王、忽汗都督。——忽汗者，源于忽汗水（今牡丹江）也。

开元十四年，居于黑龙江、乌苏里江会合处之黑水靺鞨进京朝贡，诏以其地为黑水州（今伯力），仍置长史，遣使镇押。但这事引起了大武艺的不满。他对属下说：“黑水途经我境，始与唐家相通。旧请突厥吐屯，皆先告我同去。今不计会，即请汉官，必是与唐家通谋，腹背攻我也！”于是，便派大门艺带兵去攻黑水，却遭到大门艺的抵制。

大门艺上谏说：“黑水请唐家官吏，即欲击之，是背唐也。唐国人众兵强，万倍于我，一朝结怨，但自取灭亡。”

大门艺曾充质子居于唐都长安，知道唐的厉害。他还提醒大武艺说，不要重蹈高丽灭国的老路。可是，大武艺不听，非发兵不可。大门艺无奈带兵至边界时逃国，投往长安，大武艺派人去追索，又派人去暗杀，均以失败告终。

今日宁安——渤海石幢广场　王冰 摄　（石幢为唐·渤海国的标志）

牡丹江——渤海人民的母亲河（据《走进依兰》）

据我推想，大概就是在这样的背景下，大武艺不死心，乃想出一招，派出使者入长安唐京，谒见唐皇，奉上国书，唐朝翰林打开一看却傻了眼，满纸皆是鸟迹书，一个字也不认识。

——这就是《今古奇观》中《李白醉草吓蛮书》这篇小说的历史背景。此虽为小说家言，当亦非空穴来风，纪实的因素也是有的。

在难以读释鸟迹书，众臣皆不知所措之时，只见贺知章出面推荐草民李白可以读懂此书。原来，李白有诗《寄远十二首》之十的诗中有这样的句子："鲁缟如玉霜，笔题月支书。寄书白鹦鹉，西海慰离居。……"所以，贺知章作为诗友，由李白的夫子自道，乃知道李白有此"绝技"，忙将李白推荐上去。李白既无显赫的文凭学历，又无显赫的官宦的家族背景，在长安"漂"了许久，也无出头之日。机会终于来了，于是，李白由此被邀入宫，将鸟迹书拿来，边读边做翻译。原来，这竟是一封挑战唐廷的蹩脚文字，李白受帝命乃以鸟迹书作答，回了一封斥责渤海国王的回书，方才使这个不大不小的事件，做了了结。〔1〕

〔1〕参见范震威《李白的身世、婚姻与家庭》，黑龙江人民出版社，2002年版，第50–55页。

此事件之后，渤海国仍使用汉文，鸟迹书一事亦烟消云散了。

毋庸赘言，渤海国是崇尚并吸收汉文化的，此亦有诗为证。试举唐代诗人温庭筠《送渤海王子归本国》诗如下：

疆里虽重海，车书本一家。
盛勋归旧国，佳句在中华。
定界分秋涨，开帆到曙霞。
九门风月好，回首是天涯。

江油李白故里中的李白雕像（据《诗仙李白》）

例之二：渤海国诗人高元固去福建访问晚唐的诗友徐寅。[1]

徐寅有诗相赠，诗题为：《渤海贡宾高元固先辈闽中相访，云本国人写得（徐）寅〈斩蛇剑〉、〈御沟水〉、〈人生几何赋〉，家皆以金书，列为屏幛，因而有赠》，诗云：

折桂何年下月中，闽山来问我雕虫。
肯锁金翠书屏上，谁把刍荛过日东。

〔1〕徐寅，又作徐夤，生卒年不详。唐昭宗乾宁元年（公元894年）登进士第，释褐秘书省正字，曾途经大梁，作《游大梁赋》献朱全忠，内中有讽刺李克用独眼之句。后李克用子唐庄宗即位，欲杀之。徐寅拂衣而去，归隐延寿溪。徐寅工于赋，后人评其赋“句雕字琢，刻意锻炼，时多秀句”。其名篇《斩蛇剑赋》、《御水沟赋》及《人生几何赋》尤其脍炙人口，远传至渤海国云。有《徐寅赋》一卷传世。本文后面所附之《人生几何赋》，曾风靡渤海国，并制成屏风，抄于绣帐之上。赋文引自《全唐文》卷830，中华书局，1990年版，第3879页。原文无标点，标点为引者所加。

郯子昔时遭孔圣，繇余往代讽秦宫。

嗟嗟大国金门士，几个人能振素风。

唐诗、宣纸、墨迹、屏风……随着文化人的往还，都被带到黑土大地母土之上，带到忽汗水/牡丹江畔的渤海王都——上京龙泉府（今黑龙江省牡丹江市东京城地），唐诗中韵律、气度、读感，也都浸润到黑土地靺鞨人的文化之中。若问，文化的这种交流会产生什么影响。"立竿见影"不过是一种俗谈。但文化是塑造人们心智的一种力量，随着唐诗的传播，中原风习不言而喻亦逐渐地随之北上了。

这种北上及其回响，统言之也是一种文脉的表征。

唐代渤海国流行的将唐人的赋辞书写成金字于屏风之上，乃为一种时尚，众人纷效仿。其中以徐寅的赋最受欢迎。

兹将渤海人崇敬的唐代诗人徐寅的《人生几何赋》附录于后，——

唐代的诗人们——文苑图　五代　周文矩 作（据《中国传世人物画》）

# 人生几何赋

唐·徐寅[1]

叶落辞柯，人生几何。六国战而谩为流血，三神山而杳隔鲸波。任跨百斛之明珠，岂延遐寿；或有一卮之芳酒，且共高歌。岂不以天地为炉，日星为纪；虽有圣而有智，不无生而无死；生则浮萍，死则流水；七十战争如虎豹，竟到乌江；三千宾客若鸳鸿，难寻朱履；扰扰忽忽，晨鸡暮钟，命宁保兮霜与露，年不禁兮椿与松。问青天兮何惨何舒，拘人否泰；叹白日兮东生西没，夺我颜容。可惜繁华，堪惊倚伏。有寒暑兮促君寿，有鬼神兮蠹君福。不觉南邻公子，绿鬓改而华发生；北里豪家，昨日歌而今日哭；梦幻吞侵，朝浮夕沉；三光有影遣谁系，万事无根何处寻；易服猛兽，难降寸心；眼看西晋之荆榛，犹经白刃；身属北邙之狐兔，尚惜黄金；亦何荒色嗜音，雕墙竣宇。君不见息夫人兮悄长默，金谷园兮间无靓；香阁之罗纨未脱，已别承恩；春风之桃李方开，早闻移主。邱垅累累金章，布衣白羊青草。只堪恨，争名逐利何太非？尝闻萧史王乔长生孰见，任是秦皇汉武，不死何归？吾欲挹元酒於东溟，举嘉肴於西狱；命北帝以指荣枯，召南华而讲清浊；饮大道以醉平生，冀陶陶而返朴。

---

〔1〕徐寅（生卒年不详），又作徐夤，字昭梦，福建莆田人，乾宁元年（公元894年）登进士第，释褐秘书省正字。工诗赋，其《斩蛇剑赋》《御水沟赋》《人生几何赋》《均田赋》《寒赋》最著名。此处所录之《人生几何赋》，据《全唐文》卷830，清·董诰编，上海古籍出版社，1990年版，第四册，第3879页。原文无标点，标点为笔者所加。

# 契丹：一国两制下的文化流

## 一

辽朝建国于公元907年[1]，因由契丹族所建，国号亦称契丹。建国初始时没有年号，至公元916年始建年号神册，是年即神册元年。10年后，契丹东征，灭掉靺鞨人的渤海国，将契丹的东境由松、辽地区扩展到黑龙江下游地及东方大海边。随即，辽太祖在渤海国旧地上立当时的太子耶律倍（突欲）辖其地，建立东丹国，即东契丹国也，从属于辽——契丹本部。——自此，现今的黑龙江流域，除黑龙江北源斡难河一少部分地域外，其北及外兴安岭山脉等广大地域，皆为契丹/辽所有。

炎帝——中华共祖之一　王文 摄

公元938年（一说公元947年），契丹改国号为辽。辽的南境囊括了燕云十六州，以今河北省中部的高粱河为界，在宋建国后，便以该河同宋接界。彼时，虽多有争战，无奈

〔1〕这一年也是五代十国后梁朱温的建国年代。彼时，唐末中原大乱，契丹方才借机崛起。故而，在契丹/辽崛起之初，其所受的阻力不大。辽太祖的主要敌人在内部，所以人说，辽起于天时与地利也。

炎帝祭祀大典　王文 摄

宋无力夺回燕云十六州，辽以燕京为南京与宋对峙。在辽与宋对峙的时代，西部的陕西西部、宁夏及甘肃大部为崛起的党项人李元昊所建的西夏国疆域。西夏同辽、宋接壤，时战时和，由是形成了一场新的三国纷争局面。接壤交战三方中的任意一方都无力将另外两方吞噬，因此三国之间烽烟接连不断。

或问，此时占有大东北地域的契丹族到底是怎样的背景呢？

《辽史·本纪·赞》给出了答案——

赞曰：辽之先，出自炎帝，世为审吉国，其可知者盖自奇首云。奇首生都菴山，徙潢河之滨。传至雅里，始立制度，置官属，刻木为契，穴地为牢。

让阻午而不肯自立。雅里生毗牒。毗牒生颏领。颏领生耨里思，大度寡欲，令不严而人化，是为肃祖。肃祖生萨剌德，尝与黄室韦挑战，矢贯数札，是为懿祖。懿祖生匀德贵，始教民稼穑，善畜牧，国以殷富，是为玄祖。玄祖生撒剌的，仁民爱物，始置铁冶，教民鼓铸，是为德祖，即太祖之父也。

世为契丹遥辇氏之夷离堇，执其政柄。德祖之弟述澜，北征于厥、室韦，南略易、定、奚、霫，始兴板筑，置城邑，教民种桑麻，习织组，已有广土众民之志。而太祖受可汗之禅，遂建国。东征西讨，如摧枯拉朽。东自海，西至于流沙，北绝大漠，信威万里，历年二百，岂一日之故哉！[1]

契丹的族源既然源于炎帝，由于年代久远，许多事已难以考核，包括文中的“审吉国”。“审吉国”有可能是古时炎帝后裔在炎帝败于黄帝之后，溃逃到北方广阔之地所建的部落国，并以流徙的生活方式，渔猎于大鲜卑山的青山绿水间。——届时，后来演变成拓跋氏的始祖——黄帝后裔的始均（见前文），不也是如此维系生活的吗？

正因为如此，史家经考察后得出结论说，他们——契丹族乃是经由东胡——鲜卑人的演化而诞生的。

王钟翰在《中国民族史纲要》中说：

契丹源于东鲜卑宇文部。东晋初，鲜卑的宇文、段、慕容三部鼎立于辽河流域。宇文部位于辽河上游，慕容部位于辽河下游迤东，段部在宇文部迤南、慕容部迤西。公元338年（东晋咸康四年），前燕慕容皝联合赵王石虎，击灭段部。344年，又北攻宇文部，单于于逸豆逃往漠北而死，残部为契丹与奚所并。

契丹的族称始见于《魏书·契丹传》。据称，公元388年（北魏登国三年），契丹和奚被北魏击破，败走，契丹避于潢水（西拉木伦河）以南、土河（老哈河）以北。今存于义县万

匈奴的金王冠（据《夫余国史话》）

〔1〕元·脱脱等撰《辽史》卷二《本纪第二》，中华书局标点本，第24页。文中的黄室韦、霫、奚、于厥等，均是契丹崛起时相邻的部落国，后来逐渐并入契丹/辽，使辽成为中国北方的大国。

契丹《出行图》线描摹本（局部）（据《叩开辽墓地宫之门》）

佛堂的502年（北魏景明三年）石刻《慰喻契丹使韩贞等造窟题记》，是契丹一称最早的物证。[1]

现代人的论述，当然来自国史。《新唐书·契丹传》说：

契丹本东胡种，其先为匈奴所破，保鲜卑山。魏青龙中，部酋轲比能稍桀骜，为幽州刺史王雄所杀。众遂微，逃潢水之南，黄龙之北。至元魏，自号曰契丹。[2]

这种说法也见于《契丹国志·国土风俗》条中。《说郛》卷97亦云：

契丹东胡种。居西楼，在潢水南，黄龙北。得鲜卑故地，或以为鲜卑遗种。至元魏时，自号契丹。[3]

---

〔1〕王钟翰《中国民族史纲要》，山西教育出版社，2004年版，第50页。
〔2〕《新唐书·北狄·契丹传》，中华书局，1975年版，第6167页。
〔3〕转引自《冯家昇论著辑粹》，中华书局，1987年版，第7页。

辽之源起，居鲜卑山，后又居潢河，其起源地已清楚了。关于辽——契丹初起时的八部，即为青牛女与白马男子所生八子焉。《辽史 · 地理志一》说：

永州，承天皇后所建。太祖于此置南楼。乾亨三年（公元984年），置州于皇子韩八墓侧。东潢河，南土河，二水合流，故号永州。冬月牙帐多驻地，谓之冬捺钵。有木叶山，上建契丹始祖庙，奇首可汗在南庙，可敦（可汗之妻曰：可敦）在北庙，绘望二圣并八子佛像。[1]

此八子像，即契丹八部各部始祖。

文中的潢河，即今西拉木伦河，因该河水中多含泥沙，色浑黄，俗称黄河或黄水，为不至于同中原之黄河混淆，改为潢河或潢水。土河，即今辽河南源老哈河，源于河北省平泉县（此亦为笔者的出生地，为撰写《辽河传》，我曾三次回访桑梓之地观焉）西北七老图山之光头山峰北麓走访。木叶山在内蒙古翁牛特旗北境西拉木伦河南岸，今称海金山，东距海拉苏（海拉苏，蒙语，意为榆树）20余公里处。不过，此处距“二水合流处”百余里之遥。

古马盂山老哈河/辽河源头　范震威 摄

《辽史 · 地理志一》又说：

〔1〕《辽史 · 地理志一》，中华书局标点本，第445–446页。

相传有神人乘白马，自马盂山浮土河而东，有天女驾青牛车由平地松林泛潢河而下。至木叶山，二水合流，相遇为配偶，生八子。其后，族属渐盛，分为八部。每行军及春秋时祭，必用白马青牛，亦不忘本云。[1]

文中的马盂山即老哈河源头光头山北麓处，人至该地之老哈河/辽河源头（该地有二小泉，且有巨石标志如图）处，可闻脚下之山似如空洞者，其流水声訇然可闻，如马撒尿落地之响，故又称马盂山。

乘白马的“神人”男子，与驾青牛的“神女”相配后，生八子，此即契丹皇族八个部落的由来。史家将此二神人释为：“契丹古八部是由一个青牛氏族和一个白马氏族男女繁殖而成。”或许，亦可以释为，一个多养青牛，且以青牛为图腾的部落，同另一个由南而北徙来的养白马（不排除它色之马），且以白马为图腾的部落，一男一女互相成婚生下了八个儿子。

契丹/辽国的先时主要地域，在大兴安岭南麓地，及西拉木伦河、老哈河之间。《辽史·营卫志二》记述说：

辽国尽有大漠，浸包长城之境，因宜为治。秋冬违寒，春夏避暑，随水草就畋渔，岁以为常。四时各有行在之所，谓之“捺钵”。

春捺钵：曰鸭子河泺。

所谓鸭子河，即松花江大曲折及嫩江下游之称，彼时，该地多野鸭及水禽如天鹅、大鸨之类。所谓“泺”，泛指松嫩二江会合处地的湿地与湖泊，如查干湖、月亮泡等湖泊群。这里是初春时契丹皇族人的狩猎场。又，据《辽史·营卫志》，鸭子河泺东西二十里，南北三十里，四面皆沙埚，多榆柳杏林。故可知，

---

〔1〕《辽史·地理志一》，中华书局标点本，1974年版，第445-446页。盖此传说亦见于《契丹国志·初兴本末》，为青牛白马传说的另一个版本，其间略有不同：“古昔相传，有男子乘白马浮土河而下，复有一妇人乘小车，驾灰色之牛，浮潢河而下，遇于木叶之山，顾合流之水，与为夫妇，此其始祖也。是生八子，各居分地，号八部落。……后人祭之，必刑白马，杀灰牛，用其始来之物也。”转引自《冯家昇论著辑粹》，中华书局，1987年版，第62-63页。

此泺即今查干湖无疑。[1]今时的地貌情况仍大略如此。

鸭子河是契丹/辽时松花江之名。辽圣宗耶律隆绪太平四年（公元1024年），圣宗诏令，“改鸭子河曰混同江”。[2]至此，松花江改称混同江。混同江是辽圣宗所命名，此名一直沿用到清代。清代将松、黑二江会合后之江仍称松花江，一直到入海口。故而，在今日中国及黑龙江省的地图上，仍将同江松黑合流后至黑瞎子岛北之黑龙江一段，标注为混同江，但今已为中俄界江矣。

关于“契丹”二字之释，完颜阿骨打将之释为“宾铁”，而现代史家冯家昇先生考释，此源于由西域输来之小刀，故又有小刀的含义在焉。契丹为宇文氏之后，故契丹稍后又改国号为辽，源自辽水也。

至于契丹八部，《辽史·营卫志中》说：

部落曰部，氏族曰族。契丹故俗，分地而居，合族而处。……奇首八部（曾）为高丽、蠕蠕所侵，仅以万口附于元魏。生聚未几，北齐见侵，掠男女十万余口。继为突厥所逼，寄处高丽，还过万家。部落离散，非复古八部矣。别部有臣附突厥者，内附于隋者，依纥臣水而居。部落渐众，分为十部，有辽地五百余里。唐世，大贺氏仍为八部，而松漠、玄州别出，亦十部也。遥辇氏承万荣，可突于散败之余，更为八部；然遥辇、迭剌别出，又十部也。阻午可汗析为二十部，契丹始大。至于辽太祖，析九帐、三房之族，更列二十部。圣宗之世，分置十有六，增置十有八，并旧为五十四部；内有拔里、乙室已为国舅族，外有附庸十部，盛矣！[3]

圣宗至盛，盛极而衰，自辽圣宗逝后，辽政开始滑坡，至辽道宗死于混同江北（今黑龙江省肇源县古城乡古城子村）之后，至辽天祚帝接位，居于阿什河的女真族完颜氏金源崛起，金、辽相争，辽不敌金师之锐，一败涂地，不可收拾矣！

---

〔1〕《辽史·营卫志》，中华书局标点本，1974年版，第373–374页。

〔2〕《辽史·圣宗七》，中华书局标点本，1974年版，第192页。除春捺钵外，还有夏捺钵、秋捺钵和冬捺钵，每岁四时，周而复始。但因多不在黑龙江之地，故略去。

〔3〕《辽史·营卫志中》，中华书局标点本，1974年版，第376页。

总之，辽代延续了218年，部落由八部增加到六十四部，翻了八倍，当然人口也随之增加。但不管怎么增加，契丹/辽这个朝代的皇族同炎帝是有血缘关系的。更重要的是，契丹/辽囊括了北部中国后，西达西域，象征契丹的宾铁小刀和首传到辽的西瓜，就是丝绸之路北路畅通的证明。彼时，宋朝因西夏的阻隔不能同西域直接通商，贸易必须由西夏转手，让西夏占了便宜。

## 二

关于契丹的风俗与文化，兹先录一首《契丹风土歌》[1]如下：

契丹家住云沙中，耆车如水马如龙。
春来草色一万里，芍药牡丹相间红。
大胡牵车小胡舞，弹胡琵琶调胡女。
一春浪宕不归家，自有穹庐障风雨。
平沙软草天鹅肥，胡儿千骑晓打围。
皂旗低昂围渐急，惊作羊角凌空飞。
海东健鹘健如许，韝上风生看一举。
万里追奔未可知，划见纷纷落毛羽。
平章俊味天下无，年年海上驱群胡。
一鹅先得金百两，天使走送贤王庐。
天鹅之飞铁为翼，射生小儿空看得。
腹中惊怪有新姜，元是江南经宿食。

〔1〕《契丹风土歌》，今本《全辽文》收录，今本《全辽金文》未收。此诗亦见于姜夔《白石道人诗集》，题后书：“都下闻萧总管自说其风土若此”云。

东辽河源头之水　范震威 摄

契丹/辽国土之大，“春来草色一万里”，以万里喻之，并非虚言。诗中又言，猎得第一只天鹅（春捺钵时，雁鹅刚北飞），即赏金百两，亦非虚言，盖辽皇北来松花江、嫩江之地春猎时，头鱼、头雁、头鹅的猎得均有重赏。诗中的“海东健鹘”即海东青猎隼，为女真人的贡物，是辽皇族畋猎时的助手。契丹本土不产海东青，海东青产于乌苏里江东海诸地，故辽朝年年给女真人加码其上贡海东青的数量。海东青极难捕获与驯养，如此层层加码强压女真人上贡，积怨甚深，最后终于引发了女真人的反抗。这种反抗，就是完颜氏的异军突起，为辽朝谱写了畋猎的挽歌。

契丹小儿除了仰天看天鹅之翔，欲射而“空看得”之外，也学习文化，识汉字，读唐诗是一条捷径。洪皓《夷坚志》记述：“契丹小儿初读书，先以俗语颠倒其文句而习文（诗）。至有一字用两三字者，如‘鸟宿池边树，僧敲月下门’

两句，其读（解）时则曰：‘月明里和尚门子打，水底里树上老鸦坐。’”[1]这是一种典型的倒装句与倒装语，而且显示出了契丹语译汉文之诗的特色。这种特色令人想起译成汉文的《蒙古秘史》中的语言特色。

显然，契丹小儿学习汉文、汉诗方面有许多有趣的故事，但这更让汉文汉诗得到广泛的流布，甚至令许多契丹人成为辽代的著名诗人，连辽代的皇帝也学会了作诗。

如辽圣宗耶律隆绪作有《传国玺》诗云：

一时制美宝，千载助兴王。
中原既失鹿，此宝归北方。
子孙宜慎守，世业当永昌。

如辽兴宗耶律宗真亦有《以司空大师不肯赋诗，以诗挑之》诗云：

为避绮吟不肯吟，既吟何必昧真心。
吾师如此过形外，弟子争能识浅深。

如辽道宗耶律洪基有《题李俨黄菊赋》诗：

昨日得卿黄菊赋，碎翦金英填作句。
袖中犹觉有余香，冷落西风吹不去。

除了辽代的皇帝善诗，后庭后妃中亦多有女诗人。

---

〔1〕转引自孙进己、孙泓《契丹民族史》，广西师范大学出版社，2010年版，第172页。文中所引诗为贾岛《题李凝幽居》诗，全诗如下：“闲居少邻并，草径入荒园。鸟宿池边树，僧敲月下门。过桥分野色，移石动云根。暂去还来此，幽期不负言。”

如辽道宗懿德皇后萧观音（1040—1075）有《应属和道宗君臣同志华夷同风诗》，诗云：

虞廷开盛轨，王会何其琛。
到处承天意，皆同捧日心。
文章通蠡谷，声教薄鸡林。
大寓看交泰，应知无古今。

诗很棒！然诗题中的“华夷同风”句，更叫人会心。谷蠡，乃匈奴王者之名，此处指诗题中的“夷”，就是说萧观音把自己亦划在“华”属之列，而谷蠡与鸡林（吉林之别称）如女真、渤海者，则为“夷”属了。华，成了一种认同。

辽道宗耶律洪基是一位汉化很深的辽帝，特别喜欢用汉文作诗，这就促进了懿德皇后萧观音的诗歌创作才能不断发挥。萧观音美貌出众，史称她姿容冠绝，生子后有专房之宠。萧观音不仅善谈，还会自制歌词，尤其爱演奏琵琶，是《辽史》中的第一才女。她和道宗十分恩爱，有她自制的宫词《回心院词十首》为证。此诗太长，仅摘录其头四首如下：

埽深殿，闭久金铺暗。游丝络网尘作堆，积岁青苔厚阶面。埽深殿，待君宴。
拂象床，凭梦借高唐。敲坏半边知妾卧，恰当天处少辉光。拂象床，待君王。
换香枕，一半无云锦。为使秋来转展多，更有双双泪痕渗。换香枕，待君寝。
铺翠被，羞煞鸳鸯对。犹忆当时叫合欢，而今独覆相思块。铺翠被，待君睡。

从诗中看，完全是一位娇艳妻子对恩爱丈夫书写的“艳词”，透露出爱的欢欣与企盼，但不知道宗对这种持娇而宠的爱的呼唤有几多回应。像所有的后宫佳丽一样，萧观音也有淡淡的辗转少欢的哀愁，化作泪痕，凝渗于诗枕之上。

大概是美貌无双，多遭忌恨吧。萧观音因好音乐，乃得以有伶官赵惟一伴侍

辽中京故城中萧燕燕塑像　范震威 摄

左右，由是风生水起。大康初年（公元1075年），被收买的宫中婢女单登与教坊朱顶鹤联手诬告懿德皇后萧观音与赵惟一有私，告于上听，时先由枢密使耶律乙辛得闻。由是，辽道宗忿而诏耶律乙辛与张孝杰劾状。乃于十一月将伶官赵惟一及另一伶人高长命一并斩首，令萧观音自尽，将其尸归于女家。26年后，天祚帝继承皇位，改元乾初，在大赦的同时，将耶律乙辛法办，并把乙辛所诬陷的冤假错案一一平反昭雪，活者官复原职，死者恢复名誉，予以赔偿。籍没为奴者，赦为自由人；流放边地者放还回乡。萧观音一案也因此平反，推倒一切诬词，追谥懿德皇后，与道宗合葬于庆陵。——可惜一代杰出的辽朝女诗人，因冤获罪，广陵散绝矣。

至于耶律乙辛，坐以禁物鬻入外国，法当死。却以其党徒耶律燕哥独奏当入八议，未杀。乃击以铁骨朵，下狱囚于来州。后谋奔宋及私藏兵甲，东窗事发，被缢杀之。乾元二年，令发其冢，戳其尸。其恶行，载《辽史·奸臣传》，遗臭名于后世。

“有私”与否，属于历史的旧账，或可弃之不究。但对后来观史的看客而言，在我看来，恃宠而娇的萧观音，依仗其品貌才华的古今无双，可能对拥有后宫佳丽上千的辽道宗难免有怨言，更愿持娇而宠。证据之一是萧观音还有一篇

《谏猎疏》一文呈给当皇帝的丈夫，劝丈夫少去畋猎。此文亦是辽代著名的疏文之一，兹全录之如下：

妾闻，穆王远驾，周德用衰，太康佚豫，夏社几屋。此游佃之往戒，帝王之龟鉴也。顷见驾幸秋山，不闲六御，特以单骑从禽，深入不测。此虽威神所届，万灵自为拥护。傥有绝群之兽，果如东方所言，则沟中之豕，必败简子之驾矣！妾虽愚闇，窃为社稷忧之。惟陛下尊老氏驰骋之戒，用汉文吉行之旨，不以其言为牝鸡之晨而纳之。[1]

查《辽史·道宗三》："咸康十年（公元1074年），秋七月丙辰，如秋山。"这是辽道宗在赐死萧观音前一年秋捺钵时至秋山（秋山，在洮儿河之地，属今大兴安岭中部之地）单骑畋猎的。萧观音对夫君的爱意充盈于疏文的字里行间，可惜道宗听如耳旁风，不纳。一年零四个月后，萧观音被赐死。这次上疏之文，在道宗看来，纯属逆耳之言。夫辽/契丹，本为马上民族，契丹二字又含有绿草之意（冯家昇语），自古及太祖以降，契丹皇帝一年四季畋猎于不同地界，何来她萧观音美女从旁多语？这不是找死吗？所以，在我看来，即令没有伶官之私一案，萧观音命薄，且又持娇而宠，实为自宠，早晚都会命丧黄泉的。

萧观音临死之前，略有顿悟，有《绝命词》一篇，令人哀婉而多伤，读之令人敛容。其词如下：

嗟薄祐兮多幸，羌作俪兮皇家。
承昊穹兮下覆，近日月兮分华。
托后钩兮凝位，忽前星兮启耀。
虽衅累兮黄床，庶无罪兮宗庙。

〔1〕以上萧观音之诗引自《全辽金诗》，山西古籍出版社，1999年版，第31–32页。此疏文引自《全辽金文》，山西古籍出版社，1999年版，第497页。

欲贯鱼兮上进，乘阳德兮天飞。
岂祸生兮无朕，蒙秽恶兮宫闱。
将剖心兮自陈，冀回照兮白日。
宁庶女兮多惭，遏飞霜兮下击。
顾子女兮哀顿，对左右兮摧伤。
其西曜兮将坠，忽吾去兮椒房。
呼天地兮惨悴，恨今古兮安极。
知我生兮必死，又焉爱兮旦夕。[1]

此词中所透出的情思，哀怨而无奈，有点楚大夫的味道，可见其汉文化修养之深，属于大才女无疑。萧观音还有《怀古》一诗，诗句亦佳。虽为咏史，其实正是其后宫生活的无奈写照：

宫中只数赵家妆，败雨残云误汉王。
惟有知情一片月，曾窥飞燕入昭阳。

俗语说，地冻三尺，非一日之寒。后宫生活如此地令萧观音总不怎么舒心，“知情一片月”只好独照萧观音的枕上泪痕了。

萧观音不是辽朝唯一的契丹族女诗人，还有一位才貌双全的萧瑟瑟（？－1121），亦诗、乐双馨。萧瑟瑟为国舅大父房之女。辽元祚帝——也就是给萧观音平反昭雪的皇帝，在平反冤假错案后，可能是感动了上苍，上苍让他在幸耶律挞葛宅第时，得遇辽史上的又一绝代美女与才女萧瑟瑟。天祚帝一见萧瑟瑟，乃惊为天女，立即将她带回宫中，匿藏数月，爱之不已。后经皇太叔和鲁斡之劝，以礼纳选入宫。三年后，立为王妃，生有一女一子二人。

天祚帝时，辽朝气运已衰，女真完颜氏从松花江中游地域崛起，反抗辽朝的

〔1〕据《全辽金诗》，山西古籍出版社，第33页。

我见青山多寂寞，料青山见我应如是。山川依旧，是非、成败、荣辱、贫富……都被雪解冰溶风吹去，只留下一道荒山秃岭，几丛疏林衰草，一路风尘消散——摄于大兴安岭南部的辽土黑山，左为辽庆州古城墙残存　范震威 摄

欺压，国运窘迫，可是天祚帝仍迷恋畋猎（可见萧观音的《谏猎疏》，对于道宗和天祚帝祖孙二人来说，不过如风过耳），忠良多被疏斥。善于作诗的萧瑟瑟实在看不下去了，乃作《讽谏歌》，以刺激天祚帝。其歌诗云：

勿嗟塞上兮暗红尘，勿伤多难兮畏夷人；
不如塞奸邪之路兮，选取贤臣。
直须卧薪尝胆兮，激壮士之捐身，
可以朝清漠北兮，夕枕燕云。[1]

如果说，这首《讽谏歌》中对天祚帝还存有一线希望的话，那么她的另一首“讽谏诗”——《咏史》则对国运日非的辽朝已全然绝望，连洒泪亦无及了。此诗有三种版本，兹引录赵令畤《侯鲭录》版诗如下：

丞相朝来佩剑鸣，千官侧目兮寂无声。
养成寇盗谋将及，害尽忠臣谏不行。
亲戚尽连藩屏翰，私门潜畜爪牙兵。
可怜二世秦天子，犹向宫中望太平。[2]

诗中的丞相直指萧奉先，结句尤有诗力。萧奉先为天祚帝皇后夺里懒之兄。

〔1〕引自《全辽金诗》，第72页。
〔2〕据《全辽金诗》，第72-73页。

萧奉先不仅无能，亦无识。公元1112年（辽天祚帝天庆二年）二月，天祚帝到混同江钩鱼，然后举行头鱼宴，令生女真酋长千里之内者，都到其春捺钵的行宫来朝见。宴后，酋长们献歌献舞。轮到女真完颜部酋长阿骨打时，阿骨打“辞以不能”拒之，谕之再三，终不从。据《辽史·天祚皇帝一》记曰：“他日，上密谓枢密使萧奉先曰：‘前日之燕，阿骨打意气雄豪，顾视不常，可托以边事诛之。否则，必贻后患。’奉先曰：‘麁人不知礼义，无大过而杀之，恐伤向化之心。假有异志，又何能为？’”——由是，天祚帝失去了一次杀阿骨打的机会。若果杀之，历史必将改写。——可惜历史没有悔药。——就是这个萧奉先，搞内争却颇为能干。他见美女才女萧瑟瑟以文妃之身，却多得宠，怕日久会危及他妹妹皇后夺里懒的地位，便上言诬告南军都统余靓谋立晋王，并告文妃萧瑟瑟知闻，于是将文妃赐死。

然而，萧瑟瑟在《咏史》诗中，以萧奉先影射秦相赵高，以天祚帝暗喻秦二世胡亥，并予以讽之，却不幸言中。

天祚帝保大五年（公元1125年），完颜氏的金军不断追击天祚帝。其年二月，天祚帝遣人与金议和不成，又战又败，乃于逃至应州新城时，被完颜娄室的金军俘获。八月入秋，天祚帝被押至金都——今哈尔滨阿城区阿什河畔之白城。乃被金廷降废为海滨王，并将他流放至长白山以东的海岸某地，筑室囚禁。一年后，海滨王死于海滨。〔1〕终年五十四虚岁。至此，辽亡。

---

〔1〕海滨王的囚死地，《辽史》与《金史》均语焉不详。陈致平《中华通史》记为“长白山东”，语见《中华通史》，花城出版社，1996年版，第五卷，第50页。海滨王囚死之地应于“长白山东”即日本海西岸求之。查金朝地图，似应在今绥芬河流域某地寻找。金时，曾在该地设速频路，设治在双城子（今俄乌苏里斯克），此地在金上京以东地，与海滨王先被押与金上京阿什河白城之地合。阿城白城至速频路，有路可达，又有速频路官兵看守，实为顺理成章。关于双城子之地，古时资料匮乏。今观前苏奥克拉德尼克夫《滨海遥远的过去》一书记云：该地有一古城废墟，出土物有金代实物。废墟附近有一古墓，已圮。唯剩一石龟——即赑屃，一石雕坐羊。作者曾由当地人传说中知，“从前这里曾住过几个郡王”，或即金代郡王——速频路之酋首。

根据以上情况，笔者猜想海滨王当羁押于该地。此地距今海参崴之乌苏里湾，大约百里。此地及整个由海参崴至摩阔崴之间的海岸，均可称之为“长白山东”地区。又，其石雕之坐羊在辽帝墓之间，虽不见多例，但具有草原气息，或可为一证云。

## 三

辽代的兴亡，这里不去讨论，笔者仅依据文化的线索给予一些追踪，或可解颐一哂。

辽代皇姓耶律氏，来源于其始兴地——世里，译者以世里为耶律，故而有辽一代历时218年，皇室均为耶律氏。耶律之源世里，其地在今内蒙古巴林左旗以东二百里处，此乃西拉木伦河以北，大兴安岭南麓之地也。

辽太祖耶律阿保机，因受突厥文化的影响，初起时称皇后为“可敦”，相当于匈奴的阏氏。辽太祖打破契丹选举酋首之法，诱部落头目而杀之，嗣后称帝，于是称祖母为太皇太后，母为皇太后，嫔曰皇后，依汉法，而废突厥可敦之称矣。又学汉法，加嫔妃美号，学隋唐。辽太祖欣慕汉高帝刘邦开国之雄，故而耶律氏兼称刘氏，慕而习之也。同时，他又欣羡汉初丞相萧何，故又将帝后之族乙室、拔里改姓萧氏。于是，遂定耶律/刘氏与后族萧氏，世世为夫妻，贯穿了大辽帝国218年之始终。其实，太祖之妻述律平，小字月理朵，并非契丹人，她出

辽河之子——辽太祖耶律阿保机雕像　范震威 摄

身于回鹘人之家。其祖名糯思。糯思生魏宁，魏宁生慎思，慎思生婆姑。婆姑娶匀德恝王之女，生述律平于契丹右大部，可见她是回鹘人与契丹人的混血女。

## 四

辽太祖耶律阿保机称帝后，在封自己为天皇王的同时，又封述律平氏为地皇后，封太子耶律倍（契丹名突欲或图欲）为人皇王，令他担任东丹国的国王。天、地、人，在古代的中国称为三才，是一种至高无上的称谓。连他们夫妻向往的刘氏、萧氏一起，无不显示了他们对中原文化——汉文化的向往与吸纳。

契丹对中原汉文化的欣羡、爱慕与向往，也表现在精神层面上，那就是对自唐以来的儒、佛、道三大精神支柱的接纳与流行，最终竟以佛为时尚而异军突起。

辽朝遗迹之谜——巴林左旗石房子　范震威 摄

人皇王义宗耶律倍为皇太子时，有一天太祖问左右侍臣："受命之君，当事天敬神。有大功德者，朕欲祀之，应以何为先？"

众皆以佛对。

太祖说："佛，并非中国的原教啊！"

太子耶律倍回说："孔子为大圣，万世所尊，宜于列先！"

太祖听了大悦。随即下令建孔子庙，并诏太子春秋时祭之。

由是，太祖于神册三年（公元918年）五月乙亥，诏建孔子庙、佛寺、道观。从此，并行于中原的儒、佛、道越过长城，向北传播，逐渐向松、辽之地推广。明年秋八月丁酉日，太祖亲谒孔子庙，同时又令皇后、太子分谒佛寺与道观。

太子耶律倍曾被父亲辽太祖以征灭渤海国有功，封东丹王，上人皇王称号。耶律倍称王之后，建元甘露（东丹国甘露元年，为辽太祖天显十三年，中原后唐明宗天成元年，公元926年），坐镇牡丹江畔的忽汗城——今东京城，更其城名为天福城。然后，"称制，置左右大次四相及百官，一用汉法"。[1]

辽太祖征灭渤海国，在返回辽上京的途中至扶余府时突然发病，以至不治，逝于是地，终年五十五虚岁。之后，国是由地皇后述律平所决断，遂确定由其次子，当时掌握军权的兵马大元帅的耶律德光接位，是为辽太宗。辽太宗甫一登基，述律平便以母亲的身份召回长子，令哥俩在母太后的眼前秀一番兄弟互爱的手足之情，两人一起像童年那样下棋，晚上宿于一床，同盖一条绣被。可是，人心隔肚皮，这种作秀的恩爱之状，连鬼都不相信，况人乎？于是，不久太宗下令，让长兄人皇王——东丹国王带着臣民迁国，把东丹国都城迁往辽阳。东丹国王耶律倍无奈，也不敢抗旨，只好带军臣、民众上路，由牡丹江迁往辽河中游地，一路上老渤海国的臣民四下逃亡，到了辽阳之后，东丹国已名存实亡。嗣后，耶律倍发现在他的左右，还有无数双眼睛在监视他，使他寝食不安。无奈之下，他以畋猎海上为由，与中原的唐明宗派来的使者见面相约，终于结筏浮海而去。行前，他对左右臣僚们说：

"我以天下让于主上，今日反而让主上见疑。还不如远适他国，以成其吴太伯之名！"

于是，他立木于海滨，刻诗于木牍之上曰：

小山压大山，大山全无力。
羞见故乡人，从此投外国。

---

〔1〕《辽史·宗室·义宗倍传》，中华书局标点本，第1210页。

耶律倍带着高美人，一起从辽东半岛来到山东半岛，至登州上岸，受到后唐明宗使臣的欢迎，一直将他接到汴京，亲自宴请接见，并以庄宗所遗之寡居的美女夏后与之婚配。唐明宗赐他姓东丹，名之曰慕华，其中的政治内涵已不言自明。随即封东丹慕华为怀化军节度使，瑞、慎等州观察使。复又赐姓李氏，名赞华。李赞华对做官无兴趣，乃以绘画见长，改而专心艺术。其实，这位辽太祖长子李赞华，真不是称王治国的料，他的长技，除了一些蹩脚的诗歌之外，他的高超的绘画艺术天分，却得到了尽情的发挥。而且他还是一位多艺在身的天才人物，他通阴阳，知音律，精医药，还身怀用石针热敷治病的绝技——砭碿之术（今已失传）。他不仅能诗，还善于辽、汉文章，并将汉文的《阴符经》译成契丹文。他后来于战乱中死于中原，却为后世留下了优异的绘画作品：《射骑》《猎雪骑》《千鹿图》等，后均藏于北廷秘府，成为辽世之珍。至今，观阅他的绘画作品，仍感到他高超的驾驭图像、线条、形体与色彩的非凡的能力，属于旷世的艺术家奇才。——然，此艺术家奇才，性格急暴，好施“家庭”暴力，常为一丝不满，就大打出手，甚至刲灼伤人。为此，新婚的美女夏氏惧而请求与之离婚，然后削发为尼，度入空门保命。

洗不尽历史沧桑的“契丹”二字，如今有谁识得？ 范震威 摄

李赞华死后，辽太宗攻入中原，占领汴京，虽易服为中原之帝，无奈他优游惯了，皇苑太小，装不下他畋猎纵马的博大之心。加之天热，水土不服，最终选择打道回塞外草原，不料却病死于回返的途中，死在栾城。在此之前，辽廷已将死于汴京的李赞华迁坟于医巫闾山之下。医巫闾山读书堂是李赞华曾经潜心读汉籍的地方，他浮海南去

时，他的数万卷藏书也曾藏于医巫闾山望海楼中。——不过，一千年后，医巫闾山诸地早已人去而书亦无踪。2007年夏天，我为写《辽河传》游访医巫闾山，与当地人交谈，听到的都是萧太后萧燕燕和她的青梅竹马的汉人情人韩德让（后由太后赐名耶律隆运）一生不渝的爱情故事。

辽帝(据《三才图会》)

写到这里，我想提请读者注意的是，辽朝虽为契丹人建国，但因占地有燕云十六州和燕北、辽东、辽西诸地，域内汉人相当多。由是，自辽太宗始，因兼治中国，乃“官分南、北，以国治契丹，以汉制待汉人”。其国制简朴，汉制则沿古之风固存。辽国域中，设北、南二院，北面官治官帐、部族、属国之政；南面官治汉人州县、租赋、军马事。故而，有辽一代形成了互为一体，又互不干扰的“一国两制”的局面。除了“一国两制”，辽廷还实行“一国两字”，即全国通用汉字与契丹字，但以汉字久长，使用更广泛。

契丹人久居漠野，起初并无文字。辽太祖神册五年（公元920年）春正月，始创制契丹文字，史称契丹大字。据《五代会要》记云：汉人隘蕃者，以隶书之半就加减，创制了契丹大字。仍用毛笔书写，其字也为方块字，与汉字相似。

契丹大字虽然可以代替刻木之约，可是契丹语为多音节词构成，契丹大字不能完全适应推广流传，遂又创制了契丹小字。契丹小字是在学习回鹘文的基础上创制的。契丹小字是单音节的字，几个单音节的字组合在一起，就成了一个契丹语词。由于地皇后述律平为回鹘族人后裔，且契丹境内至少有两大部族为回鹘部落，因此契丹小字在推行中，也是有群众基础的。

辽朝的一国两制和一国两字，在实行中并无多大障碍，原因在于有辽一代，契丹人与汉人大体上是平等相处的。在整个辽廷的万里疆域内，并没有推行“出身论”，因此，汉人做官升迁的机会也不在少数。只是掌管军队的官员，多为契丹人，其实这也是理所当然如此，汉人多做文官。契丹尚武，汉人尚文嘛!

由于种种原因，辽代的汉化也一直在进行中。虽然辽廷当局并没有像北魏那样公开推行汉化，有时还下令不准将用契丹文译制的典籍流到宋地去，但总的说来，汉与契丹的文化冲突并不大，相互融合的含量可能更多，这其中儒、佛、道的北传起的作用亦非同小可。

辽人，特别是契丹人对佛教的笃信既流行，又普遍深入人心。关于辽代的佛教传播，这里不去详考，只举出一个例子就足以说明契丹人对佛教的亲昵关系了。——那就是契丹人所起的名字中，有许多佛教词语。

如前文提到过的萧观音，就是一例。在《辽史》中记有姓名的还有萧观音奴、耶律和尚、耶律大悲奴、弥勒奴、罗汉奴等，这仅是笃信佛法的一个方面。据《辽史》记载：

辽太宗曾幸幽州大悲阁，迁白衣观音像，建庙木叶山，尊为家神。

辽景宗虔信佛，宠任沙门昭敏，乃以其为三京诸道僧民教的总管。

辽兴宗更溺于浮图之法。他研佛典，论佛法，铸佛像，饭僧，并给僧人封官职。

与崇佛的同时，辽朝还到处修佛寺与佛塔。2007年笔者因写《辽河传》遍走辽土故地，在中京旧地，辽庆州旧地、农安，以及医巫闾山等地，乃见到保存至今的若干辽代的佛寺与佛塔，历千年风雨仍屹立而存。

更有趣的是，辽廷皇族中，以佛教词语为子女起名者甚多：如圣宗齐天皇后小名菩萨哥，辽世宗女亦名叫观音，景宗女名观音女，辽圣宗小字文殊奴，圣宗子名佛宝奴等不一而足。其目的只有一个，那就是祈求吉祥，望佛赐福。这一切比中原的汉人佛教徒，可能更胜一筹了。

这些，为取代辽朝治理北域的金朝的佛教北传，无疑是一种前潮或筑基。从另一个角度说，辽对儒、佛、道的接受与普及，亦为北方中国的民族与文化的融合，起了催化与先导的作用。

# 金源雄豪女真曲

## 一

辽帝国亡在金帝国的手里。金帝国为生女真完颜阿骨打部所建。所谓生女真是辽统治松黑之地时的不在籍者，属于浅层管理，在籍的女真人称为熟女真。——女真的“真”字，因为辽兴宗名叫耶律宗真，“真”成了一个讳字，故《辽史》《金史》都将女真写成女直。如今，千年已过，本书将去讳复原，直书女真如是。根据《金史·世纪》所述：“生女真地有混同江、长白山，混同江亦号黑龙江，所谓‘白山、黑水’是也。”换言之，今天的松花江、黑龙江流域，以及长白山脉诸地，在当年都是生女真人的生活地域——白山黑水。

完颜氏女真原属黑水靺鞨部，先居于松花江入黑龙江口处之左岸，那里是一片冲积平原，有一条河名叫蜿蜒水，古代居民依山傍水而居，亦因山水而起名，故称之为完颜部（《阿城县志》语）。完颜部后来溯松花江上行，居仆干水之涯，大约在金崛起以前约两百四五十年左右，忽然从高丽来了一位客居在那里的名叫函普的人。函普本是奔寓到那里的靺鞨或勿吉人，他还有一兄留在了那里。他的哥哥阿古乃好佛不想动了，他告诉函普说：“让后世子孙再团聚吧，我是不想走了！”这样，年已六十岁的函普便和弟弟保活里一起北行。函普走到仆干水的地方，留下不走了，弟弟却走到了耶懒水的地方。耶懒水是图们江支流海兰河，仆干水则是牡丹江。彼时，牡丹江又称活罗海川，因此仆干水是不是牡丹江，尚存有争议。

海沟河　捷然 摄

且说，仆干水之地已居住了女真完颜部的一个部族，居久了，完颜部与其他部落之间产生摩擦，矛盾加大难免会横生枝节，出了命案。两部交恶，互斗不止。完颜部人对函普说："汝要能化解此一仇怨，我部有一贤女，可以嫁给你。"由是，函普到了对方，凭三寸不烂之舌而将矛盾化解。他说："若诛首乱者一人，再给予赔偿，征其家人一人为奴，马十双，牛十头，黄金六两，给予受害者之家，即可两解。"双方闻言，立刻"签约"，同意就此解怨。女真人的习俗，杀死一人赔牛马三十，自此始。

在诸部信服之后，函普这位客居浪游至此的老光棍儿，便娶上了媳妇——一位六十岁的老处女，部人还给他一头牛。函普以青牛一头为聘礼娶了妻子，还得了一些资产，从此过上了小日子，遂生了两子一女。——笔者多次读《金史》至此，多次惑而不解。距今十年前笔者撰写《杜甫大传》时，读《旧唐书·杜审言传》，杜甫祖父杜审言贬吉州司户参军时，司马周季重欲杀杜审言，乃构状将杜审言下狱。当时，随父一起去吉州的还有杜审言的儿子杜并。杜并知其父冤，身带利刃赴庭，将周季重刺成重伤而死。此案一发，杜审言被免官，他的十三岁的儿子杜并杀人叛死。这里史传所记为“十三岁”，近来杜并墓碑被发现，碑文上所记杜并为“十六岁”。由此可知，“六”与“三”之间易混，特别是当使用毛笔作行书或作行草书写时。——如是，我怀疑函普所娶的贤女，应为“三十而未嫁”，并非“六十而未嫁”。夫一位六十岁的女人，能一连生下两个男孩、一个女孩吗？

函普的两个儿子，长子叫乌鲁，次子叫斡鲁，女儿名叫注思板。这样，他们就成了完颜部的首领。金太宗天会十四年（公元1136年）金廷追谥函普为景元皇帝，庙号始祖。后来崛起称帝的阿骨打这一支脉，是函普长子乌鲁的后人，故乌鲁被谥为德帝。——这些谥法都学用中原的帝制。夫金源雄起攻辽，没入辽的汉人多有归顺金方的，所以汉法治国的理念也迅速北传。最明显的例子是，金帝国从完颜阿骨打起，每个皇帝都和汉人一样，还起了汉名，如太祖完颜阿骨打，汉名完颜旻；金太宗本名吴乞买，汉名完颜晟；金熙宗本名合剌，汉名完颜亶；……如是，本是部落之名的完颜，则成了他们姓氏。

今日海沟河中游的红星水库　郭文明 摄

函普的第四代名叫绥可，谥号献祖。绥可是一个很关键的人物，是他带领完颜部落之人，迁居海古水的。此前完颜部人无庐室，迁居前，他们负山水坎之地，架梁木于其上，复以土居之，称之为土穴，也称地窨子。夏时逐水草以居，冬天时穴居于地窨子里，以渔猎为生。迁居海古水以后，耕垦树艺，开始筑屋室，有了栋宇之制，人呼其地为纳葛里。纳葛里者，即居室也。海古水为安车骨水支流，前者今称海沟河，后者称阿什河，即今哈尔滨阿城区之地也。夫海古者，女真语小鱼；安车骨者，女真语金也。安车骨水（今阿什河）之地，早就有人居住。从满族先祖肃慎始，肃慎——挹娄——勿吉——靺鞨/渤海，直到女真，其主干部落之名的变迁是线性的。在勿吉时代，该族已分为七部，即已有安车骨部，到靺鞨/渤海时，亦先称安车骨部。渤海盛时，该地称鄚颉府、鄚州，又称奥喜城。渤海国亡于辽之后，属东丹国，适又遇东丹国南迁，故这里的鄚州、奥喜城均已不存，恰完颜部壮大起来。自始祖到景祖乌古乃，是为六世。乌古乃生于辽圣宗太平元年（公元1021年），壮大后的女真白山部、耶悔部、统门部、耶懒部、土骨论部，以及松花江以下之五国城，皆听命于完颜部了。

也是从乌古乃开始，辽廷以五国中的蒲聂部叛辽，鹰路不通，辽欲征之。乌古乃告诉辽人："不必征，可以计取。"于是，阳与蒲聂部友好，又以妻为人质，诱而擒之，将其献于辽。于是，乌古乃得以由辽廷封为节度使。辽人称节度使为"太师"，金人称之为"都太师"。虽如此，辽欲使该部授印、入籍，还是遭到了乌古乃的婉拒。完颜部初壮，没有铁，想发展壮大没有铁不行，便以易货贸易方式从高丽那里换来铁。——高丽是比较早使用铜的部落，故而称高丽（原称高句骊）的内涵中，有"铜"的含义。有趣的是契丹二字中含有铁之意，女真建国称金，而稍后雄起的"蒙古"二字中，含意为银。铜、铁、金、银四大人类早期使用的金属，竟成为燕、辽、松、黑广袤大地雄起者的象征，亦成为历史迢迢来路上，不断闪光的印迹，也是一道长达千百年的风景。

景祖乌古乃逝后，因长子劾者，性柔和，故由其第二子劾里钵接位，是为世祖。世祖天性严苛，有智识，史称他一见不忘。有一次，他乘醉骑驴进入室中，次日睡醒见驴迹，乃问他人，方知昨夜醉酒之状，自此发誓不再饮酒，其自控能力若此。世祖之世，部落国又征破多个相近部落国，势力更加扩大。世祖之后，又立肃祖、穆宗，均遵景祖之命传位焉。——这种兄终弟及的选贤方式与中原之汉法多有不同，乃具女真人的特色。穆宗为景祖第五子，他接位后，以长兄劾者之子撒改为国相。国相的设置，亦为汉法，由辽传来，职位和中原的国相基本相同。

阿什河地域的满族萨满（据《金源》）阿宣供稿

穆宗逝后，由世祖劾里钵之长子乌雅束接位，袭辽之节度使，实际上亦即完颜部的新酋首，是谓康宗。他接位后，多次击败了高丽的进攻，还平息了曷懒甸、苏滨水诸部的背盟，如此在战与和及和与战的反复较量中，乌雅束历时十一年，将完颜部的势力进一步增大。乌雅束逝后，由世祖劾黑钵的第二子阿骨打接位。他，就是金源帝国的创立者金太祖，汉名完颜旻。

太祖所袭之位，女真名其为都勃极烈。都勃极烈，依《金史·国语解》解释说："总治官名，犹汉云冢宰。"按冢宰，《辞源》释之曰：此乃周代官职名，为六卿之首，亦称大冢。《书·周官》云："冢宰掌邦治，统百官，均四海。"可见，权势之雄重。此名，在《金史·国语解》列首位，故可理解为其酋首、渠帅也。

阿骨打掌权后，辽对女真人的盘剥越加增码，除了一些毛皮等特产外，主要是层层加码索要猎隼海东青。海东青是健鹘，驯化后可以助人猎取天鹅、大雁等飞禽。可是，海东青仅产于乌苏里江地区大海之岸诸地，既难捕获，又难以驯化。而以渔猎为生的契丹贵族，痴迷于四季捺钵，乃以拥有海东青为乐、为荣，所以契丹为生女真奉贡海东青的数量一增再增，压得人们喘不过气来。居于海东（镜泊湖又称忽汗海，故产海东青之地亦称为海东）的女真部落忍无可忍时，就反抗“叛辽”。“叛辽”后，辽人索取海东青的官员——鹰路官员行走受阻，辽廷便下令让完颜部去征剿（阿骨打以前的完颜部酋首没少因此发兵、攻战），这让完颜阿骨打部人亦忍无可忍。更甚的是，契丹鹰路官员过境住此，还得要年轻的女真女人去陪睡，名曰“荐枕”。有时遇上部落人娶亲，契丹官员便要霸占其初夜权。——如此，积怨日深，阿骨打早已恨透了辽的欺压。欺压日久，积怨爆发。如此便演出了在天祚帝的头鱼宴上，阿骨打故意不唱颂歌，不献媚上取悦舞之举。自此以后，女真人在阿骨打的率领下，开始强军备战，准备打仗。

头鱼宴后的第二年，即公元1113年，阿骨打率兵五百人到辽的咸州（今开原），索要女真分支部落的头人阿疎，阿疎已叛逃奔契丹，契丹拒绝交出。辽官员看阿骨打气势汹汹，欲下手捉拿阿骨打，阿骨打见状，急忙从咸州城中撤出。自此以后，阿骨打不再听命于辽。事实上，辽灭渤海以后，并没有放松对松花江、黑龙江之地的驻军。辽的驻军主要集中在黄龙府（今农安，辽太祖驾崩之地，有黄龙出现，故称黄龙府），其前卫在宁江州、达鲁古城，又以宾州、祥州、益州之地为犄角。这些地方均在松花江大曲折之南，而完颜女真的防务是在涞流水以东，在此二地之间虽有渤海旧户与女真散户，均在辽的控制之下。辽的鹰路官员之所以在女真部中敢于飞扬跋扈，为非作歹，其所凭的势力即是身后辽的驻军与备防。

阿骨打以索要阿疎为借口，故意挑起事端，在其部人胡沙补的建议下，乃发兵攻打宁江州。时已九月，马壮骠肥，河水尚未结冰，于是派人纠集了2500名军士，在涞流水南岸（今吉林省扶余县伊家店乡石碑崴子屯河边），杀青牛白马祭天，历数契丹罪状，仍以索要阿疎为借口，全军誓师。随后，女真军突破辽的边界堑壕，一路上奋勇争战，击退了辽军（主要是渤海族人之兵，士气低下）的阻拦，径直来攻宁江州。宁江州守军不敌女真军之锐，城防被攻破，其防御使渤海人大药师被俘。攻下宁江州，只是阿骨打的小试牛刀。取胜之后，阿骨打派人四下串连，提出“女真、渤海是一家”的口号，这既取得了辽在松嫩两江会合处之地的民居之心，也在一定程度上瓦解了辽军的斗志——时辽军中渤海籍兵士亦不少。

宁江州一役虽然震动了辽廷，可是没有引起辽天祚帝的重视。他轻视这些山野出身的生女真人，仅下令采取重兵防御政策。辽军集中了约步骑十万的兵力，由萧嗣先为都统，以萧达不也为副都统，又发契丹、奚部等军若干，组成三路混合军，于当年十月进军至出河店驻扎，以伺机攻打完颜部。出河店位于今黑龙江省肇源县茂兴站之南，亦即松嫩两江会合地以北，距江北岸约仅二里许（2002年，笔者撰写《松花江传》时，曾到过该地，并在雇船观察鸭子河、混同江迹时，不慎将右手腕摔伤）。

阿骨打闻报，并没有束手待毙，而采取了主动出击，拒敌于霄壤之外。他汇集了诸部3700余名兵士，过涞流水，沿松花江南岸上行，至松嫩两江会合地时，天色已黑，阿骨打下令就地扎营，拟明日一早再行。可是，当他躺下欲睡之际，冥冥中感到有一双手将他的身子搁了起来。他又躺下，感到又有一双手在搁他，如是者三。他感到十分蹊跷，立时顿悟：“这是上苍让我进军出击啊！”

于是，他叫来哨官，下令军士立刻起身向出河店之地进军，为了不发出声响，每人发一小袋鹿肉干，边嚼边走，以急行军的速度来到两江会合地南岸。这时，天刚蒙蒙亮，他见到江边有几个辽兵正在冰凌间清凌、巡游，看来是放哨的意思。他派去十名骁勇之士，将他们捉来，一一问了情况，然后将他们捆了手，让他们当向导，大军随后一起朝江北进发。大江已经封冻，还下过雪，走起来咯吱，咯吱地响。当他们过了江来到辽兵大营时，天已大亮，兵士们还没有起来，只有火头军正在引火烧炊。这时，忽然阴云四合，刮起了西南风，向北吹去。阿骨打见状，立刻下令，全军向辽营冲击，把火引向辽帐，火借风势，风助火威，一刹时辽营就成了一片火海。辽兵在睡梦中惊醒，不知所措，又遇大风扬尘。——辽人风俗，遇大风时需向地上吐口吐沫，跺三下脚，方才可以行进。据

今日阿什河　王庆春 摄

说，这样一来可以不迷眼睛。可是，说时迟，那时快，女真兵左手提火把，右手挥刀，见辽兵就砍，辽兵死伤不计其数。与此同时，大火烧向马群，军马挣断绳索，四下乱叫，马蹄乱蹬，辽兵乱不成军，四下逃命……

出河店一战，女真兵突然袭击，以少胜多，将多于自己数倍的辽兵击败，获得了巨大的胜利。这一役，不仅缴获了战马上千匹，还缴获了刀枪弓箭、辎重车辆，铠甲装备无数。阿骨打指挥的这一以少胜多的一仗，打出了女真人的威风，不仅提高了士气，也为自己部落的强大增强了信心。

一个多月以后，沉浸在胜利的喜悦中的女真诸部头人及阿骨打的亲友们一致上言，要他建国称帝。经过一段时间的酝酿，阿骨打心知肚明：辽军败了，还会再来。如果称帝立国，可以号召更多的人一起对付辽军。由是，他接受了立国称帝的建议。

公元1115年正月初一日，正是新年第一天，完颜阿骨打接受了群臣奉上的尊号，即皇帝位。阿骨打祭天拜地后说：

辽以宾铁为号，取其坚也。宾铁虽坚，终亦变坏。金之色白，完颜部尚白。

于是，以金为国号，改元收国。夫阿骨打立国于按出虎水之畔。按出虎者，女真语金也。按出虎水者，流金之河也。由此，一个伟大的松花江母亲河养育的雄悍的女真民族，豪迈地走上了中国历史的前台。

不过，那是十年后的事。

自公元1115年正月初一日完颜阿骨打建立金国，到十年后的公元1125年，完颜氏女真人所建立的金帝国，也称金源帝国一口气灭掉了历时218年的契丹/辽国，还灭掉了历时165年的北宋帝国。——近些年来，中国的某些史学家（也不乏欧美的某些史学家），对北宋的社会经济与国家治理无不赞之又赞，好像北宋已成了中国中古史上的一个理想国似的。其实，这都是愚人之见。夫一个国家不论其经济有多发达，物质有多丰饶，市井有多繁华（如《清明上河图》，如《东京梦华录》等），都是一种局部的现象。这些今人称之为GDP的东西高了，高固然很好，可是防卫呢？宋用赔款、赔物买和平，总是短命的。金兵来攻辽时，辽与宋有澶渊之盟，宋以钱与物来换取辽的停战。此时，如宋养兵蓄锐，或有作为，可是……宋虚度了上百年的光阴。金兵攻辽时，金与北宋结盟，双方南北夹击攻辽，结果，北宋兵无寸功。辽军对金兵屡战屡败，可一旦同宋军交手，却屡战屡胜。正因为宋军无寸功，他们还想把金灭辽时收得的燕云十六州，从金人手中收回，岂不是痴人说梦？于是，宋金盟誓被毁。金灭辽后不及一年，金一鼓作气又将北宋的江山击碎，掳得徽、钦二帝“北狩”，幸运的赵构逃到南方，却被金人追杀，直到金兵主动撤回，才苟延残喘地到了杭州，强撑起半壁江山，是为南宋朝。

夫北宋如此不堪一击，何羡之有？

## 二

北宋的徽、钦二帝先被金兵押到辽中京。不久，又押到金都城上京会宁府——今日之阿城。二帝披着羊皮向金太宗谢罪以后，又被递解到五国头城——哈尔滨依兰县地，囚禁在松花江南岸的一个四合院中，没有自由，只能在四合院的小天井中生活，仰望蓝天，只有一方云天，故称之为“坐井观天”，并非真的把他父子二人困于枯井下生活。——有趣的是，徽、钦二帝被羁押北行，史书上不称作押送北方，却美其名曰：北狩。连倒了霉，当了俘虏时还高人一等，还给予美名雅称。可见发明“北狩”这个词的“史家”，真的太有才了！

一枚硬币有反正两面，一件事情按两分法辩证地看，也有正反两个方面。在金灭辽、灭宋之后，大批中原工匠来到北方，也把中原的文化带到北方来，加速了北地经济文化的发展。

本书作者在金上京——阿城走访 郭文明 摄

最先接受汉文化的是官方，那就是建都和修史。

金都建于今哈尔滨市阿城区阿什河中游右岸，也就是上京会宁州，与会宁州一河相对的是完颜氏的皇帝寨，也就是完颜阿骨打皇族之家最早的居地。

宇文懋昭《大金国志校正》之附录《女真传》云：

女真，古肃慎国也。本名朱理真，番语讹为女真。……世居混同江之东，长白山、鸭绿水之源，又名阿木火，取

金上京会宁府遗址 王冰 摄

其河名，又曰阿芝川、涞流河。阿骨打建号，改曰皇帝寨，至亶，改曰会宁府上京。

上文中的亶，即金代的第三位皇帝金熙宗完颜亶。换言之，也就是说金国的头两位皇帝，只顾出征灭辽、灭北宋，以征战为主，还没有来得及坐下来治理疆域河山，更没有来得及修建规模宏大的帝国都城，直到太祖阿骨打次子完颜宗峻的儿子完颜亶即皇帝位后，这才把大规模修建上京会宁府都城的事提到日程上来。其实，这种修建早已开始，只是起初规模不甚大而已。

金太祖天辅七年（公元1123年）六月，完颜阿骨打在对辽的用兵中，路过鸳鸯泺，忽然发病，欲回上京，急召部下速来，又召其弟吴乞买次晋东北之浑河北。吴乞买到三日之后，太祖西归，终年56虚岁。由是，吴乞买主持办理一切后事。金太祖的梓宫于一个多月之后运回到会宁州。事发突然，一切都是初备，但太祖——阿骨打的陵寝随即破土动工修建。陵寝修毕下葬后次日，完颜晟才正式用赫石色龙袍加身，怀揣国玺，正式即皇帝位，是为金太宗，改元天会。天会元年，即公元1123年。

天会二年，太宗下令将会宁州改为会宁府，升格。同时，诏命自辽归金的

金皇城千步廊址　王冰 摄

汉人卢彦伦主持会宁府都城的修建。卢彦伦是辽京临潢人。辽末天祚帝初年，萧贞一留守辽上京临潢府。萧贞一早欣慕卢彦伦的声名与为人，延请卢出来当官。卢甫一上任，就于日久形成的乱世中，捕捉了许多盗匪。盗匪日多，源于金军击溃辽军，辽军败军散兵到处乱窜，危害百姓，卢彦伦对于治乱表现突出，吏声鹊起。卢彦伦就是带着具有贤德之名在辽的混乱中，走上辽吏岗位的。辽军败于出河店的散兵逃至临潢，散居民家，令老百姓给予给养，从而出现了扰民、侵夺案件发生，百姓甚苦之。留守临潢的耶律赤狗儿，不能禁戢，乃召军民谕之曰：

“契丹、汉人久为一家，今边方有警，国用不足，致使兵士久溷于父老间，有侵扰者，亦当相容之。”

留守官此言一出，众皆愕然。唯卢秀伦挺身而起。他说：

“兵兴以来，民间财力困竭，今复使之养补兵士，以国家多故，义固不敢辞。而此辈恣为强暴，人不能堪。且番、汉之民皆赤子也，夺此与彼，谓何？”

卢彦伦一席话咽得赤狗儿支吾难应，无言以对。由此知卢彦伦是一位识大体的贤官，有护民、爱民、敢言的名声。

天辅四年（公元1120年），卢彦伦随留守挞不野一起投降金军。以后，曾为金守临潢七个月，直到金的援军到来。因守城有功，令卢彦伦于天会二年知新城事。

卢彦伦来到阿什河畔的上京以后，立刻上言提出了修建大金帝国都城的建议。建议被采纳，他也被委以修建都城的总指挥，督办此事。然而，这其中的详情，因缺乏史录已不能详知。《金史·卢彦伦传》只记下了十六个字一句话：

“城邑初建，彦伦为经画，民居、公宇皆有法。”

古时，工匠是没有地位的，有技艺者有时亦被称为匠人，其技艺多被讥为雕虫小技。这就是彼时的世风，奈何。但不管怎么说，我们还是知道了当初修建上京会宁府时的第一个总工程师、总设计师、总施工师之三师集于一身的卢彦伦。卜居选址后，划定了北城与南城，学用汉人筑城之法，确定中轴线，以搞左右——即东西对称，同时规划街道、里坊，营造宫苑殿堂和厅阁官邸，总之按照中原汉法，将京城的宏大建筑一一显现出来。这是继渤海国之上京采取西京长安缩微版的京城之建后，起身松花江一级支流阿什河畔的又一座巍峨京城的诞生。上京会宁府筑城的意义十分重大，它是中原文化借助于辽的中介进入松花江中游地域的重大文化丰碑。有史以来，欧、美、俄等西方国家，特别钟爱为文化名人树碑立像，这内中不乏促进文化发展的作用，中国封建时代科技发展缓慢，同社会上鄙视工技匠人的风气不无关系。如今，时代变了，以人为本，树立科学发展观，历史上曾为阿城都邑之建献出了智慧的卢彦伦，可否在阿什河畔之某地，为之竖一雕像呢?

天会二年，卢彦伦调静江军节度留守，未几又迁静江军节度使。金廷并没有因为他是辽之旧吏出身而弃之不用。天眷初年（公元1138年），他调至少府兼都水使者，又充提点京城大内所。……最后，竟做官到礼部尚书，加特进，封郇国公。天德二年（公元1150年），在海陵王迁都燕京后，乃出为大名尹，成为京官。明年，诏令他重操旧业，海陵王令他营造燕京宫室，担任金燕京都城建筑的总指挥。——两任金帝国京都修建官的卢彦伦，在中国建筑史上，自应有他的一席之地。——特别是，他是金代燕京——今北京的第一任总建筑师。

金帝国时代，汉文化的北传，初始时契丹/辽是一个中介。金灭辽以后，囊括了北方中国。《金史·地理志》说：

金之封疆，东极吉里迷兀的改诸野人之境，北自蒲与路之北三千余里火鲁火曈谋克地为边，右旋入泰州婆鲁火所浚界壕而西，经临潢、金山，跨庆、桓、抚、昌、净州之北，出天山外，包东胜，接西夏，逾黄河，复西历葭州及米脂寨，出临洮府、会州、积石之外，与生羌地相错。复自积石诸山之南左折而东，逾洮州，越盐川堡，循渭至大散关北，并山入京兆，络商州，南以唐、邓西南皆四十里，取淮之中流为界，而与京为表里。

（金）袭辽制，建五京，置十四总管府，是为十九路。其间散府九，节镇三十六，防御郡二十二，刺史郡七十三，军十有六，县六百三十二。后复尽升军为州，或升城堡寨镇为县，是以金之京府州凡百七十九，县加于旧五十一，城寨堡关百二十二，镇四百八十八。[1]

横头山国家森林公园门口的金源宣传画——完颜阿骨打像　捷然 摄

金军用兵十年灭辽、北宋两国，乃以淮河、唐邓、大散关等为界，与南宋对峙。在如此之短的时间里，金的地域，由北自外兴安岭，南到中原腹地，扩地近百倍，如此管理，金不得不依赖辽之旧吏和投金的契丹与汉族的知识分子辅政。既如此，汉文化在辽金之中的复合与浸润在所不免，其首当其冲的便是史乘。

〔1〕《金史·地理志》，中华书局标点本，第549–550页。

今日阿城区一瞥（据《金源》） 阿宣供稿

修史是中国历代朝廷从不敢忽视的事，要留记录在人间，一是宣扬自己，二是巩固和提升自己的身价，以正视听。金太祖时代，虽忙于征战，景祖乌古乃的第八个儿子阿里合懑便在太祖的诏示下，与乌古乃兄跋黑之子——斜葛同修本朝谱牒。这些口耳相传的记录，便是后来撰述《金史·世纪》的基本材料。另一位访问女真耆老，多得祖宗遗事的完颜宗翰，本名粘没喝，又称粘罕（是后世粘氏的始祖），他是国相完颜撒改的长子，进军征战之隙亦不忘搜集女真古事，当阿里合懑卧病时，完颜宗翰“日往问之，尽得祖宗旧俗法度”。旧俗，女真人死葬，以马殉之，阿里合懑病危，太祖幸其家问疾，阿里合懑对曰：“马者，甲兵之用，今四方未平，而国俗多以良马殉葬，可禁止之。”并将自己平生所乘之战马，献给朝廷。他以身作则，从“我”作起。

口述历史无以记载，金太宗天会六年（公元1128年），乃“诏书求访祖宗遗事，以备国史”。其撰述的任务交给了完颜勖及辽之降臣耶律迪越。完颜勖曾官拜左丞相兼侍中，历太宗、熙宗、海陵王三朝，监修国史。他精通女真文、契丹文及汉文，是一位不可多得的女真才子、大学者。金攻宋破宋都汴京时，众人皆敛财和女人，唯他好书，载书数车而还。由此，时至皇统元年（公元1141年），已编成《祖宗实录》三卷；七年后，至皇统八年，又撰成《太祖实录》二十卷及其他一些金之典籍。当他把“实录”献给熙宗时，熙宗大为赞赏，赐给他黄金八十两，白银百两，重彩五十端，绢百匹，通犀和玉带各一。

与此同时，金廷还命广宁尹耶律固，根据契丹留下的《记注》与《实录》修《辽史》。他病逝后，乃由其弟子、契丹人萧永祺接下修史之任，最后撰成《辽史》纪三十卷，志五卷，传四卷，上奉朝廷。这是由女真人与辽之遗族人共修的一部《辽史》，是后来蒙古人脱脱等主持所修之《辽史》的先声。可以说，没有耶律固与萧永祺的《辽史》，就不会有脱脱等人所修之《辽史》之今日模样。

夫历史之纪事，都是由史家迭代相累而积成的。金代亦不例外。

## 三

治国理政传文、布告发令、记事撰史，离不开文字。

金军起于松花江流域草莽之间，最初有语言而没有文字，由当时辽辖其地的情况，可以推知，完颜女真部中，可以读阅契丹文或汉文的人不会很多。随着战事频仍，占地扩大，俘人骤增，懂契丹文与汉文的人增多了。可是，契丹语言与女真语之间，以及汉语与女真语之间，都需要转译。因此，太祖起事后，在传达命令、发文牍、军牌的同时，便感到没有文字的困扰。由是，女真文字便呼之欲出。

《金史·完颜希尹传》记云：

“金人初无文字，国势日强，与邻国交好，乃用契丹字。太祖诏令完颜希尹撰本国字，备制度。希尹乃依仿汉人楷字，因契丹字制度，合本国语，制女真字。天辅三年（公元1119年）八月，字书成，太祖大悦，命颁布之。赐希尹马一匹，衣一袭。”

其后，熙宗亦制女真字，与完颜希尹所制字俱行用，希尹所撰之字称女真大字，熙宗所撰之字谓女真小字。

女真人有了文字以后，立刻成了官方文字，初始时和契丹字、汉字同时在国内使用。特别是使臣出访所携国书，平时所颁发之谕令、文告等，均多使用女真字，但女真字识者不多，契丹字、汉字一时仍不能废，结果则成了一国三字。

金朝皇帝像（据《三才图会》）

为了推行女真字，在域内设学校，教授女真字，选诸路识女真字学生送京师。之后，又开始用女真文科考，擢升选官，抽出一批女真文、汉文俱佳者，译述汉文经典。金朝亦虔诚地推崇儒、释、道，故又用女真文翻译儒、佛、道文典。

女真雄起时，太祖阿骨打曾在拉林河下游之今吉林省扶余县伊家店乡石碑崴子屯附近高阜上誓师伐辽，乃开女真人的胜局。因此该地名为“得胜陀”，女真族称之为“忽土皑葛蛮”。金世宗大定二十四年（公元1184年）从燕京北巡，来看他的诞生地及童年时养育他的松花江、阿什河故乡的土地，次年来此凭吊，乃刻一石碑记其事。碑名大金得胜陀碑。碑的正面用汉字镌刻，背面用女真字镌刻。立碑于公元1185年，时已为金国诞生70周年，距誓师已为71年。而金亡于公元1234年，可见此时已为金朝的中晚期了，而碑刻的正面使用汉字，背面用女真字。此则说明，女真大小字已推行数十年，契丹字已渐隐渐消，可汉字不仅不能偏废，在立碑纪功这样严肃的碑面上，汉字仍然是做主导的。——谁让大金疆域已南达淮河中流，国内大部分民众都是汉民呢！

关于汉文化，特别是汉字在有金一朝中不可动摇的地位，女真大字的创立者完颜希尹看得最清楚。金太宗即位时，南宋为讨好北方，派洪皓假礼部尚书于建炎中为南宋使臣，出使金国。金廷诱以高官厚禄，洪皓拒不投降，遂被扣留于金之涞流水上游之冷山。冷山乃完颜希尹的家族封地，洪皓被扣于冷山，让完颜希尹看守起来。按金廷的规定，每天给洪皓发放烧柴和物资，烧柴不够，便收集一些牛粪、马粪燃火烤面饼吃，虽味道难闻，但为活命，却也坚持着活了下来，后来情形有些改善。

原来洪皓学问高深，在蛮荒的冷山，他背诵《四书》《五经》，给完颜希尹的几个儿子教授汉语、汉字和书写。没有纸笔，他就用桦树皮当纸，用烧柴棍或草束当笔，蘸了锅底黑灰水当墨，这就是历史上著名的“桦皮四书”的故事。完颜希尹的几个儿子，因为识得汉文汉字，能背诵不少《四书》《五经》中的段落而成为有出息的文化人，在金的科考中纷纷脱颖而出。这些孩子又懂女真文，又熟稔汉之典籍，后来都成了金政权中的栋梁。洪皓因教汉文汉字，减少了他的困厄，也让完颜希尹另眼看待。汉代的苏武滞留匈奴的北地贝加尔湖草原十九年方才南归。洪皓居涞流水畔之冷山凡十二年，后又到燕京三年，因金主生子，遇赦而放归。彼时，洪皓等归心似箭，一刻也未敢停留，策马南奔。不久，金廷后悔放归他，派人去追，直追到淮河北岸，洪皓等已上船驶过了淮河中流了。追者，只能望淮兴叹了。

一般而言，封建帝国这架政治机器运转久了，难免不出现一些“妖娥子”。金熙宗朝完颜希尹为尚书左丞相兼侍中，加开府仪三司。希尹为相，凡事皆“身先执咎”，可谓仁贤。天眷元年，希尹上书乞致仕，即要求准许他退休。未准，罢为兴中尹。明年，又官复原职，封陈王。如此一折腾，就有人上谗言了。天眷三年（公元1140年）赐希尹诏曰：

“帅臣密奏，汝奸状已萌。心在无君，言宣不道。逮燕居而窃议，谓神器以何归？稔于听闻，遂致章败。”

由是，完颜希尹被金熙宗以无端的罪名赐死，连右相萧庆和希尹参与修国史的儿子、符宝郎等一并被诬杀。三年后，熙宗忽又给这几位冤死者平反昭雪，宣布其无罪（左右都是皇上有理），乃改葬于冷山之南，今吉林省舒兰市拉林河左岸支流细鳞河与霍伦河二水之间的大松树屯之东北向阳的坡地上。这里，后来就成为完颜希尹家族的墓地。元灭金时，阿什河山野中的完颜氏贵胄墓地多被夷为平地，唯完颜希尹家族墓独留山野向晨昏。然而，数百年后，完颜希尹家族墓地在“文革”中亦被以“破四旧”之名炸毁。1975年，大部分石刻被运至吉林省博物馆。今时，墓地的五个墓区尚存，1979年清理时，发现多次被盗墓。希尹墓于1980年乃被“发现”，除石函、铁券、铜烛台、白瓷瓶等文物外，亦是一座空冢，唯完颜希尹之父欢都的墓尚完好。[1]

## 四

金熙宗有两大嗜好：一是嗜酒，二是杀人。杀完颜希尹的起因是，斯时金熙宗无子，而完颜希尹子孙满堂，故嫉希尹者以谗言谮之。然而，熙宗除无故滥杀臣将外，还将皇后裴满氏，又将德妃等后宫佳丽三人同时杀死，另外还杀死了多位王子。由于滥杀，人人自危，于是平章政事完颜亮（太祖之孙，辽王宗幹次子）串连驸马唐括辩、寝殿小底大兴国，熙宗身边的护卫十人长忽土、阿里出虎等，趁后二人值班之机，盗符开门。完颜亮与其妹夫特厮等入宫，将熙宗刺杀。

这一宫廷内乱的结果，导致完颜亮上台，是为海陵王。然而，海陵王也不是一个勤政、善政的角色。他先是下令迁都，将金上京会宁府弃而不用，乃将京都迁往燕京，连同祖陵在内，一同迁往今北京郊外大房山。正隆三年，诏令毁掉原上京阿什河畔的旧宫殿及大族宅第、储庆寺等，夷平后，在其原址上重新耕种庄稼。在迁都的同时，还诏令调卢颜伦到燕京，大修土木，另建新宫殿。

他来燕京的当年，便下令选良家美女一百三十余人，充于后宫，供他淫乱。

---

〔1〕参见国家文物局主编《中国文物地图集·吉林分册》，中国地图出版社，1993年版，第76–77页。

虽如此，他仍不满足，又下令调那些美丽的从姐妹、表姐妹、诸王妃入宫，在卧内中铺上地毯，让诸美女与之裸逐为戏。如此这般，连他年轻的姑、姨也一并召之入宫，封为嫔御。有族弟媳妇被其看中，乃将族弟以乌有罪名杀死，将弟妇纳入宫中，供他淫乐。

就是这样一位新上任的皇帝——也是一个滥杀无辜者，担心史官将他的秽行污迹纳入史录，留下恶名。他欲观“实录”而未得，改而作秀，以令史官记之。他迁都后至第三年，来接彼时的太后、善母徒单氏（海陵王生母为大氏。大氏生三子，海陵为长子，徒单氏为正室，未生育，故对年轻时的海陵亦特喜爱，且与海陵生母大氏相处和睦。大氏先至燕京，思念徒单氏。大氏死时，遗言将徒单氏接至燕京享福）南行入京。至是，海陵亲自到郊外的沙流河去迎接，命左右带刑杖二束，他跪于养母太后面前说：“亮某不孝，久失温清，愿请太后痛责！”如此作秀，甚为感人。

修哈于绥芬河高速公路时发掘出来的金上京朝日殿遗址
范震威 摄

太后见此，亲手将其扶起，她说：“民有子克家尚爱之，况我儿如此隆旺哉！”于是，叱退持杖者。

据《金史·后妃上》记载，后来海陵谋伐宋，太后谏止之，引起海陵不悦。嗣后，每谒徒单太后，必忿恨。太后有侍婢福娘，乃令其问海陵起居。福娘乃得海陵之幸，自此成为海陵心腹，海陵暗嘱福娘监视太后。福娘之夫特末哥暗教福娘加大其辞。每告之后，海陵很赏识，并嘱咐她，将来纳她入皇帝后宫为妃。时值太后曾与来访的枢密使契丹撒八暗议海陵迁都、伐宋之非，由是被福娘再告密于海陵。海陵以太后有异图为名将太后赐死。太后死后焚尸，弃其骨于水中，随后又诛杀十数人。事毕，乃封福娘为郧国夫人，封其夫特末哥为泽州刺史，并正告特末哥："若无故殴福娘，朕必杀汝！"——这是一段荒唐的秽史。

极品——白色海东青猎隼（据《走进依兰》）

正隆五年（公元1160年）八月，海陵谒山陵，路边见到田地中收割庄稼的农民，连忙下辇去问农事丰耗情况，见农民苦之，连忙赐给农民衣服。

海陵王以为肉贵，又作了一把秀。为节俭，他不吃肉，改而吃鹅，孰料在游猎之际，因不时索要鹅吃，竟使一鹅一鹑，至民间以数万售之，其涨价至一牛易一鹑者。

某日，他忽然心血来潮，乃以破旧之衣穿戴，接见近臣，或是在膝、肘处打上补丁，故意让记录的史官见到，在"起居注"上记录下他的节俭。他还突入兵营，或盛上兵士吃剩的灶间陈米饭，与兵士们同餐，特意抢先将陈米饭吃完。他行于燕京城内、城郊，路上见到雨后泥泞，民车陷入烂泥中，他下令卫士帮民推挽车于路干处，然后才离开。他平时与近臣语，乃以古时贤君以自况，并责谴大臣不讲真话，令其上直言。在宫中，他将银锭、珍宝等物故意藏于被褥间，给暇让女侍等发现，即赏给发现者。或言于某，朕赐汝以金银于屋第，令其自寻、自取之。但，就是这样一位皇帝，营造南京（开封）宫殿，运一巨木之费，竟达二千万；牵一车之力达五百人。宫殿成后，施于金饰，令金屑飞空如落雪，一殿之费以亿万计。成而复毁，务尽华丽方止。凡淫帝，必乱政且狂杀无辜，海陵王不吸取金熙宗的教训，仍滥杀臣将。虽如此，仍感到未尽其欢。他闻知江南多美女，便决定御驾亲征，发兵攻打南宋。金与南宋之间本有和约，他弃而不顾，下令造船，乃将民舍毁之取木，煮死人膏以为油，然后发兵南攻。在发兵之前，这位熟谙汉文化的皇帝撰写发布御诗《南征至维扬江左》诗一首，诗云：

万里车书尽会同，江南岂有别疆封？
屯兵百万西湖上，立马吴山第一峰！

海陵王完颜亮作恶多端，他发兵南征，本无认真的准备，所以被南宋军击败。金军士气低落，海陵虐待兵士。正隆六年（公元1161年）十一月甲午日，会舟师于瓜洲渡，欲明日渡江南攻。次日，浙江兵马都统制完颜元宜等谋反，海陵王被部下所杀，死年四十虚岁。——海陵死后，被贬为庶人。历史也没有放过他，文学也没有放过他。《辽史》中记录了他的恶迹；小说家更是以如椽的巨笔写了一卷《海陵王纵欲亡身》的小说，收在明代末年由冯梦龙主编的《醒世恒言》中，成为作恶者忌。但历史总有惊人的相似之处，这忌诫也仅仅是忌诫而已，他的某些诗词之作，却在后世流传。

夫金于马上得天下，冲杀勇猛，攻辽、宋势如破竹。可是得天下后，贪图享乐，以至到第三帝熙宗滥杀无辜，引发宫廷政变，海陵王上台。海陵王滥杀之外，又加以恶行、出征，亦死于非命。国运如此，历史呼唤贤者、仁者、达者、开明者出来收拾破碎的金源河山。

历史果然如愿以偿。这就是金世宗完颜雍的出现。

完颜雍，本名乌禄，亦为太祖之孙，睿宗完颜宗辅之子。其母为李氏，可见金世宗是女真与汉人的混血儿。完颜雍生于上京阿城，貌奇伟，关于他有许多传说，姑从略。完颜雍发妻乌林荅氏，为牡丹江海浪河地生人。二人婚后生活十分美满。海陵王夺取皇位后，乌林荅氏让丈夫把家中的珍宝美玉之类献给海陵王，以避海陵王因猜忌杀到他的头上，从而避去了风险。可是，乌林荅氏是一位绝代美女，海陵垂涎，诏令乌林荅氏进京入宫。夫妻俩接令后，不敢抗旨。乌林荅氏与丈夫依依惜别，在由济南去燕京的一路上，官车防范甚严，乌林荅氏表现出极端的平静，待走到离燕京七十里的良乡时，距京还有一日程，从者防范稍松缓，乌林荅氏得隙投井身亡。乌林荅氏之所以选在京畿之地自杀，是怕累及丈夫完颜雍被害。死于京畿，海陵王虽疑此为完颜雍之所为，无奈却无据治罪。

此后，完颜雍改任西京留守，他离开济南北返西京大同。行至良乡，乃将发妻乌林荅氏葬于宛平县土鲁原。海陵王南征时，不放心完颜雍，时时派人监视。其部下的臣僚们见状，即劝时任东京——辽阳留守的完颜雍早图大事。于是，正隆六年十月，在海陵王南征死前一个月，乃于十月丙午日，他祭告于太祖庙，入宣政殿，即皇帝位，是为金世宗。一个月后，海陵王被部下所杀。

海陵王也好，金世宗也好，受汉文化浸润之深，不输于唐、宋的君王。如果脱掉海陵王与金世宗皇帝的御衣，他们两个人的文化身份，都是不错的诗人。这两位从兄弟的诗词都不错，或各有千秋。在夺得帝位之前，完颜亮的野心在任岐王时已露端倪。有诗为证：

**以事出使，道驿有竹，辄咏之**

孤驿潇潇竹一丛，不闻凡卉媚东风。
我心正与君相似，只待云梢拂碧空。

**书壁述怀，见几间有岩桂植瓶中，索笔赋之（二首）**

蛟龙潜匿隐沧波，且与虾蟆作混和。
等待一朝头角就，撼摇霹雳震山河。

绿叶枝头金缕装，秋深自有别般香。
一朝扬汝名天下，也学君王著赭黄。

为藩王时，他尝书人扇诗句云：

大柄若在手，清风满天下。

诗是好诗，但彼时野已露峥嵘矣。

## 五

和海陵王的恶行相比，金世宗有超脱凡尘的治国良能。金世宗接位后，审冤狱，出宫女，拒尊号，并以已故其发妻乌林荅氏为皇后，虽嫔妃众多，却不再易后，乃贯穿他执政的二十九年之始终。他推行治国的“新理念”，尽力除旧布新，减免赋税，改革吏政，鼓励农桑，不到十年，便营造出了一个安定祥和的社会环境。他在西部维护边堡，重新布军；在南方，他与南宋重启和谈。

当代女真舞蹈——祭天舞（据《金源》） 阿宣供稿

大定五年（公元1165年），南宋通问使魏杞北上，携来国书不再称大，改称“侄宋皇帝”，称名，且云：“再拜奉书于叔大金皇帝”，岁贡金帛二十万（比以前减少五万）。于是，他诏令金、宋之间裁军减员，并且把南宋的贡赋分予诸军。

与此同时，金世宗以精深的汉文修养治政，平时他精读《资治通鉴》，以为治国、治政、治军、治民、治边的参照，殷鉴前朝，寻求治驭的良方。世宗在“基层”工作过，深知县令“多非其人”，乃诏令吏部察其善恶，加以考核更换。夫自封建郡县制伊始，县官即为中央集权国家

徽、钦二帝的囚禁地（想象图）（据《走进依兰》）

统治机器的压舱石，平稳航行在彼，阴沟里翻船也多在于彼。故世宗多次强调改革吏治，发现清廉贤德干才，予以重任。

由于薄赋税，奖农商，金世宗大定初年时天下民户300余万，到大定二十七年时，天下民户已达678.9万余户，人口达4470.5万余人。社会安定，人口增加，仓实库满，盗匪减少，受刑者亦骤减。

大定十三年，金世宗念念不忘生他养他的原金上京阿什河土地的风习，是年七月，诏令恢复会宁府为上京。恢复上京称号十一年后，金世宗的思乡情绪更加强烈。故而，在大定二十四年（公元1184年）二月，世宗带一干臣僚从燕京出发，北上奔往上京会宁府还乡。金朝风俗特重端午节，于是他们一行匆匆赶往上京，去宴劳乡间宗室父老，踏青，并依女真之习过端午节。

大定二十四年四月，金世宗的北巡人马到达混同江，看族人如何钩猎秦王鱼。秦王鱼者，即辽之牛头鱼，今之鲟鳇鱼也。

五月乙丑，世宗一行返抵上京会宁府。

上京会宁府自海陵王下令毁殿复农田以后，大片土地上只有黍、谷及菜蔬，由于人口的减少，亦撂荒了一些土地。但光兴宫尚存，事先已做了修缮，世宗等皇眷就下榻在光兴宫里。次日，又去看庆元宫，隔日乃宴于皇武殿。在这些他的先祖们居住过的圣地，世宗默默地观看，指点一些地方，辨认他童年时曾经见过的各处。夫怀旧是一种自恋或自慰式的审美，其所产生的审美愉悦，是老年人生命体中忽然集聚而起的正能量，也就是欧洲人弗洛伊德在数百年后发现的称之为“力必多”的生命质。斯时已经六十三虚岁的金世宗，经过二十四年殷勤治国，国体、国运、国制、国力、国容，均已由内乱走向大治。尽管小的脓包、溃疡时有发生，但并不影响国人的生活安定、祥和与平静。故而，此时金世宗兴致勃勃，走遍上京的各个角落，遍看按出虎水、海古水昔日女真先祖的龙兴之地。他临幸按出虎水畔的临漪亭，看茫茫河水汹涌而来，澎湃而去。幼时，他曾在此钓过鱼、参加过射柳比赛。他还曾进大青山射猎获鹿，如今中原之鹿亦欣然在手，敬祖爱宗之情油然而生。于是，他巡幸遗老遗少皇族及其姻亲的皇眷，给予慰藉；他策马于勃野淀边，忽然忆起当年他正在驰猎之际，忽有人来报，父亲睿宗为他订亲的妻子乌林荅氏由部人送至，他那时还没见过乌林荅氏一面，故而有些不情愿地返回。回府后，立即举行了女真式的婚礼。当他一睹新娘乌林荅氏的芳容时，乌林荅氏的美貌、柔婉而又健壮的体态，她的步履矫健，落落大方，而又频频对族人施礼，特别是和他面对面晤见时，他立刻将乌林荅

五国头城（据《走进依兰》）

氏惊为天人！此刻他不由地心想：我要是此前见到，我也会立即抢亲，将她夺来的（女真人有抢亲之俗）！……然而，青年时代的一幕，早已远去，此刻的金世宗轻叹一声，即诏令免去上京一切农事三年的税赋。——他，太爱家乡，太爱家乡的山水，太爱家乡的父老乡亲！——夫一个心中时刻想着民众百姓福祉，而不是时刻进行“窝里斗”“夺臣妻”如海陵王的皇帝，一定会得到下愚百姓民众的拥戴的。

金世宗完颜雍热爱故乡，亲近故乡，他在故乡——上京会宁府小住了一年。

大定二十五年四月，六十四岁的金世宗身手矫健地参加了一场击毬比赛，并开放式地让故乡的父老乡亲们观看。他下令把上京会宁府的一些建筑设施重新修建，经过海陵王施政的十五年浩劫，上京损失多多，只能在斯后一点点地复原了。时如过风之云，来日可感，往日不可追。在万千的感念中，金世宗还是得告别故乡，返回燕京。燕京尽管有王储太子在施政，可他念兹在兹，还是要离而复返的。

离别之前，金世宗举行一个规模宏大的告别酒会，平日不喝酒的他，此时多饮了几杯，“几欲成醉”，乐不可支，便让宗室妇女及群臣故老依次起舞。众人舞后，纷纷进酒，情不能禁的金世宗举觞而说：

“吾来数月，未有一人歌唱女真本曲者，吾当为汝等歌之！”

于是，众人皆由殿下移坐于殿上，听这位有时不称朕而称吾的六十四岁的皇帝老人，唱起了女真人的歌曲，歌词当然出自他自己的手笔，曲调是金的民间之曲。其歌曰：

猗欤我祖，圣矣武元。诞膺明命，功光于天。

拯溺救焚，深根蒂固。克开我后，传福万世。

无何海陵，淫昏多罪。反易天道，荼毒海内。

自昔肇基，至于继体。积累之业，沦胥且坠。

望戴所归，不谋同意。宗庙至重，人心难拒。

全界壕遗址碑，背面刻的是成吉思汗边墙　王冰 摄

勉副乐推，肆予嗣绪。二十四年，兢业万几。
亿兆庶姓，怀保安绥。国家闲暇，廓然无事。
乃眷上都，兴帝之第。属兹来游，恻然予思。
风物减耗，殆非昔时。于乡于里，皆非初始。
虽非初始，朕自乐此。虽非昔时，朕无异视。
瞻恋慨想，祖宗旧宇。属属音容，宛然如睹。
童嬉孺慕，历历其处。壮岁经行，恍然如故。
旧年从游，依稀如昨。欢诚契阔，旦暮之若。
于嗟阔别兮，云胡不乐！

这是一首金世宗的自叙歌词，由词中的“二十四年”及“乃眷上都”等句，可知这是回乡之后所写，可以称为自肃慎至女真族延及三千年历史长河中，第一首创作于按出虎水/阿什河畔的四言诗。尽管金世宗慷慨高歌时，或许用了女真语演唱，可落在纸面上，记录在《金史·乐志上》中的这首歌词，却是一首不朽的四言体诗歌佳作。唯其是作于上京的第一首，故可以大书于史册之中。[1]

由这首歌词可知，除完颜亮之外，金帝世宗完颜雍也是一位熟稔用汉文写作的优秀诗人。除这首歌词外，完颜雍还保留下来一首《减字木兰花词》，其副题为："赐玄悟玉禅师"，是写给一位佛教高僧的。其词如下：

但能了净，万法因缘何足问。日月无为，十二时中更无疑。　　常须自在，识取从来无罣碍。佛佛心心，佛若休心也是尘。

这首词是写给金代的著名高僧玄悟玉禅师的。玄悟玉禅词也有一首《减字木兰花》回赠，副题是"和完颜雍词"。其词如下：

无为无作，认著无为还是缚。照用同时，电卷星流已太迟。　　非心非佛，唤作非心犹是佛。人境俱空，万象森罗一境中。[2]

从玄悟玉和词中有"和完颜雍"字样，可知二人唱和"减字木兰花"词时，完颜雍尚未被推举为帝，可能在任西京留守时作。不管是否为帝，由词中所言，可知完颜雍对禅语有很深的造诣，此非一日之功，用心之深，或可推知，二人晤谈唱和，当于完颜雍丧妻乌林荅氏之后无疑。

不仅金世宗能诗词，他的几个儿子诗词俱佳，刘祁《归潜志》中多有收录，此不复赘言矣。

有金一代，汉文化之儒、佛、道均北传，金之科考离不开孔孟学说《四书》《五经》等典籍。金上京寺庙很多，松峰山上还有道观。由于篇幅所限，此均从略。金世宗不仅精读过《资治通鉴》，也精读过《汉书》，他对佛学情有独钟，

---

〔1〕金世宗歌词见于《金史·乐志上》，中华书局标点本，第892页。遗憾的是《黑龙江历史编年》及佟冬主编《中国东北史》均未收录。

〔2〕录自唐圭璋《全金元词》，中华书局，1979年版，第27页。

辽阳市白塔公园——金世宗为其母李氏所造之白塔 范震威 摄

是受了生母李氏的影响。金世宗被拥戴称帝后，曾为其生母贞懿太后李氏在辽阳修筑了垂庆寺塔，八角十三层，历代修缮保存至今，塔高71米，立于寺前。垂庆寺，明时改为广佑寺。其塔俗称白塔，如今是辽阳市的标志性建筑之一。

金世宗留下的更重要的标志是他于大定二十五年（公元1185年）从上京回返燕京时，是年夏天曾在金太祖完颜阿骨打当年（公元1114年，即辽天庆四年，金建元前一年）率诸路女真军誓师伐辽之地，亲览其地的山水胜迹，于是诏定在此处建碑留念，这就是“大金得胜陀颂碑”的由来。

此碑竖立在拉林河注入松花江右岸河口的上方，其碑在吉林省扶余县最北处徐家店乡石碑崴子屯。碑由青石刻成，龙首、龟趺。碑高3.2米，碑长1.77米，宽0.85米，厚0.31米。碑之正面用汉文刻成，计30行，815字。该碑由党怀英篆额、孙俣书丹；碑阴是对应的女真大字，计33行，1500余字。此碑初建时，建有碑亭，清代道光年后，碑残为三段，碑亭亦毁。1977年粘接后修复，亭亦重建。

大金得胜陀碑是金代留存于松花江流域的重要文物。碑文追述了金太祖完颜阿骨打起兵、誓师反辽的经过，以及建碑的始末和颂词。碑文中的高阜，即今石碑所立的台地仍在。此台地呈椭圆形，东西170米、南北570米，高出地面1米左右。在此台地的中间，还有一块东西25米，南北62米的二阶椭圆形台地，亦高约1米。石碑与碑亭即立于台地中间。此碑今距拉林河约4公里，其西约1公里处有一纵贯南北的大断崖，崖高约50米，实一自然生成的弓形屏障。石碑南北为拉林河河谷平原，为一望无际的绿色大地，站于碑旁环视，周围环境树草之田原辽阔雄伟。

兹将大金得胜陀碑汉文的碑文，录之如下：

辽季失道，腥闻于天。乃眷东顾，实生武元。
皇矣我祖，受天之祜。恭行天罚，布昭圣武。
有卷者阿，望之陂陀。爰整其旅，各称尔戈。
诸道之兵，亦集其下。大巡六师，告以福祸。
明明之令，如霆如雷。桓桓之士，如熊如罴。
先是太祖，首望高阜。灵贶自天，事骇观睹。
人仰圣质，凛如乔松。其所乘马，冈阜穹崇。
帝视左右，人马亦异。曰此美征，胜敌之瑞。
诸君勉之，往无不利。师胜而还，当名此地。
神道设教，易经著辞。厌胜之法，自古有之。
我军如云，戈甲相属。神火焰焰，光浮万□。
天有显道，厥类惟彰。国家相兴，必有祯祥。
周武戎衣，火流王屋。汉高奋剑，素灵夜哭。
受命之符，孰云非贞。咄彼宗元，遂诬□明。
得胜之祥，如日杲杲。至金遗老，畴弗乐道。
圣今天子，武元神孙。化为朔南，德侔羲轩。
眷言旧邦，六飞戾止。六飞戾止，江山如是。
念我烈祖，开创之勤。风栉雨沐，用集大勋。
圣容既新，圣功既高。永克厥志，以为未也。
惟此得胜，我祖所名。诏以其事，载诸颂声。
文王有声，遹骏有声。润色祖业，惟时圣明。

帝王之符，千载□契。配姬与刘，诏于万世。

大定二十五年七月二十八日立石

这篇碑文概述了一点儿金初的历史，是北方松、黑地区保留下来的金朝有限的文献之一。金之后，数百年来不为人所知，直到清代道光初年，因萨英颜所编纂的《吉林外记》，方为嚆矢（上面所录之文为1959年吉林省博物馆公布的碑文），因此其重要性自不待言。

金朝虽历时仅120年，但脱脱等主修的《金史》，内容十分丰富。多次阅读《金史》的笔者我，曾无数次地思索：

“金世宗何以被称之为一位好皇帝呢？”

大金得胜陀碑（据《中国考古地图集·吉林分册》）

回答应首先来自百姓。多年以来，在许多人的眼里，或在许多场合，人们视辽、金、元三朝如不曾存在。一讲中国大历史，必然是秦皇汉武，唐宗宋祖，好像塞北三朝辽、金、元诸帝中乏善可陈似的。其实不然，像与宋签约《澶渊之盟》的辽萧太后萧燕燕，为辽与北宋争得百年的相对和平，不可谓贡献不大；金世宗执政29年，社会安定，亦与南宋重新签约，不再以干戈相见，也是功勋卓著的；再比如元世祖忽必烈大汗灭南宋后，重新统一中国，为元至今七八百年的疆域的稳定，奠定了不可动摇的磐基，更是值得大书特书的。

元朝的宰相脱脱，在主持修史时，确立了辽、金、宋三史都为正统的理念，所以说亦居功垂史。《金史·世宗纪·赞》对金世宗作出了公允的评价，使后世的我们今天能够对八百多年前生于哈尔滨阿城区的松花江/阿什河的先民刮目相看。其《赞》文不长，权录之如后：

老爷岭小白山上的长白山、松花江神庙的祭殿（今已不存）（据《长白山志》）

世宗之立，虽由劝进，然天命人心之所归，虽古圣贤之君，亦不能辞也。盖自太祖以来，海内用兵，宁岁无几。重以海陵无道，赋役繁兴，盗贼满野，兵甲并起，万姓盼盼。国内骚然，老无留养之丁，幼无顾复之爱，颠危愁困，待尽朝夕。世宗久典外郡，明祸乱之故，知吏治之得失。即位五载，而南北讲好，与民休息。於是躬节俭，崇孝弟，信赏罚，重农桑，慎守令之选，严廉察之责，却任得敬分国之请，拒赵位宠郡县之献，孳孳为治，夜以继日，可谓得为君之道矣！

当此之时，群臣守职，上下相安，家给人足，仓廪有余，刑部岁断死罪，或十七人，或二十人，号称“小尧舜”，此其效验也。然举贤之急，求言之切，不绝于训辞，而群臣偷安苟禄，不能将顺其美，以抵大顺，惜哉！[1]

君明臣惰，是相对而言。反之，若臣无表率而国君总是胡作非为，玩群臣、群将、群民于股掌之上，而以为“其乐无穷”，且又为上下所效尤，必终至其乱矣！

〔1〕见《金史·世宗下》，中华书局标点本，第203–204页。

今日长白山远眺　温波 摄

故而，仅《金史》对世宗完颜雍“小尧舜”一辞之赞，即已可令其名垂千古，为后世人所敬佩、所礼赞！像长白山、松花江一样永存。

# 大元与黑龙江母亲河

## 一

历史的吊诡矜奇，就在于它总有一些惊人的相似之处。

辽与北宋对峙之时，女真在辽的身后悄然而起；金埋葬了辽，又埋葬了北宋。当金与南宋悄然对峙时，在金的背后，也有一支新锐的马背上的民族雄起。它，就是蒙古。

其实，蒙古的雄起，金是有觉察，也有防范的。一道纵贯于大兴安岭东麓的金界壕，从纳水（今嫩江）中游右岸支流诺敏河口以北起，一直蜿蜒到大青山北麓，迢迢一千五百余公里，部分地段还有复线加固。初起时，北方称之为金兀术长城，《金史》中称金元边堡，一个“元”字道出了此边堡是防备蒙古部落的寇边攻防的。——清末时，苏俄居住在哈尔滨的史学家包诺索夫以为此边堡有双向防范作用，有的地段是防卫金兵攻剿大漠草原部落的，因而将它称为成吉思汗边墙。自此以后，地图上，对此边堡/边墙，北段称金界壕或金元边堡[1]，而南段则称金元边堡或成吉思汗边墙。——不管怎么说，这道长达一千五百余公里（一说加复线两千余公里）的边堡/边墙，还被称为中国的第二道长城，或因其比万里长城东段短而陋，故又称其为另类长城。

---

〔1〕金界壕的北方起点在今内蒙古莫力达瓦达斡尔族自治旗的后七家子村嫩江右岸。2001年修建尼尔基水库该村已没于水库底。如今起点的标志立于水库西岸约0.5公里处的坡地上。

嫩江西岸尼尔基水库边——金界壕的北方起点 范震威 摄

边堡也好，边墙也好，这种人工修筑的两三米高的土墙或石墙是阻碍不了长弓、马蹄和大刀的。一个民族的雄起，它的过剩的能量必然要以扩疆、占地、掠夺为宣泄；反之，一个先由内争、内斗、内耗、自损、自衰而损弱的封建政体，任何土垒的边防设施，都挽救不了掘墓者的进击。

公元1234年，延续了120年的大金帝国，被蒙军攻破。蒙古在金的后方——黑龙江北源斡难河源的肯特山下雄起，被金压得喘不过气来的南宋赵氏政权，如获至宝，连忙派人与蒙古通联，欲以南北夹攻的方式灭掉金国，重新洗牌，换一个邻居。其情形同一百二十多年前宋、金、辽三方对峙时一样，而其结局，也由上苍的手依样画了葫芦。南宋攻金乏力，几无寸功。相反，蒙军攻灭金军如摧枯拉朽。在灭掉大金之后45年之后，蒙古大军开始进击江南，将南宋末帝赵昺撵到海里，一举灭掉南宋，重新统一了中国，建立了元朝。

元朝的疆域比以往中华历届帝国的疆域都大，据谭其骧《中国历史地图集》第七册，1280年《元时期全图》（一），元的北域直达北极海岸，东极到达鲸海之外，连同骨嵬（库页岛）及其混同江入海口以北。故其地东尽辽左，西极流沙，南越海表。“元东南所至，不下汉、唐，而西北则过之，已难以里数限者矣”（《元史 · 地理志一》语）。

或问，自唐末五代以降，辽、金、元相继起于北地，大漠、山岭、草原上的马背上的民族，一而再，再而三地强盛起来，逐鹿中原，一朝胜于一朝——为什么总是北方？《中国国家地理 · 东北：马蹄形的富饶》一书中问道。迄今为止，所有的回答都是苍白无力的，或许这就是历史的宿命，再或许这也是上苍为缔造我中华民族的强硕予以补给的血脉融合之基因，南方文脉，北方血脉——历史的窠臼与吊诡就在这里。

历史一步步走来，又一步步走去。起点很辽远，不知源于何处，未来也看不到辽远的景致。当金兵势如破竹般摧毁辽帝国，随后又打破北宋《清明上河图》与《东京梦华录》所记下的繁华时，甚至早在此之前若干年，一个生活在今日黑龙江流域襟怀中的民族——蒙古族，便悄然地、鬼神莫测般地壮大起来。以后，这个被称之为黄金家族的孛儿只斤氏，奄有了欧亚的广漠大地，仅忽必烈大汗就以大元帝国的新锐雄峙于东方大地，可他们是怎样一步步强大起来的呢？历史给了他们哪些机缘？上苍给了他们哪些眷顾？蒙元民族雄阔世界是怎样炼成的？在一个震惊世界的民族的身后，必然有一个不同凡响的、超凡出尘的故事。

在中原诸官方的史籍里，还是留下了蒙古族早年的身影。那就是室韦（室韦，又作失韦）诸部中的蒙兀室韦。

最早的室韦，以失韦之名记录在《魏书 · 失韦国传》中：

“失韦国，在勿吉北千里，去洛六千里。路出和龙北千余里，入契丹国，……到其国。有大水从北而来，广四里余，名㮇水。国土下湿。语与库莫奚、契丹、豆莫罗国同。颇有粟麦及穄，唯食猪鱼，养牛马，俗又无羊。……”

——史家认为，拓跋鲜卑离开大兴安岭石室——嘎仙洞南下，建立北魏之后，不愿意让这些当年与之在同一地域逐水草而居的同族人再称鲜卑，故而改称他们叫失韦，即后来的室韦。换言之，室韦即鲜卑。法国著名东方学家伯希和，亦作如是说。由此可知，失韦/室韦本为鲜卑人，如此便不难理解，唐代时大量的室韦族人渡过黑龙江南下，充溢于松嫩二江会合地及其北部、西北部的情况了。上文中的榇水即嫩江。以现今的视角来看，黑龙江以北的广漠大地后来之所以被称为西伯利亚，就是因为他们是西伯——鲜卑人生活的地方（锡伯即西伯，郭沫若语）。“利亚”，即指生活之地。失韦/室韦中一部分族人在黑龙江以北的地方先前生活的地域之一，在我黑河市对面的黑龙江左岸支流结雅河，及其支流谢列姆贾河流域（20世纪80–90年代，在谢列姆贾河两岸发现十多处旧石器时代遗址，出土旧石器时代文物数万件——详见《谢列姆贾旧石器时代晚期文化》一书，科学出版社，2013）发现了古人类遗址及出土文物，可以将西伯利亚古人类活动的历史向上推及到一两万年以前。正是有了这个积淀，我们才能探知为何室韦各部落可以源源不断地渡过黑龙江，向南迁徙，彼时，这里——黑龙江中游北部地是亦即东北亚古人类活动最频繁、也最集中的地方之一。

《隋书·北狄·室韦传》云：

额尔古纳河右岸地的蒙兀室韦碑　范震威 摄

“室韦，契丹之类也。其在南者为契丹，在北者为室韦，分为五部，不相总一，所谓南室韦、北室韦、钵室韦、深末怛室韦、太室韦。并无君长，人民贫弱，突厥常以三吐屯总领之。……”

——到隋代，不断南下的室韦已有上述五个部落为中原朝廷所知。由《中国历史地图集》第五册图知，这五大室韦分布于黑龙江中游南北、嫩江东西，以及额尔古纳河两岸。也就是说，室韦诸部的居地，虽有突厥之治，仍然在大兴安岭北部诸地西移，并已越过额尔古纳河，向黑龙江的北源、西源迁徙了。

《旧唐书·北狄·室韦传》云：

“室韦者，契丹之别类也。居猛越河北（猛，读náo，猛越河，即今洮儿河），其国在京师东北七千里。东至黑水靺鞨，西至突厥，南接契丹，北至于海。其国无君长，有大首领十七人，并号‘莫贺那’，世管摄之，而附于突厥。……武德献方物，贞观三年贡奉貂，自此朝贡不绝。”

又云：“室韦，我唐有九部焉。所谓岭西室韦、山北室韦，黄头室韦、大如者室韦、小如者室韦、婆莴室韦、讷北室韦、骆驼室韦，并在柳城之东北，近者三千五百里，远者六千二百里。……乌罗护（此即北魏时之乌洛侯国）之东北二百余里，那河（嫩江）之北有古乌丸之遗人”，今亦自称乌丸国。……其北大山（北大兴安岭）之北有大室韦部，其部落傍望建河（黑龙江、额尔古纳河）居。其河源出突厥东北界俱轮泊（呼伦湖），屈曲东流，经西室韦界，又东经大室韦界，又东经蒙兀室韦之北，落俎室韦之南，又东流与那河、忽汗河（嫩江、牡丹江）合，又东经南黑水靺鞨之北，北黑水靺鞨之南，东流注于海……”

——文中的蒙兀室韦（《新唐书》作蒙瓦室韦）就是蒙古族人的先祖。此时，蒙兀室韦居室建河/黑龙江之南，亦即大兴安岭北部山中。至此，蒙古族的先祖，终于走进历史的视野。由于史料来源的不同，译法有别，因此除蒙兀之外还有许多别译，曰肓骨，曰朦骨，曰朦辅，曰萌骨，曰蒙古，曰蒙古思等。历史上，蒙古人自称鞑靼（达达），鞑靼是蒙古高原民族的泛称，此名是将蒙古包括在内的。文中的望建河、室建河，均指黑龙江上游河段。

## 二

随着蒙兀室韦走进历史的视野，及其登上历史前台的蒙古族的强硕，溯其源，便撷拾起关于他们古老的传说。

北大兴安岭山中通往额尔古纳河右岸的路　范震威 摄

先时，蒙古族人没有文字，前代的情况靠口耳相传，从而有了传说。传说是文明的前史，对于研究起源也有重大的参考价值。

**●传说之一**

相传在混沌初开，天地分离之际，太阳有两个女儿。黄河奔流进入东方大海时，世间也出现了一只刳木的小舟。太阳的两个女儿坐在小舟之中，来到山明水秀的大地上。两姐妹中的姐姐嫁给了南方的部落，妹妹嫁给了在北方的部落。后来，姐姐生下了一个男孩，取名海特斯，意为汉族。孩子降生时，手里攥了一块土，他长大以后，便亲近土地，以种植五谷为生，成为农业氏族的祖先。[1]

嗣后，妹妹也生了一个儿子，取名叫蒙高乐，就是后来的蒙古族。他生下时，手里握着一绺马鬃。他长大以后，特别亲近马，便牧马、牧牛和牧羊，成为蒙古族人的祖先。

汉族人与蒙古族人是姨表兄弟，是有血脉相连的，有着一半血统上相同的族脉与血脉。他们都敬畏上天，因此有着共同的自然神——太阳，也就有了相同的神脉。他们同是太阳的子孙。

这说明，汉族和蒙古族的历史同样源远流长。

---

〔1〕此传说见于苏赫巴鲁：《成吉思汗传说》。朱耀庭《成吉思汗传》（人民出版社，2004）也记录了这个传说；特官布扎布、阿斯纲译《蒙古秘史》（新华出版社，2006），亦记录了这个传说，诸文之间略有不同。

### ●传说之二

大约在距今两千年前，古代被称为蒙古的那个部落，与另一些突厥部落发生了内讧，终于引起战争。另一些部落战胜了蒙古人，对他们进行了大屠杀，使他们只剩下两男两女。这两家人害怕敌人追杀，逃到了一处人迹罕至的地方，那里四周唯有群山和森林，除了通过一条羊肠小道，历尽艰难险阻可达其间外，任何一面别无途径。在这些山中间，有丰盛的草木和气候良好的草原。这个地方名叫额儿古涅—昆。“昆”字意为“山坡”，而“额儿古涅”意为“险峻”。那两个人的名字为捏古思和乞颜。他们和他们的后裔，长期居留在这个地方生息繁衍。

他们所占的地域显得日益狭窄不够时，他们就互相商量，走出这个严寒的峡谷和狭窄的山道。于是，他们全体聚集在一起，在森林中整堆整堆地准备了木柴和煤，宰杀了七十头牛马，从它们身上剥下整张的皮，做成了风箱。在那里的山坡脚下堆起木柴和煤，使七十个风箱一起煽起火焰，直到山壁熔化。结果，从那里获得无数的铁，同时，通道也被开辟出来了。他们全体一起迁徙，从那个山隘里走了出来，到了原野上。

——这个传说录自波斯伊利汗国首相，大史学家拉斯特主编的《史集》第一分册第四编第一章。[1]

有趣的是，这个传说在前文笔者引录的《旧唐书·室韦传》中找到了旁证：蒙兀室韦是室韦诸部中的一个分支，又是契丹之别类。其部落傍望建河而居，其河源出突厥东北的俱轮泊，该河屈曲东流，东经蒙兀室韦之北远去。朱耀庭认为“望建河即黑龙江上游也里古纳河，今称额尔古纳河”。——2010年夏，笔者为撰写《黑龙江传》曾在此诸地踏察走访。实际的情况是，额尔古纳河有二源，一曰海拉尔河，另一曰达尔鄂罗木河。前者出大兴安岭山中，后者出自呼伦湖（呼伦湖即俱轮泊），二水相会，乃成为额尔古纳河。额尔古纳河北流弯曲后与从蒙古流来的鄂嫩河——石勒喀河会合后，成为今天的黑龙江。古时的地河概念

---

〔1〕[波斯]拉斯特主编《史集》第一卷 第一分册，第四编，第一章，商务印书馆，1997年版，第251–252页。

本书作者在额尔古纳河右岸考察，远处为大兴安岭　王冰 摄

简单，通称为望建河并无错。又云，当地人曰青为莽监，异化写成望建，实际之意还是“青色之水”，亦即“黑水”或“黑河”，原因是该河水清，因多含腐殖质，故而又清又黑又透明，人称黑水。由此，朱氏的《成吉思汗传》引屠寄的《蒙兀儿史记·世纪第一》说：

“蒙兀儿者，室韦之别种也。其先出于东胡。楚汉之际，东胡王为匈奴冒顿单于所破杀，余众迸走，保险以自固，或为鲜卑，或为乌桓，或为室韦、契丹。在南者为契丹，在北者曰室韦。室韦依胡布山（今黑龙江之大兴安岭）以居。……至唐部分愈众，而蒙兀室韦北傍望建河。”

——从以上的传说，我们看到的是蒙兀室韦人从远古走来的依稀而又苍茫的身影。

当这个身影越来越近时，他们已经走过了茫茫时空，我们见到了《蒙古秘史》中所描述的苍狼与白鹿。

《蒙古秘史》也称《元朝秘史》，此书是蒙古族人用畏吾体（畏吾者，今维吾尔也）蒙古文撰写的蒙古族早年的历史，完成于公元1228戊子年，亦即鼠儿年。[1]书是这样开头的：

当初元朝的人祖，是天生的一个苍色的狼，与一个惨白色的鹿相配了。同渡过腾吉思名字的水，来到于斡难名字的河源头不儿罕名字的山前住着，产了一个人，名字唤作巴塔赤罕。

在该书中，苍色的狼，其蒙古语的汉文音记为“孛儿帖赤那”，惨白色的鹿，蒙古语的汉文音记为“豁埃马阑勒”。对于苍色的狼和惨白色的鹿，因蒙古人喜欢用动物之名为自己冠名，故而苍狼与白鹿乃是这夫妻俩一男一女的名字。还有一种说法是说，以苍狼为图腾的部落的男子，娶了一个以白鹿为图腾的部落的女子为妻子（相类的是契丹八部远祖的白马、青牛的传说），后来生下了一个儿子叫巴塔赤罕。——从这里可以推知，所谓“天生的”一语，实际是说，那个男子像苍狼一样凶猛，而那个女子则像惨白色的鹿那样，既柔顺又矫健。这里非但没有什么不恭的内涵，反之，却含有某种敬畏与欣羡。

孛儿帖赤那和豁埃马阑勒，史家一致认定是成吉思汗的二十二世祖。他们的生活年代，大约为公元8世纪，在成吉思汗之前约五百余年。

## 三

根据蒙古族人的民间传说，成吉思汗（本名帖木真或铁木真，意为精良之铁）生于马年马月，即公元1162年夏七月，“生时，右手握着髀石般一块血”（《元朝秘史》卷一语）。按《元史·太祖纪》，成吉思汗崩于六盘山行宫，时

[1] 此书由谁所写，是何人将这记音成汉文，并做了意译，一概不知。书末说：“鼠儿年七月，於客鲁涟河阔迭额阿剌勒地面处下时，写毕了。”然对鼠儿年，释者有1228，1240，1252，1264年等诸说。为了方便，本书只取其中第一种说法。

年六十六岁，上溯计算，成吉思汗恰生于宋高宗绍兴三十二年，即壬午年（马年），亦即公元1162年，其时年均合（然，关于成吉思汗生年，尚有生于猪年之说——即生于公元1155年，本书不取）。

铁木真九岁时，父亲也速该带着他离开不儿罕山下的三河源（指黑龙江北源鄂嫩河，彼时称斡难河。所谓斡难者，即乌洛候之对音；另一河为黑龙江西源克鲁伦河，当时名怯绿连河；还有一河为土拉河，亦为色楞格河，是注入贝加尔湖之河右岸的支流。三条河均发源于不儿罕山——今肯特山），向东行，踏着斡难河与怯绿连河中间的草原，奔往居住在今呼伦湖附近的弘吉剌部，到舅舅家的部落，给儿子寻一门亲事。父子二人骑着马，迎着灿烂的阳光走到怯绿连河下游、呼伦湖附近的一处地方时，遇见了一位弘吉剌部名叫德薛禅的人（德是他的名字，薛禅的含义可以释为贤者、智者或达者）。两位年龄相仿的汉子，见了便唠了起来。也速该也不隐瞒，便把为儿子寻一门亲事的目的和盘托出。德薛禅见这个九岁的小男孩铁木真，两眼明亮有神，活泼可爱，便对也速该说：昨晚我梦见一只海东青带着太阳和月亮落在了我的掌中，我想一定有贵人到。那就是你们父子吧！你也不用前行了，我家正有一个小女，年方十岁。俗话说，女大一，做贤妻。他笑着说："干脆咱们两家结为亲家吧！"

也速该随德薛禅前行，来到他家的帐房前，正好他的女儿孛儿帖在帐房外喂他家的狗。也速该见孛儿帖面如满月，双目含情，一脸含笑的娇态，虽还年小（却比铁木真大一岁），已露华贵之相。他立刻就相中了德薛禅家的女孩，心中自言自语："真吾儿媳

石上刻字：额尔古纳河欢迎您！　王冰 摄

中俄界河额尔古纳河　范震威 摄

也！”孛儿帖的母亲出了帐门，也看好了男孩铁木真。——就这样，一门亲事遂正式订了下来。也速该带了一匹从马，本是途中换骑用的，赠给了德薛禅，算是聘礼。

也速该在德薛禅家住了两宿，把儿子铁木真留下，自己告辞回家，临行时嘱咐铁木真说：

“好生对待孛儿帖，别惊扰人家的狗啊！”

按着蒙古人的习俗，男女定亲以后，男孩要留住女家一两年以上，甚至更久，直至娶亲时，方双双回家。也速该嘱咐儿子别惊狗的话，也是寻常话。一般九岁的小男孩，哪有不以玩狗为乐的呢！

然而，仅是这两句话，竟成了这对父子的永诀。

也速该骑马回三河源，路过怯绿连河时，遇见了他的老对手、老仇家塔塔儿部人。塔塔儿部也认出了也速该正是九年前打败他们部落，掳去该部头人铁木真

克鲁伦河　范震威 摄

的蒙古部族首领。——九年前，也速该带部下攻打塔塔儿部大胜，掳来两个塔塔儿部酋长。回去时，正赶上爱妻诃额仑生下男孩。于是，也速该以那个被俘酋长的名字帖木真叫了自己的儿子。——这一次，也是合该遭遇不幸，也速该明明知道遇见敌对部了，应该策马飞逃而去才是，却不知怎么的竟下马坐到塔塔儿部的人众中，不客气地吃喝起来。其实，这也是草原民族的习俗，有客来喝酒，不可拒绝，应该满心招待之。殊不知认出了仇敌的塔塔儿部族人，在酒中下了缓慢发作的毒药。也速该吃后上马，又走了三天，回到家中，一头栽下来不起了。他明白这是中毒了，便把中毒的事告诉了妻子诃额仑，又托孤给好友蒙力克一家，请蒙力克到德薛禅家去把儿子铁木真接回来，让这个九岁的长子帮助守寡的妈妈，把日子过下去。——一切安排妥当之后，也速该双眼一闭离开了人间。

铁木真被蒙力克接回家之日，也是他辅助母亲将家扛起来之时。——笔者这里不去详陈铁木真九坎十八难的凶险命运。反正，“天降将大任于斯人也，必先苦其心志，劳其筋骨，饿其体肤，空乏其身，行拂乱其所为，所以动心忍性，曾益其所不能。”（《孟子 · 告子章句下》）换言之，成吉思汗之所以能够成为成吉思汗，是与他以常人无法企及的忍耐的意志和力量，战胜了所有他经历的艰难与险阻，终于在他四十四岁时，称雄大漠草原，建立了亘古以来最伟大的马背上的民族国家，自称成吉思大汗，简称成吉思汗。“成吉思”者，天赐也。（《蒙鞑备录》语）又，“元太祖未起时，石上有异鸟响之鸣，曰青吉斯，以为瑞，遂取其音为号。”（《蒙古源流》语）

当时，即铁木真太祖元年（公元1206年），大会群臣，建九游白旗，即皇帝位于斡难河之源。群臣上尊号曰成吉思皇帝。（《元史 · 太祖纪》语）

——成吉思汗铁木真生于不儿罕山下三河源之斡难河边，他生于斯，长于斯，受难于斯，成帝业于斯，称成吉思汗时也聚会于斯。因此，笔者称他为黑龙江之子，因为斡难河即今鄂嫩河，实为世界第九大河黑龙江北源也。

三河源中的另一条大河克鲁伦河，彼时称怯绿连河，乃是同名异译。成吉思汗铁木真的母亲诃额仑，虽然是抢来的已婚美女，可后来却相夫教子，为丈夫也速该一连生了四子一女，以后又帮助成吉思汗抚养了四位义子，可谓是极尽人寰的伟大女性，不言而喻，她是一位伟大的母亲。这位伟大的母亲娘家是弘吉剌部人。弘吉剌部的居地在克鲁伦河下游地及呼伦湖、贝尔湖周围地带。克鲁伦河注入呼伦湖。呼伦湖的姐妹湖是贝尔湖。发源于大兴安岭中部的哈拉哈河注入贝尔湖，贝尔湖与呼伦湖之间有乌尔逊河相连。呼伦湖水经达兰鄂罗木河，在纳入海拉尔河之后，成为额尔古纳河。而额尔古纳河是黑龙江的南源，所以，弘吉剌部族人也是由黑龙江水养育成的伟大儿女。

巧的是，也速该为铁木真所定亲的孛儿帖娘家，也是弘吉剌部人。如是，怯绿连河/克鲁伦河不啻是成吉思汗的母亲河，也是他儿女的“姥姥河”。

还有一点，笔者愿意指出，成吉思汗之父也速该，虽也生活在斡难河源诸地，可他一生经历无数次与塔塔儿的战斗，战场多在斡难河与怯绿连河等地蒙古高原的草原上。故而，这里我愿意借用居于台北的蒙古族女诗人席慕蓉的诗歌“父亲的草原，母亲的河”之句，并联系到蒙古族早年在山中拉风匣烧山化铁

克鲁伦河标石　范震威 摄

冲出大兴安岭山林的情景，我又给席慕蓉的诗歌补充了一句：“大兴安岭的依托。”

成吉思汗（包括他的祖辈）是黑龙江水养大的，所以我们可以骄傲地宣称：成吉思汗是黑龙江之子。[1]

同时，我们也可以骄傲地称成吉思汗发妻孛儿帖为克鲁伦河/黑龙江的女儿。

写到这里，想起2010年初夏我在上述诸地考察，寻访克鲁伦河早年的人文景致时，除了见到屹立于呼伦湖西岸的成吉思汗拴马桩之外，还听到《克鲁伦河》（呼斯楞演唱）、《这片草原》（莫尔根演唱）、《成吉思汗的传说》（阿丽玛演唱）、《一代天骄》（凤凰传奇演唱）等许多歌颂成吉思汗与孛儿帖的抒情歌曲。

---

〔1〕参见拙作《黑龙江传》，黑龙江美术出版社，2012年版，第八章。

兹将《克鲁伦河》的歌词记之如下：

清清的克鲁伦河水
闪耀着乌光
你就像祖先的血脉
在我心中激荡
流淌，流淌
日夜地流淌
为什么总像母亲守在我的身旁
克鲁伦，克鲁伦是我生命的乳浆
克鲁伦，克鲁伦给我蓝色的梦想
带来幸福，带来吉祥
克鲁伦河流在我的心上

清清的克鲁伦河水
保佑着牧场
你就像深情的哈达
在我梦中飘荡
飞翔，飞翔
永远地飞翔
为什么总像牧歌在我心中回响
克鲁伦，克鲁伦是我生命的乳浆
克鲁伦，克鲁伦给我蓝色的梦想
带来幸福，带来吉祥
克鲁伦河流在我的心上

无论从哪个角度来看，克鲁伦河都是一条伟大的河流。早在匈奴时代，这里就是左贤王的居地。到了蒙古族兴盛的年代，她不仅是孛儿帖的母亲河，是弘吉剌部族人的母亲河，故而她也是蒙古民族的母亲河。——关于克鲁伦河，笔者能告诉读者的是，这条总长1264公里长的大河，上中游有约一千公里在蒙古国境内，该河在我新巴尔虎右旗西部的克尔伦苏木进入中国境内，下游经206.44公里，注入呼伦湖。

在大元帝国时期，克鲁伦河的重要性自不待言。仅举一例：著名的《蒙古秘史》，即《元朝秘史》的末尾，作者记述了斡歌歹，即窝阔台皇帝的话，既总结了他平定金国，建立了站赤制等五大成就，也对自己的差事如沉湎于酒，取了斡赤斤叔叔百姓的女子等作了“自我批评”。书的最后写道：

“此书大聚会着。鼠年七月，於客鲁涟河阔迭额阿剌勒地面处下时，写毕了。”

文中的客鲁涟河，即今克鲁伦河，译音有异而已。此河成为窝阔台宴请诸王臣大聚会的地方，元太宗时，已成为大元腹地，当然十分重要了。这条伟大的克鲁伦河畔，也是蒙古人第一部史书的书写地。——而更明显的是伟大的成吉思汗所创建的蒙古史，则是书写在蓝色蒙古高原的苍茫大地上的。

## 四

元帝国由马背上得天下，却不能在马背上治天下。

从铁木真于公元1206年称成吉思汗建国起，到忽必烈称帝建立大元帝国，其间已过去了五十四年。忽必烈没有经过草原大会诸王的推举，就采纳汉臣之言，用汉臣王鹗起草诏书，诏告天下，在从湖北返回北方草原的途中称帝，建立了大元帝国。由是，建元中统，“法春秋之正始，体大《易》之乾元。”乃定国号为元。

呼伦湖西岸的成吉思汗拴马桩　范震威 摄

元者，始也。（《说文解字语》）

元者，善之长也。（《易·乾》语）

元——这个词的内涵如此之好，我推想，当年欲选一词以为国名时，一定颇费了一番踌躇，亦颇动了一番脑筋。但不管怎么说，一群依附于蒙军忽必烈大帅的汉族知识分子，或曰读书人士大夫，还是说服了忽必烈，让忽必烈接受了这个中华最古老的汉字之一的“元”字，作为蒙古人所建帝国的国号，开了一个吉祥卓越的好头。

然而，这个不经草原大会诸王推举，即自行宣布继承帝位的作法，正如一枚硬币有正反两面一样，它也开了一个恶劣的先例，引发了内争，消耗了国力。同时，也刺激诸王及各级元朝官吏的贪欲。大汗忽必烈窃国，那么诸王以下，乃至下层官吏便纷起效尤：争权、敛财、贪贿、腐败、蓄奴、争夺女人。成吉思汗有五百多美妾，馋得他麾下的官员也公开地向他争功、索要女人。

大元治天下，还把人分类划等：一等人为蒙古人；二等人为他们先征服的西域诸国之人，称色目人；三等人是已被他们灭掉的金国人。初时，蒙军杀女真人甚厉，故许多金人易服、易言、易姓，扮成汉人，如完颜氏改姓王，乌古论改姓商，纥石烈改姓高，徒单改姓杜，兀颜改姓朱等，不一而足。所以，后来元廷将女真人与汉人，统称叫汉人；而元军最后攻灭的南宋，则叫南人。由于打上了这种出身划等的烙印，社会分配，如做官等，必然引发歧视，亦埋下了不满的种子。更严重的是税、币、盐等均掌握在蒙人官吏手中，滥造币、苛捐杂税泛滥，以及盐之专卖胡乱涨价等，再加上其他社会歧视与不公，遂引发了此起彼伏的农民起义，最后被率先胜出的农民起义领袖朱元璋胜出，大元帝国也被朱元璋的明军所灭掉。

如果从成吉思汗称帝的公元1206年算起，到公元1368年朱元璋建立大明帝国，元顺帝二十八年八月，明军入京城元亡，历时162年；若从忽必烈建立大元帝国之公元1260年算起，元帝国历时108年；若从公元1279年元将南宋灭亡算起，到元顺帝二十八年，则历时98年而元亡。在大统一帝国的唐、元、明、清诸朝中，大元帝国最强劲、最有力，历史却最短。它统一中国不到百年，便结束了它的统治。其实，元顺帝离京出逃后，其后续的小政权，余沥亦不断，在有明之年一直同明对抗，直到明亡，清政府才最后将漠北草原统一。在清人张廷玉等所撰的《明史》中，元人所余的部落式的漠北之国，如：瓦刺、鞑靼、朵颜以及福余、泰宁等，均编入“外国卷”中，因此这部分人便逐渐淡出了中原历史舞台。

## 五

多数历史乃是由当事者留下“实录”之类的东西经由后人撰写的，除了魏收写《魏书》与时间几乎同步之外，大略如此。忽必烈建立大元，后来又灭南宋之后统一中国，如此皇皇胜迹，为此给前朝的辽、北宋、金、南宋撰史的任务，便呈现在元廷面前。

辽与金在建国以后，都听从汉臣的建议，设立史官，有专职的官员撰写皇帝的起居注、日历，纂写实录。辽朝历代所修的实录，最后由耶律俨综合成书，史称耶律俨《实录》。撰史需要功底深厚，有严格的史学根底，按照清人章学诚的见解，更要有优良的史德、史才与史识。不肖说这样德才兼备、学艺双馨的人少之又少，且契丹人是马背上的民族，连历朝的皇帝都迷恋渔猎，长时间坐不下来，怎么找一位合适的人修史呢！命运的手推出的耶律俨，其实也不是契丹人。他字若思，析津（今北京）人。他本姓李，父亲仲禧曾在辽兴宗重熙年间开始做官。清宁（公元1055年，辽道宗元年）初，同知南院宣徽使事。由于此时辽建国已近150年，辽朝的汉人亦多契丹化。换言之，在长达近150年的辽廷统治下，文化的浸润是双向的，即契丹人渐趋汉化，汉族人渐趋契丹化，而这就叫民族文化或曰文脉的融合。清宁四年仲禧在鸭子河、混同江，也就是今天的松花江、嫩江交汇地附近筑城，受到提拔。以后经过贬谪与晋升，在清宁六年时赐国姓耶律，封韩国公，改南院枢密使，进入辽廷的上层社会。李仲禧成了耶律仲禧，他的儿子李俨，也就成了耶律俨。

呼伦贝尔市海拉尔成吉思汗广场上的成吉思汗柱形碑　范震威 摄

辽道宗晚年倦于政事，用人亦懒于自择，而是让待选的臣子们当着皇帝面掷骰子，以胜者得以充任。耶律俨掷得胜采，乃迁升知枢密院事，封越国公，修《皇朝实录》七十卷。史称耶律俨是一位廉政官员，一芥不取于人，经籍一览成诵，是一位才华横溢者。他善于察言观色，他的爱妻邢氏异常美貌，常去宫中走动，耶律俨嘱咐她：“慎勿失上意！”——由上述可知，契丹化的耶律俨被选为撰写辽廷国史，既是必然，也属于命中注定。

耶律俨的心血与汗水没有白费，他的七十卷《皇朝实录》为撰写《辽史》夯实了基础。金朝灭辽后，两次纂修《辽史》，都以耶律俨的《皇朝实录》为依据，再佐以其他材料撰写。

金熙宗时，由耶律固和萧永祺执笔撰《辽史》，成后没有刻印刊行，到元代时，手稿已无踪影。金朝第二次修《辽史》，是在金章宗时代，由移剌履和党怀英等13人一起参与撰写，到章宗泰和七年（公元1207年）由陈大任最后完成，史称陈大任《辽史》。但因种种原因，特别是“帝统”问题争论不下，也没有刊行。

《辽史》的最后定稿与刊行，拖到元代。

同样，元灭金之后，《金史》的撰写、定稿与刊行，也因“国亡史作”而摆在元人面前。但是，《金史》修撰时所面临的材料之丰，局面之好，都优于《辽史》。这是因为《金实录》比较充实。金建国以后，对史书重视，九代皇帝均有实录留存。元灭金时，降元的金将张柔不敛财银，却将金代历朝的实录装车载之北去。忽必烈中统二年（公元1261年），张柔把这些实录及一干文献全交给了史馆。不过，时逢乱世，这些实录也有一部分散佚，如卫绍王一朝的实录，就是中统三年王鹗据杨云翼《日录》、陈老《日录》等补缀而成。

本书作者摄于乌兰浩特罕山成吉思汗公园门前的大汗雕像前　范震威 摄

对《金史》有贡献的当属元好问，字裕之，号遗山，山西忻州人。元姓为北魏拓跋氏后裔，彼时早已汉化。他七岁能诗，有神童之誉。但他生不逢时，他的官运都在金朝晚年任职。金天兴二年（公元1233年）金南京汴京被蒙军攻破。他便北渡黄河，羁管聊城。晚岁以著书为已任。认为金源有天下，典章法度上及汉唐，国亡史作，已所当为。他闻知《金实录》在顺天万户张柔手中，乃向张建言，愿意撰《金史》，却而为乐夔所沮而止。但他仍坚言说：

"不可令一代之迹泯而不传啊！"

于是，他筑亭于家，不再出仕，以著述为已任。凡金源君臣遗言往行等，均采摭而录，以寸纸小字为记录，迭至百余万言，取名《野史》。以传至身后者，有《中州集》《壬辰杂编》等。元代修《金史》，元好问的材料亦为其所本。

另一位对《金史》有贡献的是刘祁，字京叔，号神川遁士，山西浑源人。曾发愤读书，潜心著述，颇有文名。蒙军破汴京，他遁归乡里，筑堂以居，题堂匾曰"归潜"。窝阔台十年（公元1238年），诏试儒士，刘祁中选，充山西东路考试官。他虽在元朝做官，但他所获得的金朝的人与事也不少，曾撰有《归潜志》十四卷。《金史》称他："值金末丧乱，作《归潜志》以记金事，修《金史》多采用焉。"

由于材料略为充分，所以《金史》在元人所修的辽、金、宋三史中，算比较好的一部，显见比《辽史》详尽。传至今天的中华书局标点本《辽史》全5册，116卷，总计90万字。传至今天的中华书局标点本《金史》全8册，135卷，总计165万字。比较起来，《宋史》更为详尽。传至今天的《宋史》全40册，496卷，总计813.7万字。辽朝历时218年，金朝历时120年，北宋历时167年，南宋152年，南北宋合计319年，但囊括了北宋、南宋人与事的《宋史》，其所记时间尚比辽史与金史加起来的年代还少近20年，其规模却比《辽史》与《金史》相加之总和还要多两倍余，可见《宋史》更丰沃。

可是，在史家看来，《宋史》所记朝事，两次历亡，其史传的质量却不敢令人恭维，而且它在《二十四史》中，有繁芜杂乱之称，这是不能不言及的。

早在大元帝国初年，忽必烈亦效仿先代的作法，诏修《宋史》，后来袁桷

鲜花飘香的黑龙江边　范震威 摄

又奏请购求辽、金、宋遗书。虞集亦曾奉命主持修撰《辽史》《金史》与《宋史》。彼时，元朝内部的官员对修《宋史》的主张、体例有不同意见。一派认为：应以宋为世纪，以辽、金为载记，仿效《晋书》故事。还有一派的意见是：以辽、金为《北史》，以宋太祖赵匡胤始，至靖康末年北宋之亡止，为《宋史》；而以建炎以降的南宋，撰《南宋史》。——这两种意见争执不下，一时无法统一，便耽搁了下来。其实，这种争执的本质是，以谁为正统，怎么看辽、金、宋三朝的问题。

到了元顺帝至正三年（公元1343年）三月，诏修辽、金、宋三史，乃以中书右丞相脱脱为都总裁官，中书平章政事铁木儿塔识、中书右丞太平、御史中丞张起岩、翰林学士欧阳玄、侍御史吕思诚、翰林侍讲学士揭傒斯为总裁官。

由是，《辽史》《金史》和《宋史》的修撰再次启动。

彼时，脱脱任中书右丞相、录军国重事。他领衔为三史总裁官后，提出辽、金、宋“各与正统，各系其年号”，将抽调的官员，按《辽史》《金史》和《宋史》各予以分工，各撰各史。至此，争议多年的“谁为正统”的争议终于平息，争执得以解决。如此，《辽史》《金史》及《宋史》方才按部就班地进行下去。

从历史的眼光看，脱脱的这一远见卓识，不仅解决了久受困惑的三史编修人员的争执不下，也为中国历史中古阶段辽、金、宋（以及西夏等）相互纷争的客观评价问题，为我们今天回顾这段数百年的历史有了《辽史》《金史》和《宋史》这样比较独立而又客观史籍，打下了最先的基础。

脱脱的历史功绩不言而喻，是难以埋没的。可是，脱脱本人的命运却一波三折，最后死于边徼。脱脱总裁修史后不久，即被罢相，接下来的修史总裁官由新相阿鲁图继任。《辽史》先成，由脱脱等一并奏上。其《进辽史表》文略谓：

“……分撰《辽史》，起至正三年四月，迄四年三月。发故府之椟藏，集遐方之甌献，蒐罗剔抉，删润研劘。纪志表传，备成一代之书；臧否是非，不迷千载之实。臣脱脱叨承隆寄，幸睹成功。载宣日月之光华，愿效涓埃之补报。我朝之论议归正，气之直则辞之昌；辽国之群臣有知，善者喜而恶者惧。”……[1]

鹰嘴妈妈的传说——鹰是女真人崇拜的图腾 （据《漫话金源地》）

《金史》成，而由嗣后继任的阿鲁图奏上。其《进金史表》文略谓：

“……维此金源，起于海裔，以满万之众，横行天下，不十年之久，专制

〔1〕参见《辽史》，中华书局标点本，第1556页。

域中。其用兵也如纵燎而乘风，其得国也若置邮而传令。及熠兴于礼乐，乃焕有乎声明。尝循初而讫终，因考功而论德。非武元之英略，不足以开九帝之业；非大定之仁政，不足以固百年之基。天会有吞四海之势，而未有壹四海之规；明昌能成一代之制，而亦能坏一代之法。海陵无道，自取覆败；宣宗轻动，曷济中兴。迨夫浚郊多垒之秋，汝水飞烟之日，天人属望，久有在矣。君臣守义，盖足取焉。……”[1]

以阿鲁国之表文，一结金史120年，亦算持论公允。

元顺帝至正五年（公元1345年），也就是《金史》成书后的次年，元帝下圣旨刻印《辽史》与《金史》，其《金史公文》略谓：

“……阿鲁图右丞相……达世帖木儿右丞等奏议：‘去岁教纂修辽、金、宋三代史书，即目辽、金史书纂修了有，如今将这史书令江浙、江西二省开版，就彼有的学校钱内就用，疾早教各印造一百部来呵。’怎生奏呵，奏圣旨那般者。钦此。……”[2]

这段用汉文写就的《金史公文》，所使用的是元朝的官方汉语，或曰元朝版的汉文。它的表述方法同鼠儿年成书的《蒙古秘史》译成汉文后的《元朝秘史》中的语句、句式、叙事模式，以及叙者的口气、感叹等，均一模一样。或以为，这样的文字即是彼时元朝官衙间，在蒙古籍官员中流行的一种汉文与汉语哩！

令人引起注意的是，这次各印一百部《辽史》《金史》，用的是学校的钱。而印后是否给学校使用，那就难已确知了。

《宋史》成稿后，也有《中书省咨文》一通，以圣旨之名，精印《宋史》一百套，这次明令，印就后，由“差官赴都解纳”，也就是送到元大都北京去。[3]

现在回顾一下《辽史》的修撰，其主要材料源自耶律俨的《实录》和陈大任

---

〔1〕《金史》，中华书局标点本，第2899-2900页。
〔2〕《金史》，中华书局标点本，第2899-2900页。
〔3〕《金史》，中华书局标点本，第2905页。

的《辽史》，以及宇文懋昭的《契丹国志》，司马光的《资治通鉴》，以及前史中的《契丹传》，故而进展神速，在不到一年的时间内完稿，脱脱在任内完成，因此奏表由脱脱呈上。

如此匆忙，舛错自不可免，这是《辽史》的先天不足。

再者，当时元朝社会动荡，反元的起义造反者，此起彼伏。脱脱后来带兵去平定起义军，以后又二次任相。但是，彼时元廷内的内争、窝里斗非常激烈，脱脱一家为仇家所参，脱脱与其父亲贬谪甘肃，后又遭仇家参本，二次谪贬云南，到了大理、腾冲。脱脱的人品为知府高惠所慕，欲妻之以女，为脱脱所拒。

他说："吾罪人也，安敢念及此！"后被矫诏遣使鸩死。年仅四十二虚岁。虽如此，高知府的女儿乘脱脱在其家酒醉之夜，竟以身相许，在婢女的帮助下交合。后来虽遭脱脱婉拒，高女却有娠。故而在脱脱死后，高女生一子，遂在云南留下一支脱姓的胤脉。

夫内争、窝里斗残杀能人、无辜者，让元廷千疮百孔，四下漏风，已无挽狂澜于既倒者。脱脱之死，就是一例。脱脱官场的仇家者，别儿怯不花也。夫小人得道，忠良遭欺。元朝虽为牧猎而起之国，中原王朝中的弊病却早已学到手了。

至于《金史》，情况略好，舛误亦较少。史家还注意到一个现象，那就是《二十四史》中，神话、传说，怪力乱神多有不免，而《金史》中几乎不见踪影。像《辽史》中的青牛白马的传说；《宋史》中宋太祖赵匡胤生时，赤光满室，异香经宿不散；"体有金色，三日不变"的所谓吉兆，以及某日宋太祖与韩令坤博土于室中，忽闻室外有雀儿相斗，二人起身奔往室外捉雀儿，雀儿已飞去，而身后的屋墙却"轰"的一声坍塌，二人得救于神雀儿云。（《宋史·太祖纪》语）

相比之下，《金史》中既无神话、传说，也无雀儿斗之类的吉祥之兆。另外，《金史》记述金国初起时，完颜女真出征时，仅祷于皇天后土，并无杀生祭祀之说，他们坐大以后，方才有祭祀。金人特相信梦兆，尝依梦判断出战的胜负。我不知他们无梦时，是如何定吉凶的。《金史》叙完颜部女真起于白山黑水间，然后突然插入始祖函普由客居之地高丽来完颜部，而没有像契丹那样上溯其古老的历史，直上溯到“辽之先，出自炎帝”之类，让读者在惊诧之中去品味古老。

其实，女真人也有古老的传说——在今阿什河地域流传着“鹰嘴妈妈”的传说，该传说将女真的历史同海东青联系起来。换句话说，女真人乃是由海东青猎鹰哺育的儿女，是吃鹰嘴妈妈的乳汁养大的。这样一来，就把女真民族（并非仅完颜氏一支）同神奇、威猛的海东青联系起来。海东青养育的儿女，当然壮志凌云，前程万里了。原来，海东青作为飞鹰，是女真人早年的崇拜图腾。——可惜此传说仅流传在今哈尔滨市阿城区，即阿什河、海沟河女真祖地一带，不知为什么没有记入到《金史·世纪》中去。

对海东青的崇敬与喜爱，遍及辽、金、元塞北三朝，并又延及清朝。蒙古地区距海东何等辽远，可成吉思汗九岁时随父亲到岳丈家德薛禅定亲，德薛禅高兴地说：我昨夜梦海东青到我掌中就食，原来是照应铁木儿这孩子身上呀！由此可见，在蒙古人成吉思汗的行止中，吉祥之兆，也有海东青哩！或曰，海东青鹰也为蒙古人的图腾，亦未可知。

由《辽史》到《金史》，再到《元史》《明史》和《清史稿》，海东青的翅影不时地掠过。如果说，女真人有鹰嘴妈妈的传说，那么其中的文化内涵，也就更丰渥，更具海天之阔了！

不言而喻，这是一种原始图腾崇拜的文脉与族脉的印记。

# 松黑乌风云：纳哈出·亦失哈·曹廷杰

## 一

朱元璋大明王朝初期对祖国的东北，即对辽、松、黑乌地区的策略是以和平手段解决改朝换代问题，最先解决了辽西、辽东和辽南。招降的诱惑力很大，让辽河地域减少了流血。

洪武二十年（公元1387年），拥兵于辽北、松花河地区的元朝残余——太尉纳哈出，见辽东降明，却不时地出兵屡侵辽东，成为明廷的左肩之疥。明太祖朱元璋无奈之下，最后还是下令北征。北征的阵容是：以冯胜为大将军，以傅友德、蓝玉为左右副将军，率二十万大军北上，征讨元太尉纳哈出。

彼时，哨马探得纳哈出的重兵屯驻在庆州。庆州的所在地即今内蒙古巴林右旗之索博日嘎苏木，那里为查干木伦河上游的大兴安岭南麓地带，北有庆云山，山下是庆州城的方形土城，一座耸入云端的庆州白塔可以俯瞰周围的山道、河谷与平原。此地自古以来就是冬牧场之地，元军屯驻于此，正可虎视燕北与辽东，蓄势待发。

冯胜探得详情，下令让蓝玉副帅轻装、简出，以迅雷不及掩耳之势，出松亭关，沿老哈河北上。其时已是冬天，一场大雪来得肃穆，元兵因雪大，将马拴于厩中，集中喂饲，兵士困守在帐中猜拳喝酒，没想到趁大雪之间路旷人稀之时，明军如同天降，忽焉而至。元军头目平章果来正在帐中小宴，被拥入的明军用

明代海西女真人像 （据明《三才图会》）

箭射死，他的儿子不兰奚站起来欲去毡帐架上摘刀，一把让明军拥上，明晃晃的大刀横在他的颈前，只好受擒。如此一万余元之残军在庆州大雪中，成了明军的俘虏。

明军先胜一筹，随后明军续出松亭关北上，疾行军到了纳哈出的老巢金山。冯胜下令明军就地扎营，距金山二十里，乃派出元廷降将乃剌吾前往金山去见纳哈出，带着朱元璋的诏书招降。原来，纳哈出曾率兵与明军交过手，先时兵败被俘，朱元璋闻知纳哈出是元初国柱木华黎的后人，亲释其缚，赐以酒肉压惊，也不劝降，却给了纳哈出一干他的下属、坐骑与辎车，将他放回。临别时留下了一句话：

“太尉，上天有意，咱们还会见面的！”

纳哈出心中大恸，只是表面上以礼而别，屈指一算，这已是五年前的往事了。

乃剌吾见到纳哈出，两人相拥，热泪夺眶而出，几乎是异口同声地说：“我们都还活着！”

纳哈出闻知明军发来二十万剿他，未免十五个木桶打水，七上八下，一时难以下定决心是战，还是投降。情急之际，便派出左丞刘探马赤等，到明军大帅营中献马一探虚实。冯胜派人将刘探马赤一干命臣送往京师，又派蓝玉与部将一并接洽。纳哈出听说刘探马赤等已去京师，心中不免慌乱，正在无措之际，乃剌吾再次劝他归顺明廷，不再幻想对抗。

纳哈出率数百骑亲近兵将，一同来到蓝玉的营帐。蓝玉见纳哈出率人来到，于营帐中设宴款待。纳哈出酌酒酬谢蓝玉，蓝玉一仰脖喝下纳哈出递过来的酒，连忙解衣给纳哈出，让纳哈出穿上他的明军帅服，继续坐下喝酒。

纳哈出不愿脱己衣穿明朝军衣，二人相互推让甚久，衣服仍在他二人手中推来让去，一时相持不下。久之，纳哈出眼珠一瞥，低声用蒙语吩咐手下人，戒饬从骑，意思是少喝点，一会儿好逃走。

孰料，郑国公常茂一直站在蓝玉的身边，常茂是冯胜的快婿，此刻站在蓝玉右侧。恰常茂的一名侍从能听懂蒙语。他听纳哈出用蒙语吩咐亲信，少喝酒，一会骑马逃走。常茂闻报，说时迟，那时快，他急忙抽剑，一剑将纳哈出右臂刺伤。纳哈出大怒，要和常茂拼命，乃为众人化解，军医急给纳哈出包扎好伤口，止住了流血，予以好言相劝。纳哈出见逃遁不成，只好借坡下驴，表示愿意降明，决不反悔。——如此，一番挥剑的插曲，竟让纳哈出改变了出逃的打算，真的投降了。闻讯赶来的冯胜大将军，对纳哈出好言相劝，并令耿忠与交出战刀的纳哈出同寝食，为之压惊。

待受伤的纳哈出走出营帐，下令接受明太祖的招降时，蒙军官兵纷纷放下武器，纳哈出的妻妾见纳哈出右臂受伤，不禁失声痛哭。

纳哈出的部众有五六十万之巨，他们从松花河（当时松花江之名，这也是历史上第一次出现以“松花”命名该水，此前——金时称宋瓦江）南岸的居地草场走来，逶迤有百里之长。

黑龙江抚远的明莽吉塔故城遗址碑　汪恩良 摄

明军南归，冯胜留下都督仆英带三千军断后。仆英率军延迟了一天，也是因降了纳哈

黑龙江抚远江边上的明莽吉塔故城　汪恩良 摄

出而大意了，在南归的途中被一支蒙军的未降者偷袭，仆英竟被活捉。仆英知无法交代，偷隙用刀剖腹自尽了。冯胜闻断后军遭袭，仆英自杀身死，无法担当重责，便将乱子推到女婿常茂身上，把自己的女婿械系入京。常茂本以为一剑可立奇功，无端遭此厄运，到京后也不客气，竟将冯胜私匿名马，搜罗蒙古美女，乃至向纳哈出妻妾索要珍宝之事和盘托出。太祖于愤怒中，将翁婿二人一同免职，将常茂谪贬龙州，让交出帅印的冯胜回凤阳削职为民。

太祖将征北大军的帅印授予蓝玉。

居京的纳哈出，一时赋闲。后被朱元璋派往云南，参加对云南元朝残余势力的征剿，却在途中病故。

除了纳哈出部众之外，生活在大兴安岭（彼时称哈剌温山或黑山）的蒙古兀良哈部，也是一支不可忽视的存在。兀良哈，亦称兀琅哈、乌梁海、乌良罕、兀良罕、乌良骇、乌良流等，都是译写的别称。兀良哈，是蒙古族中的一个部族之名，乃是“指蒙古北方的林中百姓”（佟冬《中国东北史》语）。早期的兀良哈人，居住于不儿罕山、斡难河与克鲁伦河一带。到了元末，他们又向嫩江流域，亦即大兴安岭以东，海西江（松花江）西北的阔滦海子（呼伦湖）之南、西拉木伦河北地迁徙。

《明史·朵颜、福余、泰宁传》说：

“朵颜、福余、泰宁，高皇帝（即太祖朱元璋）所置三卫也。其地为兀良哈，在黑龙江南，渔阳塞北。汉鲜卑、唐吐谷浑、宋契丹，皆其地也。元为大宁路（府治今宁城）北境。高皇帝有天下，东蕃辽王，惠宁王、朵颜元帅府相率内附。……洪武二十二年（公元1389年）置泰宁、朵颜、福余三卫指挥使司，俾自头目各自领众，以为声援。自大宁前抵喜峰口，近宣府，曰朵颜；自锦、义历广宁至辽河，曰泰宁；自黄泥洼逾沈阳、铁岭至开原，曰福余。独朵颜地险而强。久之皆叛去。”

后来，明成祖朱棣同南京的建文帝争权，因厚赂三卫出兵，朱棣乃选三千强骑为奇兵从战。天下既定，则徙宁王于南昌，徙行都司于保定，遂尽割原大宁地界三卫，以偿前劳。

自明成祖永乐元年至宣宗宣德八年（公元1403—1433年），兀良哈三卫作为辽、松、黑三江之地的封地，自北向南：福余卫居嫩江中游及左岸内陆河流福余河（今乌裕尔河）诸地；朵颜卫居嫩江中下游两岸诸地；泰宁卫居洮儿河、霍林河，及嫩江下游西南诸地。

兀良哈三卫地之东，即海西女真以及兀者诸部。兀者，即窝集，亦为女真别支，意为森林中人，其居地北自兀的河（即后来清代的乌第河）及入海口向南，经黑龙江下游、入海口，并沿黑龙江上溯，在黑龙江两岸分二股向南，东股在乌苏里江两岸，西股沿混同江上行，分别进入黑龙江中游地、小兴安岭及松花江两岸。[1]

这就是明代前期时的辽、松、黑三江地域时的军政形势。

---

〔1〕参见谭良骧《中国历史地图集》，第七册，第82-83页图。

# 二

蒙军灭掉金源奄有天下，对击散的女真人，特别是松花江地域——亦即女真族崛起的龙兴故地，尤为警惕，故而一把火焚烧了金上京会宁府皇族居地及皇族之陵地（一说，此为金人余部蒲鲜万奴所为）。蒲鲜万奴金末时为养马总官，后被派往辽、松之地抗击蒙古军队。蒲鲜万奴到辽、松之地一看，金的大势已去，便召集已经乱营了的金之余部，得到汉人王浍作谋臣，竖旗称东夏国，自立为王，曾大体在北纬44°至46°线，亦即辽、松黑之地攻城略地，统治二十余年。蒲鲜万奴的东夏军曾两次攻打上京会宁府，第一次未曾攻破。第二次利用当地的白麻雀尾拴火药而攻，引发全城大火，从而将上京会宁府焚毁。焚城之说，录于赫哲族人的民间传说，又传为汉军所为，故今难成定论。焚城之后，居民北逃。加之蒙军又灭掉蒲鲜万奴的东夏国。东夏国人多为女真人，国亡后，兵民亦向北逃黑龙江下游亡。

基于以上的缘由，元廷对女真余部防卫甚严，而女真余部虽分散而居（有的

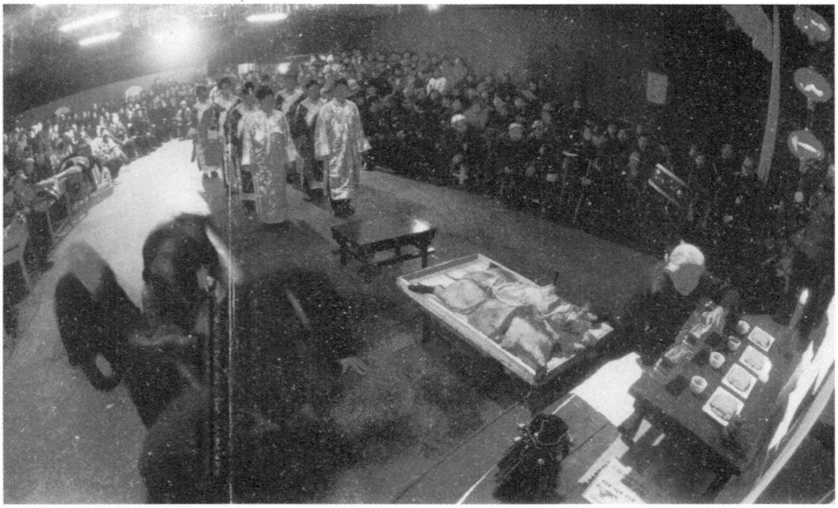

杀猪祭祖的满族仪式　袁志柱 摄

通江子与乌苏里江上的渔民　王冰 摄

匿于山中加入兀者部中），对元廷的拒斥感也特别强烈。待到明军击灭大元，明廷控制了辽、松之地后，主要居于海西江（松花江地区）的海西女真，便自然而然地、主动地同明廷亲近起来。亲近的表示，一是派使臣进贡方物，二是海西女真部落的大酋长，将自己最漂亮的女儿——海西公主，送到京城，献予明成祖朱棣为妃。

明成祖朱棣虽啸武雄烈，可他的后宫不旺。这和他的父亲明太祖朱元璋比起来，则远逊。《明史》谨记太祖生皇子26人，公主16人，这其间还可能有因母出身微贱而遗漏者。而朱棣有子4人，有女5人，其中有3个儿子和两个公主为文皇后徐氏（徐达女）所生，另有一子三女生母未详。故以此推之，海西公主入宫后，她有没有生育过，《明史》也未记录。虽然如此，并未影响明成祖对海西公主的重视。——当然，这种重视是政治性的、理性的，并非为情，为感性所左右。明成祖重视海西女真公主，爱屋及乌。海西公主进京时，曾有一未成年的少年亦失哈，大约八九岁时，因狩猎时为狼所困，被咬断男根。亦失哈为海西酋长的族子，也为公主所怜爱，便随公主一同进京。入宫后学习了汉人文化，又事佛事甚恭，为海西公主（妃）所喜，也为明成祖所看重。未几，亦失哈已成年，成祖便派亦失哈来东北到辽、松、黑、乌地区，以钦差之命去羁縻海西女真以北诸族部落。

元代时，黑龙江下游地本属辽阳行省所辖，当地称纳里哥，元廷在黑龙江口设奴儿干城，置征东元帅府。这笔疆域、民族的政治遗产亦为明廷所继承。明廷废元廷的征东元帅府，在其奴儿干城地，置奴儿干都司，然后沿黑龙江、松花江（也包括乌苏里江、辽河等地）建立卫所，作为羁縻上述诸地诸民族的管理者与守望者。

先是，元亡明兴，明廷建立辽东都司后，不断派员往东北及北部边远地区，多加招谕，早在海西女真归顺之前，地处黑龙江口及库页岛地区的元廷旧臣老撒、捏怯来、失列门、答不歹等，曾有过率三千人进京献马乞降之举。之后，于永乐初年（公元1403年），明成祖诏派邢枢偕同知县张斌等往谕奴儿干，并招谕吉列迷诸部。明年，邢枢与张斌返程时，当地部族的许多头人、酋长等，随之一同入京。于是，成祖命置奴儿干卫，乃将把刺答哈、阿刺孙等人封为指挥同知，赐诰印、冠带、袭衣及赠以钱帛等。——至此，明廷开始在黑龙江下游地域建制，并且开始施法行政。其中，贸易、收税、赏赐等也开始了。到永乐七年，在短短的六年多的时日里，明廷在整个黑龙江大流域、外兴安岭南麓诸地，便已建立了一百三十多个卫所。如此辽阔的地域，以及庞大的“机构”，便使都指挥使司（简称都司）呼之欲出。由是，到永乐九年（公元1411年）之春，明廷特遣内官亦失哈等护送所委任的都指挥同知康旺、都指挥佥事王肇舟等，前往奴儿干都司其地，宣诏上任。至此，明廷在黑龙江口其地的奴儿干都司正式开署办公。——这是明廷国家机器伸展到黑龙江口及库页岛、乌第河流域，即大东北濒北海（今鄂霍次克海）诸地的铁一样的明证。换言之，继元代之后，到明代时，中原政权再一次对黑龙江入海口、库页岛与乌第河之地建立行政建制，这片地区自元、明两代起已为中国领土无疑矣！

奴儿干，又译写作弩儿哥、纳里干。据《元史语解》：奴儿干，清时译为尼噜罕，满语的意思是画。换言之，黑龙江入海口诸地，山川秀美如画，“形势优雅，粲然可观。”（《永宁寺记》语）奴儿干的治所在黑龙江下游右岸，今称特林。特林，按飞雅客人语，意为岩崖。沙俄侵占该地后，取飞雅客人对“岩”（Tir）的称谓，简称为“蒂尔”。蒂尔是特林的音转，在向黑龙江下游船航时，它是很远就能见到的地方。特别是亦失哈多次到该地为该地建永宁寺和再建永宁寺之后，两座寺碑，从黑龙江口上行之船，很远就可以看见。1808年日本探险者间宫林藏雇船入黑龙江口，沿江上行时，当地的山旦人——鄂伦春人，从很远的地方望见此二碑，即对二碑鞠躬遥拜。

由特林到庙街（亦译成庙尔），约两百五十余里，庙街距黑龙江入海口五十余里。特林走水路上行，至三姓（今哈尔滨市依兰县）约三千五百余里。

亦失哈前后率船队多次到奴儿干都司来，具体的次数，其说不一，有十次、九次、七次之异。其中以七次较为坐实：

第一次，永乐九年春，率官军一千余人，巨船二十五艘，复至其国，开设奴儿干都司（据《永宁夺碑记》，其中的“复”字，史家解释之前的一次是指没有

黑龙江入海口处的大海——鄂霍次克海　王冰摄

亦失哈参加的邢枢到奴儿干的那次）。

第二次，永乐十年冬，天子复命亦失哈等载至其国（《永宁寺碑记》语）。这一次，亦失哈带众人在其地造寺、塑佛、立碑、刻石，故时间较长。

第三次，约在永乐十九年至二十年之间。具体情况不详。但有立于吉林市松花江边的阿什哈达摩崖上的刻字为证。此摩崖至今尚存。

第四次，约为永乐二十八年。此年（公元1404年）七月，明成祖北征班师而还，辛卯日崩于榆木川。八月丁巳日太子高炽即皇帝位，是为明熙宗。明年改元洪熙。洪熙元年五月辛巳日，洪熙当皇帝不到一年即崩于殿中，年仅四十八虚岁。由于一连两丧，停摆了许多事，亦失哈的北行，也耽搁下来，未能成行。

第五次，是年不可考。据《重建永宁寺记》碑文中有“五至其国”句，而且是永乐年间，故已难以考释。

第六次，时间是明宣宗宣德元年。《明宣宗实录》中，其九月乙巳日条，有记命辽东都司支给“差往奴儿干官军三千人，给行粮……总二万一千石”的记载。

第七次，宣德七年，《重建永宁寺记》碑文中有记载云：上命亦失哈同都指挥使康政，率官军两千，巨船五十，再至奴儿干。

有趣的是，也是燕王——明成祖的太监郑和（本名马文和，回族人，后赐姓郑，改名郑和），也是在与亦失哈大体相同的时间里，先后七次下西洋。明成祖在位期间，除了自己举军御驾亲征外，还一北一南派其亲近、熟识的内官，带船“远征”，说明了明初时的国策是相当开放的。不过，郑和同亦失哈的结局却不同。郑和第七次归国时，病死于途中（另一说，病死于南京）。亦失哈晚年，却得到了擢升，成为彼时大东北的首席长官。

《明史·亦失哈传》记云：

“亦失哈镇辽东。敌犯广宁，亦失哈禁官军勿出走。百户施带儿降敌，为脱脱不花通于亦失哈。至统十四年（公元1449年）冬，带儿逃归，巡按御史刘孜并劾亦失哈及他不法事。景帝命诛带儿，而置亦失哈不问。”

明帝对亦失哈网开一面，或许亦是为东北大局之稳定而出此一下策吧。

总之，亦失哈是一个生于松花江/海西江的海西女真人。彼时，海西女真居松花江中游地，按今之地域乃为大哈尔滨生人。以后，以宦官的身份率军走水路到黑龙江下游地，羁縻其当地人，又两建永宁寺碑于特林的岩崖上，其居功厥伟，单以此而论，他就是一位不朽功勋的建立者。他，同样应该不朽。——即使以今天重官本位的风气看，他后来镇守辽东（掌管大东北），也是一位国柱式的人物。

——笔者曾冒昧地提出，在昔日的海西女真核心地域上，即今天的哈尔滨某地（比如太阳岛）为亦失哈塑一雕像，至今尚无人回应。

## 三

另外一位可以为之竖立塑像的是曹廷杰。

与其说15世纪初亦失哈多次去奴儿干是为明廷张本的话，不如说他多次的奴儿干之行是在为中华大地的东北隅，播撒中原的先进文化种子，把中华的文化之脉向彼地延伸。亦失哈的文化播种在经过了四百多年之后，当地的吉里迷人在对沙俄统治其地扼杀其文化的失望中，乃对19世纪末到达特林其地考察的曹廷杰，表示了对大清驱逐羌虏的祈盼。彼时曹廷杰奉皇命考察黑龙江以北、乌苏里江以东我失地一百余万平方公里之行回来后所撰写的《西伯利东偏纪要》，乃于近现代之交之

俄庙街博物馆中展出的当地人身穿古老满族衣服的照片　王冰 摄

际，使我国人及时地了解我大东北失土后的情况，而他此行最大的亮点则是将四百多年前亦失哈造寺立碑刻字的两碑文进行了拓印，从而将堙埋在历史时空深处的亦失哈的胜迹公之于天下，从而雄辩地证明了黑龙江下游、乌第河地区与库页岛之地，早在明初乃至元代时就已成了中国的本土。明廷建奴儿干都司，又派官员到其地任职并给予行政与军事上的管理，攻破了此前沙俄御用文人的一切滥词与谎言，重新向世界昭示了这段历史的真相。——曹廷杰的功绩是无与伦比的。他的功勋之所以不朽，是因为他为中华民族重新书写并认定了历史的光辉岁月，让黑龙江古老的中华文脉，大白于天下。

所以我说，在亦失哈身后站着的是另一个时代的巨人——他，就是曹廷杰。〔1〕

著名地理学家，长白山天池诸峰的命名者刘建封，如今他的塑像竖立在长白山北坡的路口　范震威 摄

如今，在东北疆域史上做出了巨大贡献的三位文化巨人，都已经有了塑像：一位是清末考察松花江源头长白山天池，并为长白山天池周围的二十四座山峰分别命名的刘建封，他的铁铸黑色的雕像竖立在自延边去长白山公路右侧，他讲述的是关于长白山的故事。另一位塑像是吴大澂的半身像。吴大澂是我东疆的守护者、捍卫者与建设者，在他任职于宁古塔时，曾经与俄重开边境划界立碑牌的谈判，不仅争回了被沙俄地方当局暗中移碑多占了我的许多领土，还重新

〔1〕有关曹廷杰的事迹，可参见中华书局版《曹廷杰集》，1985年诸文，亦可参见范震威著《黑龙江传》《乌苏里江绥芬河传》(黑龙江美术出版社，2012年版，2015年版)有关详述。

黑龙江口庙街的俄罗斯居民　王冰 摄

认定了在图们江入海口，我有出海权诸事宜。如今吴大澂的半身像也于2015年在宁古塔新城——宁安市竖立起来。还有一位，爱新觉罗氏的始祖猛哥帖木儿（孟特穆），早年生活在哈尔滨市依兰县，如今他的雕像在依兰也竖立了起来……

那么，亦失哈与曹廷杰呢?

## 四

读曹廷杰的《西伯利东偏纪要》和他的另一杰作《东北边防辑要》，见到他记下了许多历史的细节，是令人击节赞赏或拍案叫绝。兹记若干如后——

在曹廷杰北行考察我失土于沙俄诸地之时，他记述说：

“自伯利东北行一千二百余里，至阿吉大山以上，沿松花江（此处指黑龙江，因清代时地图所标示的是黑龙江在同江之三岔口处注入松花江，松花江东北流入海云）两岸居者，通称黑斤（即赫哲），亦呼短毛子，共五六千人。其男皆剃发，女未字则作双鬓，已字则垂双辫[1]，鼻端贯金环，语言多与国语（满语）同。……无文字，削木裂革以记画。不知岁时朔望，问年则数食达莫嘎（大马哈）鱼次数以对。”

驶往黑龙江口的客轮，大桥为俄通往共青城之黑龙江铁路大桥　王冰 摄

——夫大马哈鱼[2]（上文中的达莫嘎）每年秋季从海中溯江而上，故而每来一次为一年。文中的阿吉大山，指锡霍特山北之余脉，此山在黑龙江以东；而黑龙江以西，则为布列亚山之余脉，黑龙江即在二山之间的河谷平原中穿过。前文中的特林岩崖，属于锡霍特山北麓之峭石也。

关于岁时的记录，曹廷杰接下来有一段“按语”说：

“东北海口（黑龙江入海口）有大鱼长一二丈，大一二围，其头有孔，如江豚，涉波孔中喷水，高一二丈，訇然有声，可闻数里，黑斤、济勒弥（吉里迷）人通呼为麻特勒鱼，谓此鱼奉龙王旨，送鱼入江，以裕民食，不准回海。其人皆不知岁月，特以江蛾为捕鱼之候，每于江面花蛾变白蛾时，时值五月，麻特勒鱼送乌互路鱼入江。江面青蛾初起时，时值六月至七月半，送七里性鱼（七里鲋子鱼）入江。江面小青蛾再飞时，时值七月半至八月底，送大莫嘎鱼（大马哈鱼）入江，皆至格林河口而返。[3]

〔1〕未字，即未婚；已字，即已婚。

〔2〕大马哈鱼，硬骨鱼纲，鲑科。长约0.6米，细鳞，口大，性凶猛，捕食小鱼。生殖季节，由大海溯黑龙江而上产卵。是我黑龙江、乌苏里江等江河中的名贵鱼种，其鱼子营养丰富。每年9月为捕大马哈鱼的季节。

〔3〕格林河，黑龙江左岸支流，源出巴贾尔山东麓，流至孔东与北来出自埃沃龙湖之北源会合，流经一段平原，注入黑龙江，全长350余公里。文中言麻特勒鱼游至此返回大海。麻特勒鱼为何种鲸鱼，待考，然今日黑龙江下游已无此种鱼矣。文中的伯利，即伯力。

“其送也，每三四为一群，相去里许，逆流而上奔波喷浪，势甚汹涌，故乌互路鱼等，率群上行，不敢稍止，每日逆流可六七百里。今俄人于庙尔地方，初见乌互路鱼时，即由电线报告伯利，三日则鱼至伯利下四百里南星地方，再半日伯利可以得鱼，是其验也。此三项鱼到时，济勒弥及黑斤人等，于江边水深数尺处，多值木桩横截江流，长或二三丈，四五丈不等，亦有作方城形。江沿一面无桩者，名曰闷杠，水平面下系以袋网，次日乘小舟取之。每一闷杠，可得数千斤。又或以围网，或以撒网，一举可得数百斤、数十斤，均以小舟载回。男妇大小各持小刀于江沿，将鱼划为四层，穿一头作孔，随穿木棍上，置架上晾之作旨，蓄以御冬。至麻勒特鱼，其先济勒弥人等原以奉旨送鱼，不敢捕取，近二十年来，俄人不信此说，设法取之，济勒特人等从而效之。……亦多鲤，通混同江人于七里鲋、青黄鱼，俱生食之。”[1]

——以上是曹廷杰所记黑龙江下游地居民的捕鱼图景。黑斤也好，济勒弥也好，他们在捕鱼时用木制小舟，称快马或快马子船，独木舟也。冬天打猎时，用狗拉爬犁，亦用滑雪板，行走于雪地之上，快速如飞。此皆北方民族之习俗。

以江上飞蛾的出现来作为岁时的标志及洄游鱼返江的征兆，亦是一绝。这让我想起在西域，在蒙古高原，在三河源，在大漠草原上的游牧民族，在没有发明岁时朔望时，是以草绿草黄为一年的。曾经在今伊塞克湖古时称碎叶小城生活过的李白，五岁回到内地，可关于草绿草黄纪年的方法则成了他永不消失的记忆。他在《以诗代书答元丹邱》诗中，就有“离居在咸阳，三见秦草绿”的句子。

剖鱼晒干至今仍是黑、乌二江渔民的风习　王积信 摄

〔1〕以上引文，均见《曹廷杰集》，中华书局，1985年版，第116–117页。

黑龙江下游俄人村庄的居民　王冰 摄

相及之下，我们可以更多地了解并理解居于黑龙江下游地域人的生活了。

曹廷杰还记有三个历史的奇事细节：

一奇是，在俄镇因拔斯克以南，阿勒干以北，伯利以东，纵横各千余里奇雅喀喇地方，共约四五千人，通呼二腰子（腰，读yǐ），语言与黑斤、济勒弥又异，亦无文字、医药，削木为节以记事。……问姓，多牛与王，自谓系宋牛皋、王贵之后，不知何时避世来此。刻木为鸟张翼形，立木柱上，以为祖。

——此为一奇也。牛皋、王贵乃南宋时人，其后人如何到此地，如何失去文字——曹廷杰亦未考证。查《宋史·牛皋传》云："牛皋，字伯远，汝州鲁山人。初为射士，金人入侵，皋聚众与战，屡胜，西道总管翟兴表补义郎。……后命隶岳飞军，颇立战功。绍兴十七年（公元1147年）被秦桧毒死。初，秦桧主和未几，金军入侵，牛皋与王贵乃受命与金战，大破之，故成为秦桧和议之障，毒杀之。”[1]

《宋史》未记牛皋、王贵等之身后事，孰料其后人竟然远居黑龙江下游地，详情已没于历史的尘烟矣！不言而喻，如今其后人已成为俄籍人矣！或问：其文脉呢？族脉呢？血脉呢？……历史如何解绎？

二奇是，曹廷杰同书又记云：“黑龙江爱珲城附近，有窦姓人，自谓系窦尔敦之后，此均未见记载者。”又云：“爱辉下窦家屯，为窦尔东（敦）之后，已列于《旅俄笔记》中矣。”[2]

据文献记述，窦尔敦，河北献县人，其父祖均参加过明末李自成农民起义。故窦尔敦对清廷压榨乡民极为痛恨，也投身于绿林，成为一条好汉。窦尔敦原名窦开山，因排行第二，又称窦二敦，故又称窦尔敦。他参加绿林起义后，以抗清反暴为名，参与了连环套起义，并将基地建于马兰峪山中，与清军对抗。

清太尉梁九公平时乘一匹御赐宝马，名曰金鞍玉辔追风赶月千里驹。某日，窦尔敦探得梁九公到长城外木兰围场行猎，为了狠煞一下清军对起义军的嚣张气焰，窦尔敦决定单身赴围场。他于夜色阑珊中，只身潜入马厩，用薰香将门卫熏倒，用匕首将门丁刺死，然后牵出御马，飞身上马，双腿一夹，即冲出门栏，消失于夜色之中。临行时，曾在墙上留言：“窦尔敦借御马一用也！”

庙街俄妇卖西红柿与黄瓜的小店铺　王冰 摄

梁九公丢了御马，更重要的是清廷丢了面子。于是京城与直隶衙署联手破案，非要捉拿窦尔敦不可。

京都捕快请来黄天

[1] 元·脱脱等《宋史·牛皋传》，中华书局标点本，第1164–1166页。
[2] 参见《曹廷杰集》，第124，172页文。

黑龙江航船上喜欢读书的俄罗斯姑娘　王冰 摄

霸。黄天霸扮作一镖客，出长城古北口外，探得义军之马兰峪地，以拜山为名，计诱窦尔敦自认为盗御马者，然后出动大批官军，将窦尔敦捕获。可这只是官方捕获窦案的一面之词。还有一说，言窦尔敦事母至孝，清军先拘捕其母，诱使窦尔敦出山投案救母。窦母识破其计，乃于狱中绝食撞墙而死，可窦尔敦出山后也被拘捕。未几，清廷于康熙五十六年七月二十七日巳时，乃下令将窦尔敦正法杀死。其刑部上疏称：

“窦尔敦、王四老公行劫年久，甚为凶恶，杀人亦多。平人杀人三口，尚且凌迟，此为首者，亦当凌迟。未发问，着隆科多三法习奏。”

此是近年来发现的窦尔敦的死刑报告书，凌迟之死，已不再赦。

恰在此时，黑龙江将军萨布素，因沙俄歹徒加紧对我边疆诸地入侵，杀人夺物，无恶不作，对我边民生活安全造成重大威胁。为对付沙俄——俗称老羌的入侵，萨布素将军进京述职、请援。萨布素闻知窦尔敦是一条好汉，而且武功高强，虽与清军作对，并无秽行。由此，他心中一动：何不将此人带去黑龙江，做武教头，帮助训练边军呢？这样，他立刻到朝廷刑部等诸衙门中奔走，先呼吁“刀下留人”，然后又上奏朝廷，请康熙大帝赦窦一死，然后让萨布素将彼带到黑龙江边防前线……

在千钧万发之际，萨布素将军终于将窦尔敦从死亡的边缘救了下来。于是，为答谢萨布素的救命之恩，窦尔敦带领他的两个儿子窦飞虎、窦飞豹一起离京北上，来到古城瑷珲，并在这里安家，这里以后便称窦集屯，今称窦家屯。

窦尔敦到黑龙江以后，积极训练官军，后来参加了驱逐沙俄匪帮的雅克萨之战。康熙二十四年（公元1685年六月二十四日），清政府使彭春、郎坦率领八旗兵和福建的藤牌兵组成的水陆军队，并与黑龙江将军萨布素率领的瑷珲之黑龙江军队，沿黑龙江上溯，至今古城岛江上，将盘据在黑龙江北岸的雅克萨城包围。雅克萨城本为我达斡尔族头人所建之城，后被沙俄匪徒强占，作为向我黑龙江中下游地抢掠的据点，因此拔掉此城势在必行。战斗开始，炮火硝烟，枪林箭雨，战斗非常激烈，最后终于被我军夺下。在这次战役中，窦尔敦冲在战斗的最前线，在攻城中不幸受伤，最后死在黑龙江边的黑龙江城。萨布素将军因其作战勇猛，曾下令为之建造了一座窦尔敦庙于其地。

再说，雅克萨城破后，清廷将城中沙俄生者放归，同时谕令其不准再来。孰料，此年冬天，沙俄匪徒卷土重来，再次将雅克萨城占领。明年，萨布素与郎坦又组军再次攻城，将俄匪酋托尔布津击杀，并再次将城围住。后来，清政府获悉沙俄同意与我谈判，乃停攻撤军。——康熙二十八年九月七日，中俄在黑龙江北源石勒喀河支流之尼布楚河口处之尼布楚城（今俄之涅尔琴斯克。涅尔琴者，尼布楚译言的变音也）谈判划界。详情从略。〔1〕

第三奇，是关于金圣叹的。

金圣叹（1607−1661），名采，又名喟，字若采。明亡后，改名人瑞，字圣叹。江苏吴县人。他终生未仕，专以文学批评为己任。他欲以《庄子》《离骚》《史记》《杜诗》《水浒》《西厢》为“天下六才子书”，乃计划加以评解。保存至今的《金评水浒》《金评西厢》《杜诗解》等，都是他的力作。蔡丐因评述金圣叹说：

“纵横批评，明快如火，辛辣如老吏。笔跃句舞，一时见著，叹为灵鬼转世。”（《金人瑞传》语）

后因金圣叹得罪县令，乃被捕入狱。入狱后的金圣叹寄有家书曰：

“杀头，至痛也；籍没，至惨也。而圣叹以无意得之，不亦异乎？若朝廷有赦令，或可相见，不然，死矣！”

---

〔1〕谈判划界情况可参阅范震威《黑龙江传》，黑龙江美术出版社，2012年版，第十二章雅克萨之战与《尼布楚条约》诸章。

临刑时又有寄妻子书云：

“子付大儿看，腌菜与黄豆同吃，大有胡桃滋味。此法一传，我无遗憾矣！”

官见之，笑曰：“金圣叹，死犹侮人！”

与之同死者有倪用宾等十七人，俱为冤案。

关于金圣叹之罹祸，有传说云：

金圣叹解杜诗，宵深不寐，勤心从事。乃伏案三月，未终一卷。一夕，忽梦有人语之曰：“诸诗皆可说，惟《古诗十九首》不可说。”金人瑞引以为戒。后大醉，纵谈《青青河畔草》一章。未几，罹於祸。

又有传说云：

金圣叹初生一子，请某乩仙题号，乩仙判曰：“断牛。”众人均不解何意。金死后，金妻子流放黑龙江之宁古塔，屋室后有断碑，但存一“牛”字，殆有定数也。[1]

曹廷杰因在宁古塔衙中，故他在《东三省舆地图说》中录有“断牛说”一则云：

世传金圣叹有断牛之谶，其子孙流窜宁古塔东北二十余里，今称金家窝棚，有金姓人数家，称系圣叹之后。相传其先到此时，有一断碣，只剩一牛字，盖符断牛之谶云。[2]

金圣叹死于公元1661年，曹廷杰记此事时为公元1887年，盖乃为226年后之纪事矣！

---

〔1〕以上均引自金圣叹《杜诗解》，上海古籍出版社1984年版，前言及附录。
〔2〕《曹廷杰集》，第172页。

# 地图前的凝思

## 一

在我写这本书之前，我已经出版了四部江河传记，它们是：《松花江传》（2005，2010再版）《辽河传》（2010、2015再版），《黑龙江传》（上、下，2012），《乌苏里江绥芬河传》（2015），另外还写了一部《守望黑龙江》（2010），乃为散文随笔集。为此，我曾走访了东北、西北、华北的大部分地区，聚焦文化山河，因之我心里装满了许多地图，正像我的陋室中没有悬挂《陋室铭》，却挂满了北方许多省的地图一样。地图是我的伴侣，也是我心灵的寄托，我有许多话要和地图——不同朝代、不同年月的地图交谈，就像彼此交换情愫的情人，我与地图几乎是在交换灵魂，我和地图之间，既有文脉相通，也有文化的血脉相连。

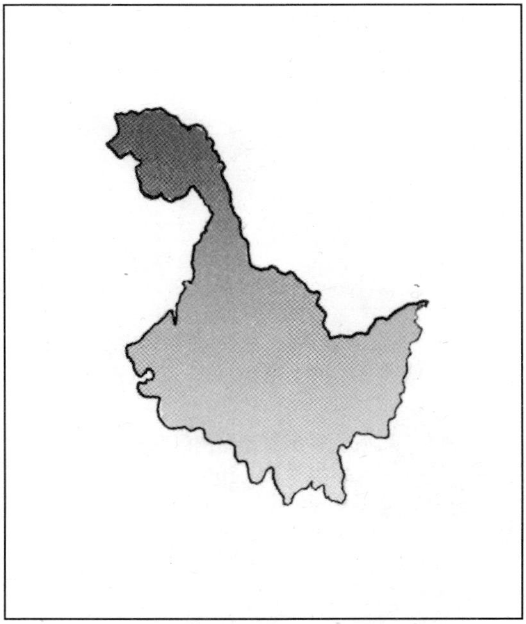

黑龙江省的地图像一只振翅而飞的天鹅
（据《黑龙江省地图册，2007》）

因此，我心中装满了太多的地图，在田野考察山水时，我带着地图；回到书斋伏案写日记，也不时地翻阅地图。不知地图是我的影子，抑或我是地图的影子，反正地图就在我的手边，我的案头，也在我的脑海中。

为了这部《黑龙江文脉》的写作，我打开了更多的地图……

## 二

现在，展开在我面前的是，谭其骧先生主编的《中国历史地图集》的元代《辽阳行省地图》。元代的辽阳行省地域广大，北到北极；东到北海、鲸海和今天的日本海；南到渤海，以长城同中原北部的中书省划界；西以大兴安岭——彼时称哈剌温山同岭北行省、中书省划界。辽阳行省设治于辽阳路。如是，辽、松、黑、乌、鸭绿诸水皆在辽阳行省中，而与高丽——征东行省划界于黄草岭一带。

这里我要指出的是，由北方重镇开元路——黄龙府（农安）向东北方，沿松花江两岸，直到黑龙江入海口，设立了许多站赤与万户府及隘口。从开元路向东北方，经祥州站、宾州站、第四铺站、剌林站、斡木火站、上京故城海哥站、鹿鲁站、甫丹迷站，并由此渡混同江（松花江），在江之北岸沿江向下继续设站：不牙迷站、撚站、哈散站、吾纳苦站，经今依兰，彼时称三姓的三个万户府：斡朵怜万户府（此即后来啸傲中国的清代皇族爱新觉罗氏始祖布

猛哥帖木儿雕像——依兰（三姓）的标志

（据《走进依兰》）

努尔哈赤雕像——竖立在苏子河左岸赫图阿拉城外之路口处　范震威 摄

库里雍顺自松花江而下的登岸处，万户是由布库里雍顺的后人猛哥帖木儿担任的。猛哥帖木儿是当时起的蒙古名字，其实他们是海西女真人的一个分支部落，猛哥帖木儿者，亦（海西）女真头人（《清史稿·猛哥帖木儿传》）。他与海西女真的另一个头人阿哈出一族关系密切。阿哈出作为酋长，有的史家即认为他是前文海西女真公主之父，对此笔者尚难最后考定，这里只是一个悬案。

猛哥帖木儿即努尔哈赤六世祖，满语名叫孟特穆。如今，他的墓在辽宁省新宾满族自治县以西的兴京永陵。永陵与赫图阿拉——努尔哈赤出生地仅有苏子河一水相隔。坐落在依兰的斡朵里万户府，满语称斡朵里豆漫，即今牡丹江入松花江口之西的马大屯。除此以外，还有胡里改豆漫，豆漫即万户，胡里改者，彼时的牡丹江名；另一万户为火儿阿豆漫（或曰塔海豆漫），三个豆漫相距不远，故称移阑豆漫——移阑即依兰，满语为数字“三”，所以移阑豆漫的含义就是三万户或三个万户府。此即金代时徽、钦二帝被囚之地，也是元代时爱新觉罗始祖布库里雍顺与六世祖猛哥帖木儿的居地。猛哥为满语，孟特穆乃其变音，含义为刚强骁勇；帖木儿为蒙语，意为铁，引申为钢铁汉子。猛哥帖木儿的姓氏，亦

乌苏里江左岸——明代诺罗路遗址，今东安镇（据姚中晋《赫哲族漫记》）

为仝，或作佟，实际是“夹温”女真姓的合音（董万伦《猛哥帖木儿》语），后改姓爱新觉罗。爱新的含义是“金”，也是夹温（谷）的合音。如今，猛哥帖木儿雕像竖立在黑龙江省哈尔滨市依兰县城中，已被该县定为依兰的形象代表云。——这里应是猛哥帖木儿的出生地。

从依兰沿松花江下行，有脱斡林万户府，即佛思木隘口，今桦川县北；再向下为孛苦江万户府，即今富锦；继续下行，进入黑龙江之混同江段，有乐浪古隘口、乞列怜隘口。然后，过乌苏里江入黑龙江江口，即伯力，再下行，进入黑龙江下游江段，过兀者吉里迷万户府、末鲁孙站、撒鲁温站、甫打怜站、末里合温站、胡怜站、忽鲁八兴站、斡孙站、别列可站、哈剌马苦站、拨儿滨站、赵斤站、卑里真站、可列儿站、末吉站。末吉站在黑龙江下游左岸，右岸江对过儿，即征东元帅府，是元代在黑龙江下游所设立的最高行政官署，掌管整个吉里迷地区、骨嵬（库页岛），以及黑龙江入海口的纳里哥部，以及南北延及千余里的水达达部。

自征东元帅府（奴儿干城）再往下，即黑龙江入海口矣。从黑龙江入海口出海，过赛哥小海（今鞑靼海峡），即可到达今库页岛之地。

——这一地图所标注的时间为元至顺元年，即公元1330年。

## 三

在同一册地图集的第82—83页奴儿干都司图上，北部仍为北极，东部为北海、鲸海，南部到达松花江源诸支流，但辽河诸地不在此图中，西部如前文所述为福余、朵颜和泰宁三卫。整个奴儿干都司地域中，既有海西女真，也有称兀者之诸部，乌苏里江以东为吉烈迷部，松花江干流以北为兀者诸部，东南为建州女真。此图标注的时间为永乐元年至宣德八年，即公元1403至公元1433年，历时30年，前文中的亦失哈北上奴儿干都司，在特林（塔亭卫）附近两造永宁寺，两立永宁寺碑，并刻字记事等活动，都在这一年代中。此时，库页岛称苦兀，岛上设有明代的卫所：囊哈儿卫和波罗河卫（公元1449年后设置）。

在重要的地理节点上，如乌、黑两江会合处，黑龙江右岸处设置了喜申卫（即伯力），在今抚远县抚远水道北口黑龙江右岸，设置了莽吉塔古城，亦即药乞站。在松花江入黑龙江口下游黑龙江右岸，设立了扎肥河卫，可木山下设立了可木卫，以及考郎兀卫等卫所。夫明代的卫所是元代站赤的承继者，多数袭之，只是由蒙语地名改为女真地名。杂居中的兀者、吉里迷部落之人，多数部落的语言与女真族语相同。

此图在前文讲述亦失哈时，已多有涉及，故不赘述。

# 四

现在，笔者打开清代的东北地图——谭其骧主编的《中国历史地图集》第八册，第12–13页吉林地图。

清代时，大东北之北部地区几乎被纵向一分为二：东为吉林，西北为黑龙江，合起来为包括内蒙古东部与北部的大东北地域。如今，摊开在我前面的是嘉庆二十五年（公元1820年）的地图，即我黑龙江以北、乌苏里江以东尚未丢失前的情况。吉林与黑龙江的分界即为松花江干流。今天的哈尔滨市，彼时松花江以南为吉林所辖，松花江以北为黑龙江所辖。当时的吉林，以下为五个副都统所辖：北部一直管辖到黑龙江入海口地域、库页岛，以及乌苏里江北中部，松花江大部，均由三姓副都统管理。在此图所示六十二年前，即公元1808年，有日本探险家间宫林藏自库页岛登陆北上，又乘船过海进入黑龙江，在他所撰写的《东鞑纪行》中，所记之见闻，正是彼时三姓副都统垂直管理该地域时的情景，亦与中国史书所记相合。

第二个副都统为宁古塔副都统，它的辖域在张广才岭、牡丹江诸地以东，包

长白山北坡的圆池，即天女浴躬池，相传是三仙女洗浴后吃朱果的地方　魏敏学 摄

括南乌苏里、绥芬河，以及东到大海之岸。此时的大海，北域清代称东海，南域称南海。前者包括了鞑靼海峡，后者即今日本海。

吉林下属的第三个副都统，称吉林副都统辖区，它主要的管理地域为松花江上游诸地，东与朝鲜相毗邻，西与内蒙古哲里木盟相接，西北与阿勒楚喀副都统相接，二者以拉林河及上游支流和伦河为界，东北同宁古塔副都统地域相接，南与盛京（奉天）相接。

第四个副都统辖区即阿勒楚喀副都统辖区，其地域包括了松花江右岸的拉林河以东地，阿勒楚喀河（今阿什河）、蚂蜒河等地域，北面隔松花江与黑龙江省相接，东南与白都讷副都统地域相接，东与东南与宁古塔、吉林二副都统地域相接，东北与三姓副都统相接。

白都讷副都统地在北流松花江东北与拉林河以西之间，南与吉林副都统辖区接，东与阿勒楚喀副都统辖区接，西与内蒙古哲里木盟接。白都讷，又作伯都纳，即今扶余。

《清史稿·地理志一》说：

“有清崛起东方，历世五六。太祖、太宗力征经营，奄有东土，首定哈达、辉发、乌拉、叶赫及宁古塔诸地，于是旧藩札萨克二十五部五十一旗，悉入版图。”

《清史稿·地理志三》说：

“吉林，古肃慎国之域。明初，奴儿干都司地，领卫百八十四，所二十。后为长白山三部、扈伦四部所属辉发、乌拉、叶赫，兼有哈达北境及东海部地。清初，建城于俄漠惠之野鄂多理城。顺治十年，置昂邦章京及副都统二人镇守宁古塔。康熙元年，改宁古塔将军。十五年徙，改吉林将军。……光绪三十三年（公元1907年）建行省，改将军为巡抚，尽裁副都统等。……宣统三年（公元1911年），编户七十三万九千四百六十一，人口三百七十三万五千一百六十七。”

——以上就是吉林行省的情况。其地域如此广大的吉林行省，因长白山北坡圆池即清皇族三仙女吞朱果生始祖布库里雍顺之地，亦即龙兴之地，该圆池湖

闯关东人的后代——摄于嫩江右岸——大兴安岭东麓　范震威 摄

畔，有清末地理学家刘建封竖立的“天女浴躬池碑”为证。而三姓因是布库里雍顺行舟上岸地，也是猛哥帖木儿诞生地，故也视为大清的龙兴之地。因有龙兴之地，严禁外人入内，故有清以来人口稀少，关内直隶、山东、河南等地遭灾后，其流民亦禁止向关外流徙，从而使沙俄匪徒钻了地广人稀、防御不力的空子，乃至失土一百余万平方公里。宣统三年，即公元1911年，此时清自光绪末年已经开放关禁同意汉人来此开荒，人口才不过三百七十三万多，可见，愚蠢的守龙兴之地不许关内人到关外来，自乾隆施此政起，历经嘉庆、道光、咸丰、同治诸帝，都执行了此昏庸之策，他们连光绪帝（还有慈禧的掣肘）的一半都赶不上。光绪晚年已有所警醒，可惜为时太晚，连中东路之路权，都由李鸿章以一百万两银子为贿价，暗售于沙俄矣！夫权吏贪欲，自古难医，至今尤烈。

边境省城缺少人口，特别是缺少农、工、商及城乡人口，从而成为边防守土的软肋。自古依然，至今犹是。

# 五

接下来请读者诸君同笔者一起观览清代的黑龙江地图，即谭其骧主编《中国历史地图集》第八册之第14－15页图。此图所示之形势，即为嘉庆二十五年（公元1820年）北疆情状。

黑龙江此时的地域，正南松花江干流中游之一段以松花江为界，故沙俄后来夺得我中东铁路路权，修筑中东路时，哈尔滨城市崛起，江南归吉林管辖，江北归黑龙江管辖，一市两省，也算是奇事一桩。自今木兰以下，吉林辖境越过松花江百数十里不等，一直到拉哈苏苏（同江）以西之地。

黑龙江地域之东，以斗色山、杨山（今布列亚山脉）为界，与吉林接；东北境与乌第河流域接。乌第河因居住兀的[1]人而得名，该流域在外兴安岭东麓以南，中俄划界时，本应划归中方。可是，彼地多貂，故俄人死乞白赖地索要此地，中方代表索额图、佟国纲不给，最后采一折中方案，称此地为："中俄尼布楚条约待议地区。"这一"待议"不打紧，竟成了若干年后沙俄夺我黑龙江以北、乌苏里江以东土地的由头，中方吃亏大矣！

黑龙江的北域，以外兴安岭山脊为中俄划界，山脊以南为中土，山脊以北为俄土。当时设土堆或石堆（或称敖包）为地标。

西侧，按中俄《尼布楚条约》规定，中俄以额尔古纳河划界。这样，额河以西至黑龙江上游石勒喀河，当时即称黑龙江之北源的大片土地，直至贝加尔湖以东原布里亚特蒙古部人(即林中百姓部)的居地，全划到界外。划界谈判时，布里亚特部蒙古部头人均在帐外候音，一听到额河以西土地划归沙俄后，无不痛哭流涕，许多部落头人在不得已的情况下，带领部人南行，进入石勒喀河上源——

[1] 乌第，即兀的，译写不同而已。故乌第河，又作兀的河。兀的为对生活在黑龙江下游诸族的统称。

斡难河，即今鄂嫩河南草原上放牧（今属蒙古国地）。彼等，不愿做沙俄臣民明矣！

在西北方，中俄划界于额尔古纳河口以上之黑龙江北岸格尔必齐河口，沿格尔必齐河向北，直至石兴安岭，即外兴安岭西麓划界，界西为俄有，界东为中方所有。

黑龙江的西南与蒙古乌里雅苏台相接，正南与内蒙古的哲里木盟相接。

《清史稿·地理志四》记云：

“黑龙江：古肃慎国北境。明领于奴儿干都司。清初有索伦、达呼尔诸部，散居黑龙江内外，额尔古纳河及精奇里江（即潢河，今称结雅河）之地。天聪、崇德中次第征服。康熙二十二年征罗刹（彼时的俄罗斯之称），始设镇守黑龙江等处将军及副都统驻江东岸之爱浑城，寻并移驻墨尔根。三十七年，副都统移驻齐齐哈尔。三十八年，将军亦移驻，遂为省治。后增设墨尔根（今嫩江县）、黑龙江（今黑河、爱辉）、呼兰、呼伦贝尔、布特哈（今莫力达瓦）各副都统。光绪末，裁省其半，改置厅、府、县有差。三十三年，罢将军，设黑龙江巡抚，改为行省。……（其地）广二千八百余里，袤一千五百余里。……宣统三年，编户二十四万一千零一十一。口一百四十五万三千三百八十二。”

黑龙江人口更少，故而清廷所派至额尔古纳河——中俄界河中巡边时，常有俄人越界到我边土上种麦、割草，甚至筑屋之为。至今，笔者为撰写《黑龙江传》一书，曾到额尔古纳河右岸诸地踏查走访，我方多有俄人越界而婚，其混血者，已历二三代者矣。

但总的来说，尚属安靖，在额尔古纳河市之室韦镇，于界河上乃修一过额河之公路桥，可是双方人口均稀少，过货之车竟无踪影，桥只是一个景点，走到桥下，收观览费每人二十元。届时，笔者缴费后，于桥下见到来自全国各地之“驴友”约二十余人，正在桥下荫凉处围聚午餐。他们是伙租一辆大客车来此旅游的。

## 六

关于在尼布楚条约洽谈划界一事，曹廷杰在他的《东北边防纪要 · 征罗刹》一文中记述说：

“（康熙）二十八年四月壬辰，以俄罗斯使臣所遣人至，言其大使者费要多罗等前来尼布楚地方，上乃遣索额图等赴尼布楚就议。又命黑龙江兵千五百人各举杖械，由水路赴尼布楚，与索额图等会。索额图等奏言：‘尼布楚、雅克萨既系我属所居地，臣等请仍如前议，以尼布楚为界，此内诸地均归于我。’”

“上谕：‘今以尼布楚为界，必不与俄罗斯，则彼遣使贸易无栖托之所，势难相通。尔等初议时，仍当以尼布楚为界，彼使者或恳求尼布楚，可即以额尔古纳为界。’”

黑龙江风光迷人　王冰 摄

“索额图等既抵尼布楚城，与俄罗斯国来使费要多罗、额礼克谢会议，彼初犹以尼布楚、雅克萨为所扩之地，固执争辨。索额图等以鄂嫩、尼布楚系我国所属茂明安诸部落旧址，雅克萨系我国人阿尔巴西等故居，后为所窃。据细述其原委开示之，因斥其侵犯之非，复宣谕皇上好生德意，于是费要多罗等及俄罗斯国人皆欢呼诚服。遂出其地图，议明分界事议，共相盟誓，永归和好。”

——黑龙江西界，就是这样按照康熙大帝之命，与俄罗斯划分。

额尔古纳河由内河变成了界河。

不过，中俄《尼布楚条约》签订于康熙二十八年七、八月经艰苦谈判之后乃定。康熙给出的划界底线是极为重要的，此是索额图、国舅爷佟国纲们心中的圭臬，谈判历程相当艰苦，整个经过情况在当时的中方带去的翻译、法国人张诚的日记中有详细的记载，文长不录。读者可以参阅《张诚日记（1689年6月13日－1690年5月7日）》，商务印书馆（陈霞飞译，陈泽宪校），1973年版之书。[1]

——由《张诚日记》所记之俄人同意中方提出的以额尔古纳河为界之议，同时又提出已越过额尔古纳河到河右岸的俄人其所筑之屋，所耕之地，予以保留，后被我方拒绝。由此可知，俄方侵我中华国土，不仅早有密谋，而且是官军民联动，上下其手，令我忠厚传家为国风的倡儒之国，防不胜防明矣！

## 七

我手头还有一部日本三省堂出版的《新制最近世界地图·改订版》，版权页上注明为日本昭和十年（公元1935年）一月修正六版，而第一版为昭和六年（公元1931年）九月。也就是说，这部地图的多次印刷时间乃为我东北地区沦陷为日

〔1〕亦可参见范震威所著之《黑龙江传》中有关《尼布楚条约》签订过程的记述。

伪时期。——在这本地图中，其日本国的疆域涂成了红色，除了日本四岛外，它北边还包括了库页岛的南半部（日俄战争时，日胜俄后占去南半部；1945年前苏对日宣战，前苏又将南半部夺回），西边包括了整个朝鲜半岛，南端包括了清日战争时侵占的我国领土台湾及澎湖列岛、钓鱼岛等。而对我国东北——当时的伪满洲国，则用了一种亚红色示出。如此，其狼子野心在印图之初，便已全露无疑了。

这部比笔者年龄尚大许多的地图册，它的可取之处是印制清晰，尤其对我国东北（伪满洲国）及山海关长城以南中国诸省的矿产资源，标注得非常详尽，他们对准什么而来，已不言自明——那就是占我国领土，奴役我国人民，夺我物质财富。——在我写作本书之际，正是抗日战争胜利70周年前夕，抚旧望今，看到这部距今已历80余年风雨的残破的所谓《最近世界地图》可知，日本在侵略外国的同时，他们的文化也是亦步亦趋，紧随其洋枪上挑起的膏药旗，步其关东军后尘的。——或问，这部比我还年长许多的地图是怎么来的呢？书的扉页上有“二丙郭某某”的字样。我想，这本书买的时候，一定是二手货无疑。不管怎么说，这部薄薄的一本地图册，便已成为记录日本帝国主义者们侵略邻国的铁证之一。

还有一点可资牢记者，那就是在“伪满洲国”的地图上，自长白山天池下来，到松花江与嫩江交会处的河段，地图上标注为“第二松花江”。这个江名是日伪时代的叫法，已经不足取。1988年，经吉林省人民政府批准，正式废除“第二松花江”的称谓，而将南源天池至三岔河松嫩两江相会之河口的江段亦称松花江。然有时为了叙述的方便，也将之写为“北流松花江”，而对三岔河口以下的干流松花江，有时亦写作“东流松花江”。[1]松、嫩二江相会处，有时也称之为松花江大曲折处。

〔1〕参见范震威《松花江传》，河北大学出版社，2005年版，第10页。

## 八

现在，由于工作，旅游以及写作的需要，我手中存有新中国的《黑龙江地图册》其不同年代、不同出版社出版的，其编者亦各异的不同版本者，达五六种之多，此外还有一种被朋友索要了去。

比较这些地图，以及其他邻省、邻区的地图，看到黑龙江省许多县、市的设置，差不多都在20世纪初叶，亦即清末、民初年代，由此可知我北疆沃土被沙俄宰割的年代，中国清廷政府的败笔之一就是自乾隆伊始采取了闭关锁国的愚昧国策，即不准关内的人民（哪怕是灾民）到关外去垦荒播种，这种所谓保护龙兴之地的短视之策，导致没有随着人口的增加，而将一部分人口迁徙到边疆地带，既可补其兵员的轮增之不足，还可以收税提升当地的经济、军事实力。以至于到

黑龙江航运　王冰 摄

20世纪初吴大澂在吉林办军械厂，同时开矿之前的防军费用，还得由内地各省分担。开矿、设厂后，有了收入，情况颇有好转。而且，吴大澂还在绥芬河、图们江、牡丹江诸地放荒招垦，也获得了成功。这一切都说明，自明中叶后到清朝的闭关锁国一策，只有取败一途，我大东北丢失的一百余万平方公里的土地是由败策、愚策导致的必然结果。——日本自1868年开始的“明治维新”，是一强国之策，故可以在日俄战争中战胜俄国。而清帝国早在日本明治维新之前28年即因鸦片战争而受辱。败而受辱之后，清廷不仅没有吸取教训，起用开明人士，寻求革新之途，反而由道光帝率先自己吸上了鸦片，直至数年后方才警醒戒掉。——这些历史的教训是极为深刻的。可惜，这样的历史教训并没有引发当代一度受尊敬的史家们去关注，去研究，去总结，他们则为了投悦某种时尚，纷纷转向颂扬农民起义的历史，更争先恐后，且又不约而同地，竟先去赞颂洪秀全的戴了六斤重的黄金之冠且选妃后所建的帝制与太平天国的内争、窝里斗……此中曲折太多，不言亦罢。

有一点我不能不指出的是，当1858年沙俄侵华急先锋穆拉维约夫带兵、带船、带垦民由尼布楚（今称涅尔琴斯克）沿黑龙江下行，强行在黑河瑷珲对岸的海兰泡卸下辎重，安营扎赛，开始进行殖民占领，随后彼又驱船炮击，逼迫瑷珲城的防军及愚伯加笨伯的奕山与之签订了丧权辱国的《中俄瑷珲条约》，丢失了黑龙江以北的六十余万平方公里的土地。或问，彼时清廷何不以枪炮阻拦，以流血牺牲作护卫？现在，我可以告诉读者的是：不行！原因是彼时守护黑龙江中段两三千里江务的清军，只剩四五百名老弱病卒，而所谓强壮的旗军、防军，则全都调至关内，对付洪秀全——另一种封建帝制的建立者的军队——长毛造反去了！〔1〕

至于黑龙江左岸的所谓江东六十四屯，大约有5500余平方公里土地，《中俄瑷珲条约》中规定由华人居住，清廷派官员管理。可是，1900年义和团运动一

〔1〕关于《中俄瑷珲条约》签订中的曲折情况，可参见范震威《黑龙江传》（上、下），黑龙江美术出版社，2012年版，第491-502页。

边境小城满洲里，俄人游客多来观光　王冰 摄

来，沙俄也派军将我六十四屯土地上的居民全部赶杀，连一纸条约也未签订，我方就失去了彼处的江山土地。

——而据历史传说，清皇族的三仙女吞朱果地有三：其一即在江东六十四屯处；其二在长白山天池之北坡圆池；其三为镜泊湖。故而可知，江东六十四屯地也是清皇族的龙兴地之一。而这块“龙兴地之一”的土地，则是由清德宗——光绪帝亲手丢掉的。称其为不孝(肖)子孙，或许还有点冤枉，因祸事起于慈禧这个老皇婆，彼时宫中宫外均称她为老佛爷。——夫在距彼115年之后，我辈夫复何言！？

俗语说：前人种树，后人乘凉。而前人酿造的苦果，苦味犹存，后人不想咽却亦得吞咽！一二百年来，无不如是！

# 通古斯小札

## 一

古代时，辽河、松花江、黑龙江三大母亲河所养育的子民，后来被专家划分成三大族系。

在东者为肃慎—挹娄—勿吉—靺鞨—女真—满族，即满族族系；

在西者为东胡—鲜卑—室韦—契丹—蒙古族系；

居于二者之间的为涉貊—橐离—夫余—豆莫娄族系。

其实，东胡之前即鲜卑。吕思勉在《中国民族史》中说：

“东胡者，中国人称之之词。……惟鲜卑实其本名，故乌桓后来，亦以之自号也。希腊罗马古史载里海以西，黑海以北，古代即有辛卑尔族居之。又拓跋先世，出于西伯利亚，而史亦云‘国有大鲜卑山’，足知鲜卑种人，占地甚广，不仅匈奴之东，山岭崎岖之地矣。”[1]内蒙古呼伦湖西北方，满洲里西南之地的鲜卑墓群的发现即是其中的一证。文中的辛卑尔，即鲜卑。

关于涉貊族系，考古学家李文信先生指出，涉貊系诸族乃是“蒙古（即东胡系）、通古斯（即肃慎系）混血诸族。”《黑龙江古代民族史纲》的作者指出，黑龙江地区古代各族是在该地区旧石器时代晚期和中期时代远古居民的基础之上逐渐发展形成的，相互之间共性大于个性。……由此观之，三大族系应是同源。

〔1〕吕思勉《中国民族史》，东方出版中心，1987年版，第62页。

敖鲁古雅鄂温克民族乡　范震威 摄

只是到了新石器时代，当人们的经济生活和活动区域相对趋于稳定后，在不同自然条件下，不同地理环境中，由分化而产生了许多特征，因生活不同而形成了不同的语言和词汇……终至在考古学上显示出不同的文化类型。〔1〕

该书又说，“黑龙江地区旧石器时代晚期文化，是从华北地区经过西、中、东三条渠道传播而来的，这些文化的传播者是华北远古居民，古猎人们移徙至黑龙江地区之后又成为当地的居民。在人种学上，华北远古人群同黑龙江古人同属于蒙古人种，而且扎赉诺尔人和山顶洞人有明显的渊源和继承关系。”〔2〕

这就从一定程度上析解了上述“三大族系同源”的古人种学上的同据。

在上述引文中，我们已经见到了“通古斯混血诸族”一词。那么，什么是通古斯诸族呢？原来，所谓通古斯诸族，就是指东胡、肃慎与涉貊三大族系诸族。

至于通古斯一词，实际上则是近代沙俄势力东进后，沙俄御用文人所首创的

〔1〕转引自干志耿、孙秀仁《黑龙江古代民族史纲》，黑龙江人民出版社，第54页。
〔2〕《黑龙江古代民族史纲》，第56页。

说词。

著名民族史家凌纯声先生说：

“我们读1736年出版的法人杜阿德所著《中华帝国全书》一书，其中《鞑靼史概说》的一章里有‘住在贝加尔湖周围的土人，莫斯科人称之为通古斯（Toungouse），鞑靼人称之为鄂伦春（Orotchen）’的一段。据日人白鸟库吉说：杜阿德是根据17世纪后半叶奉满清皇帝的命令，常往返于鞑靼地方的Gerbillon”氏的《游记》所载。白鸟氏以为俄国人知道‘通古斯’的名称，至少应在17世纪末叶以前。”[1]

这里所说的《游记》的作者Gerbillon，即法国人张诚，也就是中俄《尼布楚条约》会签时的中方翻译之一，彼时的张诚《日记》中，并没有通古斯一词。《黑龙江古代民族史纲》认为，通古斯一词最早于1724年在德国纽伦堡出版的《最新国家喀山、阿斯特拉罕、格鲁吉亚……》中已见到。……如是，可以肯定，在欧洲人中最先知道通古斯名称的是俄国人。这与俄国在17世纪向西伯利亚侵略与扩张有关。

17世纪初，沙俄的扩张主义分子，在官方的支持与鼓励下向东推进。“1607年，哥萨克在叶尼塞河下游建立了土鲁汉斯克冬营，并从这里向下通古斯河和中通古斯河伸展势力。1619年，俄国侵略者在这里建立叶尼塞斯克城堡。”[2]

——从这一记述中说明，通古斯是一个河名。差不多与此同时，通古斯作为族名、语名与河名，经常在俄国人的文献中出现。[3]

俄国经常通过通古斯人打听东方关于河流、居住人、传说中的银矿，以及大

---

〔1〕转引自《黑龙江古代民族纲》，第58页。

〔2〕中国科学院近代史研究所编《沙俄侵华史》第一卷，人民出版社，1976年版，第78页。

〔3〕参见刘民声、孟宪章、步平编《17世纪沙俄侵略黑龙江流域史料》，黑龙江教育出版社，1998年版，第1页至第20页。其中所涉及的俄国文献有：前苏雅科夫列娃《1689年的第一个俄中条约》；马吉多维奇《俄国地理发现史纲》；《勒拿斯克督军彼得·戈洛文和马特维·格列博夫就军役人员沿维季姆、齐皮里等河流寻找新土地事以及就居住在石勒喀河沿岸中国边界上的异族人的传闻所上的奏疏》原载《历史文献补编》第2卷，第96件；《雅库次克督军衙门为探寻前往中国道路给别列佐夫城五十人长马尔丁·瓦西利夫和十人长阿夫克先季·阿尼耶夫的训令》，原载《17世纪俄中关系》第1卷等。

海的情况。

高凯军在他的《通古斯族系的兴起》一书中说：

“‘通古斯’的概念有一个产生和演变的过程。最初，它是专指鄂温克部落而言。17世纪俄国人开始向西伯利亚地区扩张，当时居住在这里的鄂温克人自称鄂温克，而他们的近邻雅库特人则称之为“通古斯”，于是俄国人便从雅库特人那里沿用了‘通古斯’一词，并把它传入欧洲。我国最早引进‘通古斯’一词的是何秋涛（1824–1862）所著《朔方备乘》一书，该书说，鄂温克‘一作通古斯’，亦曰喀木尼汉（堪），即索伦别部也，其俗使鹿。可见，自17世纪初至19世纪中叶，‘通古斯’一词系专指鄂温克，是一个专有的民族概念。”[1]

可是，在我看来，把通古斯作为鄂温克一词的专概念，仍然可商。在笔者所引录的前书中，就有鄂温克与通古斯族二者并存的情况。——

1639年春天，莫斯克维京的队伍，……由于饥饿的缘故，不久就……进入最近一条小河的河口。在这里，他们捉住几个鄂温克人，从他们口中获悉，过了善塔尔群岛就是阿穆河入海之处，……鄂温克人又告诉哥萨克们，在阿穆尔河沿岸，那脱吉人的上游，“住着许多定居的和游牧的通古斯人，他们以捕貂为业，但没有耕地……[2]”

这是俄国人自己所记录的文献，可知在俄国人那里，鄂温克人与通古斯人并不完全等同。至于此中的区别，似乎并没有引起中国学者的注意，更不要说深入察究了。由于笔者没有查到俄著原文，谨在此存疑。

那么，何谓通古斯呢？

我们还是来看河流。因为，古时诸民族同其生活地域的山脉、河流有着不可

〔1〕高凯军《通古斯族系的兴起》，中华书局，2006年版，第1页。

〔2〕前苏·雅科夫列娃《1689年第一个俄中条约》，转引自《17世纪沙俄侵略黑龙江流域史资料》，黑龙江教育出版社，1998年版，第3–4页。

分割的关系，其命名也多由山脉、河流之名而命名，一句话，族脉之名源于地脉。而山脉与河脉，均包括在地脉之中。

在西伯利亚的广阔土地上，有三条自南向北注入北冰洋的大河：在西边的叫鄂毕河，居中的叫叶尼塞河，在东边的叫勒拿河。——这三大河流的支流“多数是东西走向，各水系支流的源头之间相距极近，分水岭又容易跨越，这种情况使俄国侵略者得以采取惯用的‘水陆联运法’向东扩张”。[1]

何谓“水陆联运法”呢？原来，所谓“水陆联运法”，就是沿河行舟，至水尽处即连船带物从陆上搬运而走，遇水道又驾舟前进。

原来他们是惯于使船的一伙。

1607年，沙俄的东进侵略者哥萨克们，先征服了鄂毕河，筑城筑砦宣布占领后，便由鄂毕河口向东进入叶尼塞河。他们很幸运，也肯动脑筋，他们选择的季节是在北冰洋岸冰融化的夏季可以行船的时日，并由此沿叶尼塞河溯流而上，向南行驶。

在叶尼塞河中游右岸，有三条以通古斯命名的支流。它们自北向南的顺序是：下通古斯卡河、石泉（中）通古斯河、上通古斯卡河，亦即今安加拉河。对于上通古斯卡河，鄂温克人称叶尼塞河，布里亚特（蒙古部）人称安加拉河。现今地图上标为安加拉河——即从贝加尔湖中流出的河。而上通古斯卡河，则是当年俄人东侵时的称谓。

在这三条河及其叶尼塞河中下游地区生活的温克族人，大概基于该地河名都有通古斯之名，在他们东方的雅库特人（居于勒拿河中下游地的兼渔猎与农业的民族），便称鄂温克人为通古斯人。

或问：到底是先有通古斯河之名，人居河之侧后有族人名，抑或是相反？这个问题，如今已很难弄清。就像历史上称大兴安岭为大鲜卑山，同时又有鲜卑族人一样。大鲜卑山与鲜卑族人，孰先孰后？

---

〔1〕《沙俄侵华史》第1卷，第77页。

赶着驯鹿在大兴安岭山中放牧的鄂洛克人　杜殿文 摄（据《地理》，1998.11）

鄂温克/通古斯人以牧猎为生，他们饲养的是驯鹿，在饲养时他们经常迁徙于山林中，驯鹿主要吃苔藓，所以虽生活在三条以通古斯命名的河流流域里，他们却没有固定的居所。相反，以渔猎为主的雅库特人有相对固定的居所。沙俄的入侵者一到，立刻将坐落在勒拿河左岸雅库特人居住的地方“占领”，宣布建立雅库次克城，然后就驻扎军队，向这里移民，修建教堂，最后成为向东，向鄂霍次克海，向南向黑龙江入侵的桥头堡。——这些都是三百年前发生的历史往事。[1]

基于这样的情况，随着沙俄的东侵而来的俄国的学者们便把从雅库特人那里沿用的“通古斯”一词，带到西方，传到欧洲诸地。然后，随着西风东渐返回中国。——因为，在《尼布楚条约》签订（1689年9月7日签订）之前，贝加尔湖、

〔1〕参见范震威《黑龙江传》，黑龙江美术出版社，2011年版，有关篇章。

安加拉河、勒拿河及鄂温克、布里亚特蒙古人、雅库特人等，均在大清帝国的版图内。故而，通古斯一词，从某种程度上说来，有被夺之后“出口转内销”的味道。

其实，通古斯—鄂温克族人的足迹，并非叶尼塞河所独有，在黑龙江/阿穆尔河下游左岸，也有一条通古斯卡河，这个河名同安加拉河等河流的古称是一样的。郝建恒主编《中俄关系史译辞典》中将这两条通古斯卡河的俄文河名开列为：тунгуска, р. 其中文的解释有二：

一是：“通古斯卡河，西伯利亚叶尼塞河右岸支流安加拉河从河口至伊利姆河河口一段的古称。”

二是：“黑龙江左岸支流。由乌尔米河和库尔河会合而成。”

——安加拉河注入叶尼塞河右岸之河口，也就是叶尼塞河上中游的分界处。安加拉河从贝加尔湖中流出，它右岸的第一条大支流即伊利姆河。伊利姆河下游及河口处，如今已成为乌斯季伊利姆斯克水库，其水库出口左岸即是乌斯季伊利姆斯克城，而对岸是一个城镇，名叫热列兹诺罗日内。20世纪80年代，以此水库修建为题材，前苏著名小说家拉斯普京写了一部长篇小说《告别马蕉拉》。马蕉拉是安加拉河中游即修建水库时要淹没的河道中的一个大岛村。小说家写被动迁的当地人如何眷恋土地，眷恋村庄，眷恋岛上的房舍、树林、草地，甚至对墓地的留恋不舍的心态，写现代化引发的当地人内心世界的矛盾、焦虑和冲突。而在马蕉拉村中也住着一个名叫通古斯卡的女人。此时，已距17世纪沙俄东侵过去了三个半世纪，通古斯卡作为安加拉母亲河的一位原生民的子民，其感情的冲突、内心抵制俱生，却又无可奈何，心态几乎同当地的俄罗斯农民是一样的。

通古斯卡不是小说中的主要人物，可作家拉斯普京也分了一些笔墨予她。下边是小说的一些片断：

通古斯卡来了。人们聚在哪儿，她也一定蹒跚到哪儿去，一声不吭地找个地方坐下，一声不吭地从怀里掏出烟斗，就吧嗒吧嗒地吸起来。……问她话，她

鄂温克人之家 杜殿文 摄（据《地理》，1998.11）

马上会用一只手拍着胸脯儿宣布说：

“俺是通古斯人。”

“你是埃文基人（俄人对居住在西伯利来东部的通古斯人的又一种称呼——引者注）”起初人们想开导她，“通古斯人在沙皇时代是过游牧生活的，现在是埃文基人啦。”

“俺是通古斯人，”她坚持说。“听说过吧，通古斯卡河。是俺。埃文基人，咦，咦，咦，”她一边说，一边漫无方向地朝远处挥着手。

通古斯卡——人们就是这样了解了她，也这样喊她的。她在马蕉拉村算不上自己人，但现在也不能说是外人，因为她在这儿都快过完第二个夏天了，有时候一来劲儿，她就大发议论——与其说用语言，倒不如说是用手势——说这儿是她的土地，通古斯人很早以前就到过这儿。

马蕉拉村的老年人也常爱坐在地板上抽烟。原来这习惯是从那儿来的——是从古代通古斯人那儿传下来的。[1]

“你怎么样，通古斯卡，一块走吗？”

通古斯卡从嘴里拔出烟斗，舔了舔嘴唇，应声抬起骨碌碌乱转的浮肿的眼

〔1〕以上引文见《拉斯普京小说选·马蕉拉》，外国文学出版社，王乃倬等译，1982年版，第142，143，144页。

睛，点了点头。

来接走通古斯卡的是她的女儿——她面孔酷似母亲，是个上了年纪的女人，一只眼的下眼眶上有明显的青紫斑。她随身带了酒来，通古斯卡因为喝了酒，就在河面上渐渐远去的快艇上，用她那古老难懂的语言，久久不停地高声大叫着什么。〔1〕

三百五六十年前俄国人占领了这片土地、河流，连同土地、河流上的通古斯/鄂温克人，日久之后几乎完全同化了他们。小说中的老通古斯/鄂温克女人不仅懂俄语，会讲俄语，而且与俄罗斯农民杂居相处于同一个村子。可是，她——通古斯卡母女内心深处还有一个古老的民族基因——“古老难懂的”通古斯卡/鄂温克的原创的母语在坚守。语言是同血脉一起流淌的文脉，它从祖辈、祖母辈那里流下来，像大河之水向下游流去一样，流向儿孙，流向后代……然而，这其中不言而喻，也存在着消失的危殆。

——在黑龙江下游左岸的那条通古斯卡河，那里同样也居住着养鹿的鄂温克人。在清代时，将他们称之为使鹿部，这同与之相邻的使犬部的赫哲/那乃人形成鲜明的对照。

关于这支通古斯人的来历，王钟翰先生说：

拉斯普京小说《告别马焦拉》篇扉书影

鄂温克族的祖先原来居住在贝加尔湖东北和黑龙江上游石勒喀河一带山林中，以渔猎和饲养驯鹿为生。后来一支向东迁移到黑龙江中游。在元代，这一广大地区内的居民统称“林木中百姓”；明代称“北

〔1〕《拉斯普京小说选·马蕉拉》，第148，329–330页。

山”上“乘鹿出入”的人。清朝除将“喀穆（木）尼堪”视为别部外，一般称鄂温克为“索伦”。鄂温克是他们的自称，意即“住在大山林中的人们”。……

顺治年间（公元1644–1661年），沙俄恣意侵掠鄂温克居民，他们在清政府的统一组织下转移到黑龙江以南、额尔古纳河以东至嫩江两岸，共分五个“阿巴”（围猎场）。与先后迁来的达斡尔、鄂伦春等族交错杂处，受布特哈总衙门管辖。[1]

生活在大兴安岭北部山林中的鄂温克人，很少走出大山林，因此生活在山外的人们也很少了解他们。20世纪30年代，苏俄滞留在哈尔滨的学者B.包诺索夫、兰德格林、巴依科夫等，曾经对生活在大兴安岭北部及额尔古纳河右岸的索伦——通古斯——鄂温克，及鄂伦春人进行过粗浅的调查。他们还到过黑龙江下游阿姆贡河及鄂霍次克海岸，据说那里也有鄂温克/通古斯人居住。[2]

如今，在呼伦贝尔市附近，有一个鄂温克自治旗，在根河市有敖鲁古雅鄂温克民族乡（有二个乡都叫敖鲁古雅，在北者为旧乡址，在南者为新乡址）。敖鲁古雅，鄂温克语，意为生长白杨树的地方。这里是鄂温克人的定居点，但多数鄂温克人并未在那里居住，他们仍然居于山中，因为驯鹿吃苔藓，而苔藓山外是极稀少的。

鄂温克人的生活有其神秘的一面，前几年鄂温克人的生活引起了当代著名女作家迟子健的关注。她走进大山，不顾生活的艰辛，也不畏蚊虫的叮咬，访问了鄂温克人，以《额尔古纳河右岸》为书名，撰写了一部关于鄂温克人民族、生境、习俗及性情的长篇小说。小说以史诗般的优美的文字书写向世人揭示了这一民族的神秘面纱，从而享誉文坛，获得了茅盾文学奖。从而也引发了大众的关注。

---

〔1〕王钟翰《中国民族史概要》，山西教育出版社，2004年版，第113–114页。
〔2〕参见吴文衔主编《黑龙江考古民族资料译文集》，黑龙江省博物馆，1991年版，第138–167页。

# 二

现在，我们再回到通古斯这个问题上来。

对于“通古斯”一词的原义，说法不一，有两种说法影响最大。一种是东胡说，另一种是食豕（猪）肉说。如果将“通古斯”释为肃慎——满族，因其食猪肉，还可以解释得通。但若将此食猪肉之俗安在鄂温克人身上就不可以了。鄂温克人是养鹿、使鹿、食鹿肉的民族，未闻其养猪、食猪肉一说。如果他们在林中偶尔猎取一头野猪（或遭野猪攻击而将之猎杀），并剥其皮、食其肉，亦只能是极偶然的情况，概率是很小的。

迁徙途中小憩的鄂温克人　杜殿文 摄（据《地理》，1998.11）

巡视大兴安岭森林的警戒飞机　王冰 摄

“通古斯”一词源于“东胡”一说，是19世纪由法国人阿卜尔·勒缪塞提出来的，他在《鞑靼语研究》一书中说，“东胡”与“通古斯”二者读音相似，故而“通古斯”一词源于“东胡”。——在我看来，这种可能性是存在的。东胡是我国秦朝时期居住在我们北方偏东地区的少数民族的称谓。

关于东胡，郑天挺等主编的《中国历史大辞典》“东胡”条说：“东胡，古族名。与匈奴同种、同源、同文化，其地望在匈奴之东，故名。曾被中原华夏族统称为狄、北狄、戎、北戎、北蛮或胡人。分布于今长城东北广大地区。商时，已与中原有联系。周成王时，曾参加成周之会，并以黄罴为献。……公元前三世纪末，为匈奴冒顿单于所击破，人众、畜产大部分被掳。余众北徙，分为二部，退居乌桓山的一支称乌桓，退居鲜卑山的一支称鲜卑。”

然，鲜卑山是一个庞大的山系，故而又称大鲜卑山。大鲜卑山又称大兴安岭，据悉，“兴安”二字既是“鲜卑”二字的快读或音转，也含有寒冷、极寒之义。而大鲜卑山/大兴安岭北延跨过黑龙江之后，继续向北又向东伸展，故史称外鲜卑山或外兴安岭，因多石少树而又称石兴安岭（外兴安岭，俄称斯塔诺夫山脉。此山脉也是1689年中俄签订《尼布楚条约》时，以其山脊为中俄之划界的）。

鲜卑一词，在汉以后的古籍中，又有锡伯、席伯、席北等变异，如在今赤峰市喀喇沁旗境内有一条自西南向东北流的“锡泊河”，其河名锡泊，即锡伯，亦即鲜卑。又，汉和帝时，北匈奴逃亡，鲜卑人转徙至其地。匈奴留者十余万落（折合人口六七十万人），悉自号鲜卑。由是始盛。——由上述可知，匈奴与东胡（一少部分称鲜卑）的确有同种、同族、同文化之据。今天的蒙古国人自述其历史时，即以匈奴为其先祖。而匈奴即胡，在东者称东胡（蒙古语，胡者，人也）。由是，在今蒙古国之北的广大地域，包括贝加尔湖地（湖东，即苏武牧羊的地方），以东胡——鲜卑之名曰：西伯（鲜卑）利亚，也就顺理成章。

现在，我们再看西伯（鲜卑）利亚。西伯利亚，简言之就是西伯人（鲜卑人）生活的地方。与鲜卑人有着文脉、血脉与族脉关系的蒙古国，其英文写作Mongolia，读作蒙古利亚，其含义就是蒙古人生活的地方。由此可知，西伯利亚其地名便是鲜卑人生活之地，它既是东胡一个分支之鲜卑人生活地向北的外延，也是蒙古人生活地向北的外延。可是，这种外延仅只是其名字称谓的外延。若以蒙古族的主干民族出自蒙兀室韦（室韦亦鲜卑的别译）的话，而成分庞杂的室韦族系，恰出自大鲜卑山以北和外鲜卑山之南的广阔的黑龙江上中游地（其北在精奇里江左岸支流西林牡丹河流域中，后者今称谢列姆贾河——此名即西林牡丹河名的另译，近年来已有旧石器时代晚期古人类遗址发现，足以证明该地域为大室韦及许多室韦部族人先祖的旧居之说，非无由之因），那么可知，西伯利亚

给驯鹿喂盐的鄂温克女人　杜殿文 摄（据《地理》，1998.11）

金源文化节上的金源公主丽影（据《金源》画册）

即“鲜卑利亚”，已无疑义矣！如是可以推知东胡——鲜卑——通古斯之名的演化与衍化，当是线性的。

雅库特人，属于突厥族系，他们何时迁徙至勒拿河中下游之地的，现已难确考。1689年中俄签订《尼布楚条约》时，康熙交给中方首席代表索额图与俄方划界有三个方案，其一便是以勒拿河为界；第二方案是以黑龙江上源斡难河为界；其三方是以额尔古纳河为界。事实上，沙俄早已将勒拿河占去，又军占黑龙江左岸的达斡尔之城雅克萨等地，所以中方只好让步退到康熙下令的签约底线——以额尔古纳河为界，以换取彼之退出雅克萨城。换言之，在康熙的眼中，勒拿河可以作为中俄之界，已是放弃了叶尼塞河右岸及上、中、下通古斯河鄂温克人的生活之地的。有一支鄂温克族人无法忍受沙俄人的凌辱与盘剥，辗转两三千里南行，越过额尔古纳河进入大兴安岭，回归祖国，说明上、中、下三条通古斯河流域中生活的鄂温克人，不管怎么说，也还是存有祖国——或祖先生活之地（大鲜山）这一不渝的理念的。他们认同中国是自己的祖国，他们与祖国有着不可阻断的文脉、血脉、族脉与地脉的联系。

以通古斯之名来称呼鄂温克人的时代已经成为历史，如今，在俄罗斯西伯利亚生活的鄂温克人，已通译为“埃文基人”（但在小说《马蕉拉》中，那位年长的，名叫通古斯卡的女人，对“埃文基”这一称呼是拒绝且不认同的），而在中国，则根据他们自己的意愿，称为鄂温克人。随着时间的推移，“通古斯”一词已退出民族的称谓，以后改而被纳入语音学领域中。

上文中牵涉的两个民族，一是雅库特族，二是布里亚特族。前者属突厥族。突厥族也是一个庞大的族群，他们称本族人生活的地方不叫“利亚”，而叫“斯坦”。如土耳其斯坦、巴基斯坦、哈萨斯克坦、土库曼斯坦、吉尔吉斯斯坦、乌兹别克斯坦等。由此可知，称某某斯坦和称某某利亚，并非同一回事。当然，二者之间尚有许多复杂的关系，也非本文所讨论的范畴了。

在《尼布楚条约》签约时，据担任中方翻译的法国人张诚的《张诚日记》记载，双方谈判时，居位在斡难河右岸与额尔古纳河左岸之间的布里亚特蒙古族人的头人也到谈判之地打探消息。他们希望自己长居的生活之地留在大清的国土内，结果令他们大失所望。他们生活的地方竟然划在了沙俄舆内。由是，他们毅然决然地带领本族人，沿斡难河（黑龙江北源上源）右岸上行，进入今鄂嫩河上游地。他们的口号是：“宁为清廷牧马，不为俄虏缴皮。”彼时，沙俄是以强征貂皮为纳实物税的。

## 三

把“通古斯”一词引入语音学领域中，也是从西方开始的。经过对东方语言学谱系的研究，学人发现女真—满族文字和有语言没有文字的鄂温克、鄂伦春、赫哲（这几个民族，均有语言没有文字）等黑龙江流域的民族，在语言、语音结构、词汇、词语构成，以及形态变化上，均表现出了某种一致性，“于是便把这些民族所操的语言全部划归在一起，成为阿尔泰语系通古斯满语族，而把操这种语言的所有民族和部落统称为通古斯人。”目前通古斯满语民族主要包括：我国的满、鄂温克、鄂伦春、赫哲等族。俄罗斯境内的有埃文基、埃文民、那乃、涅基达尔、奥罗克、奥罗奇、乌德盖、乌尔奇等族。[1]

下边我举一些简单的字音例子，以显示他们词语间的一致性或相似性。

〔1〕参见高凯军《通古斯族系的兴起》，中华书局，2006年版，第2–3页。以及《黑龙江古代民族史纲》，第60–63页。

表1

| 汉语 | 月 | 风 | 峰 | 冰雹 | 水 | 河 | 土 |
|---|---|---|---|---|---|---|---|
| 满语[1] | 必牙 | 额敦 | 哈达 | 伯诺 | 木克 | 毕拉 | 拔以浑 |
| 鄂温克语 | 必牙嘎 | 额定 | 哈达勒 | 布瓦讷 | 穆 | 必拉 | 土哈拉 |
| 鄂伦春族 | 必牙嘎 | 额定 | 哈达勒 | 布瓦尼 | 穆 | 必牙拉 | 土卡勒[2] |

[1]文字略。表中只记其汉语发音（参见《黑龙江志稿》）。

[2]黑龙江土语中，称拳头般大小的土块，叫土卡拉。或同此语有些渊源。

表1这里示出的除最后一个土字之外，多数都是语音相近或完全一致的。其实，满语同鄂温克语、鄂伦春语语音不同者则更多，仅在《黑龙江志稿 · 风俗方言》表中，实例就不胜枚举，这里从略。

西方的语言学者（有时也包括日本学者）对于黑龙江流域诸族人的语言及语音的研究，未必深刻而全面。相比之下，满语同蒙古语、达斡尔语及其他某些词汇（语）的发音也多有相似之处。现举数例于表2所示。

表2

| 汉语 | 酒 | 山 | 手 | 身 | 富 | 贫 | 智 |
|---|---|---|---|---|---|---|---|
| 满语[1] | 阿尔吉 | 阿林 | 嘎拉 | 伯业 | 巴彦 | 牙达浑 | 莫尔根 |
| 蒙古语[2] | 阿尔吉 | 阿郭拉 | 嘎尔 | 北业 | 巴彦 | 牙当西 | 莫尔根 |
| 达斡尔语[3] | 阿尔吉 | 敖拉 | 嘎力 | 伯业 | 巴彦 | 牙达郭 | 莫尔根 |

[1][2]民族文字略，此处只记其汉语发音。

[3]原表中为达呼尔语，今称达斡尔语。

通常学者们是将蒙古语同达斡尔语（达呼尔语）列为同一语支，他们是东胡人的后裔（或有血统相连）。但由表2示出的某些名词词语（汉语读音）的相似性、相近性，说明了至少在古代相当长的时间里，他们之间有过民族的接近或融合，不然怎么会有许多名词的称谓一致或相近呢！

在逐水草而居的年代里，通古斯/满族与蒙古/东胡族之间的交往、相间或

骑摩托车的蒙古牧民巴特尔（英雄） 范震威 摄

融合，促进了语言的趋近。酒对满、蒙、达斡尔族（祖为契丹、东胡）来说，可能是一种“外来语”，所以他们不论先后，或是由一至二，又由二至三地传播，结果有了相同的称谓及语音——阿尔吉。如果以先后论，我以为应是满族的先祖肃慎或挹娄或勿吉或靺鞨或女真，先从中原引入了酒（从尝酒到酿酒），之后又传到达斡尔族（先祖为东胡、契丹）那里，之后又传到蒙兀室韦及蒙古族中，传习过程中，他们对酒的称谓却是一致认同的。

对古代蒙古语、达斡尔语来说，中原人的汉语无疑是他们对外来语的接纳，其次是一种语言浸润后的消化吸收，最后成为本民族语言的一部分。

比如——

汉语：喇嘛　　　　　　汉语：和尚

满语（音）：拉吗　　　满语（音）：和神

蒙语（音）：拉吗　　　蒙古语（音）：胡尚

达斡尔族（音）：拉吗　达斡尔语（音）：和神

如果说，这中间的相似性为汉语影响的结果的话，那么满语与达斡尔语之间某些词语语音的同一性或相似性，如是在对通古斯语族其划分时，达斡尔与满语并非同一个语族就难以诠释了。比如——

表3

| 汉语 | 父 | 母 | 兄 | 弟 | 兵卒 | 汤 | 黄米饭 |
|---|---|---|---|---|---|---|---|
| 满语（音） | 阿吗 | nè nè[1] | 阿浑 | 窦 | 绰哈 | 西勒 | 拉拉 |
| 达斡尔语（音） | 阿蔡 | 额沃 | 阿卡 | 斗 | 绰哈 | 西勒 | 拉拉 |

[1]这里用的是汉语拼音，类似“额”字，读去声。

表3中的实例不过是无数实例中的若干例子而已。不过，这些实例所涉及的词语发音，均为母语中的主要构成词语，属于原生态的词汇，与后来因战争或交往中所受熏染的“外来语”不同。——如果我说得不差，那么用所谓的通古斯语族的理论来解读满、蒙语族亦难以尽善。

语言的问题，更为复杂，笔者不是这方面的专家，仅略举数例，乃说明在同一片黑龙江大地上生活的各兄弟民族，在彼此交往中互相影响，特别是最近一百多年来，由于往来的密切，以及官方的关注，语言的形态和语音不可避免地在缓慢地发生着变异，没有较长时间段的观察、研究和对比，是难以觉察的。

文化是一种塑造心智的力量，语言也是。

达斡尔人娶亲的队伍（据《达斡尔资料集》第一集）

民族文化的最大差异在语言，风习也是。

文化的同一的连接、联系，即文化之脉。

民族的向心力、内聚力的连接、联系，亦即族脉。

族脉之间不可斩断的，即是血脉。

文脉、族脉与血脉间的互动，即语言，语言的连接与联系会发生缓慢的变迁，亦可以称之为语脉。

# 天脉·地脉·人脉与情脉

在古代中国，人们认为最高的主宰是天。

故而，称治理人间的，或君主，或皇帝，或王者，都称之为天子。因为君主或皇帝是上天的儿子，所以他代表天，也就有权来治理天下，统管天下的黎民百姓。这种治权即为“天神”所授，君主或皇帝是秉承天神之命在行使治理权。

《礼·曲礼下》云：“君天下曰天子。”——这就是天子一说的依据。

《诗经·大雅·常武》云：“赫赫业业，有严天子。……徐方既同，天子之功。”——一切业绩，都归属天子。……徐地的君王来朝会，也是天子的功勋啊！

把君主或皇帝称为天之子或天子，并非中原人的专利。首先，我们在汉匈之争中便已看到匈奴头人——单于，也是把自己称为天之子的。

如，《汉书·匈奴传上》云：“其明年（汉太始三年，公元前94年），单于遣使遗汉书云：‘南有大漠，北有强胡。胡者，天之骄子也。’”后人称成吉思汗为“一代天骄”，其典故即源于此。

匈奴与汉朝争锋的年代，北方的单于和中原的汉朝皇帝，或许为了某种身份的高傲吧，匈奴自称天子，汉则称皇帝，而史书也称其为天子。

如，《史记·匈奴列传》云：“初，周襄王欲伐郑，故娶戎狄女为后，与狄兵共伐郑。已而黜狄后，狄后怨……于是，惠后与狄后、子带为内应，开戎狄，戎狄以故得入，破周襄王，而立子带为天子。”

如，同上书：“其明年（公元前176年），单于遗汉书曰，‘天所立匈奴大

在黑河登上游船、眺望布拉戈维申斯克/海兰泡去　汪恩良 摄

单于敬问皇帝无恙。’”

又同上书：“中书说令单于遗汉书以尺二寸牍，……倨傲其辞曰：‘天地所生日月所置匈奴大单于敬问汉皇帝无恙。’”

又同上书：“是时，天子巡边，至朔方……”

——单于是北方民族胡或匈奴的主宰，皇帝是中原人民的主宰，但他们都自称或他称是上天之子，由此可知，天或上天是皇帝或单于之父，乃是主宰的主宰。故而，匈奴也好，胡或东胡也好，汉皇也好，都要祭天，也就是向上天——主宰的主宰致祭、致祀、致以大礼。

如，《汉书·匈奴传》云：“岁正月，诸长小会单于庭、祠。五月，大会龙城，祭其先、天地、鬼神。……而单于朝出营，拜日之始生，夕拜月。其坐，长左而北向。举事常随月，盛壮以攻战，月亏则退兵。”

其实，祭天也是中原人的最高礼仪。

祭天，就是祭天神。如，《公羊传·僖三一年》云：“鲁郊何以非礼？天子祭天，诸侯祭土。”

天与地，也称皇天后土。《昭明文选》中裁晋李密《陈情表》云：“皇天后土，实所共鉴！”即指天地作证也。

在北方民族中，祭天地的例子甚多，简直不胜枚举。

如，《辽史·礼志一》云：“祭山仪：设天神、地祇位于木叶山、东乡；中立君树，前植群树，以像朝班；又偶植二树，以为神门。皇帝、皇后至，夷离毕具礼仪。”——由上述知，契丹/辽人有祭山之礼。而祭山实际上是祭天神和地祇，并植树以象征人。这是很有趣，又适合辽、松之地多山、多树的自然生境的。从匈奴，到东胡，又到契丹，这种基本上是线性的脉络传承，如祭天神，祭地祇，包括祭山、植树之类，在我看来，或可称之为天脉与地脉。祭山（也包括不时出现的祭日、月、祭水、祭树王等），都可以包括在天脉、地脉之中。

契丹/辽人自称祖脉（或曰族脉）之源“出自炎帝”（《辽史·太祖纪·赞》语），有些现当代史家认为“不可信”，却拿不出“不可信”的理由。而我是主信派，至少在《辽史》《周书》中有记载，因此我“不疑古”，除非你能找出证据来驳倒它。

有趣的是辽代皇族是汉高祖刘邦与宰相萧何的粉丝，故改后族全部姓萧。以至《辽史》称辽廷“稍用汉礼”。在祭木叶山神和辽河神时，《辽史·礼志一》云：“神主树木，悬牲告办，班位酋祝，致嘏饮福，往往合于礼。天理人情，放诸四海而准，信矣夫。”

辽初，即太祖阿保机元年（公元907年），春正月即皇帝位。群臣上尊号曰天皇帝，后曰地皇后。——如是，皇帝与皇后，代表了天地，亦就是上文的皇天后土的具象化、人格化。在天地之下，再引入的便是天地之子——人的出现。《辽史》记太祖耶律阿保机东征，灭掉渤海国之后，将长子耶律倍留下，让耶律倍担任后渤海国，亦即东丹国的国王。史称：“册皇太子倍为人皇王以主之”。——至此，天、地、人都出现了，都有了。在我看来，这就是天、地、人一脉相承。这也是本书结语所言之天脉、地脉、人脉思路的由来。

黑龙江上　王冰 摄

史书中，对皇帝不称皇帝而称“天子”者，最多的是《三国志·魏书》里对汉献帝的称谓。当然，其他各朝都有，恕不一一述及。在本书中，笔者举的实例，仍限于塞北三朝。

《金史·礼一》云：“金之郊祀，本于其俗有拜天之礼。其后，太宗即位，乃告礼天地，盖设位而祭也。”

又云：“常以冬至日合祀昊天上帝、皇地祇於圆丘，夏至日祭皇地祇于方丘，春分朝日于东郊，秋分夕月于西郊。”

金在上京会宁府所筑之朝日殿，即朝祀日之所，于前几年修筑哈尔滨——绥芬河高速公路时，在一片苞米地中挖出了遗址。由此，我们知道《金史》中所记载的朝日殿并非虚言。《金史·礼一》云：“朝日坛曰大明，在施仁门外之东南，当阙之卯地，门壝之制皆同方丘。”

金源帝国虽然没有天皇地后之号，然其祭天祀地同辽朝以及其他朝代并没有多大的区别。

辽之皇族为契丹人，金之皇族为女真人；但他们都有一个共同的特点，那就是从太祖始，每个皇帝都有一个汉名。如辽太祖耶律阿保机，汉名讳“亿”。为什么起一个名字“亿”呢？本纪中没有言及，也许是统治“亿万民众”吧！

完颜阿骨打，讳“旻”。“旻”这个字的含义是什么呢？

《说文解字》释之云：“秋天也。从日，文声。虞书曰：仁闵，覆下，则称旻天。”《辞源》解释“旻天”云：“泛指天。”——宇文懋昭《大金国志校证》云：“太祖武元皇帝初名阿骨打，后改名旻。”看来，“旻”是阿骨打自选的字。为什么选“旻”字？《金史》与《大金国志校证》均语焉不详。——在我看来，《辞源》对“旻”字的解释，“旻，旻天，泛指天”，切中肯綮。由此可知，完颜阿骨打后来改名称完颜旻，也还是天或天子之意。

到了大元时代，更不用细言了。

首先，蒙古族人有崇天拜天的习俗，称天为“长生天”。对于铁木真称帝，宋之孟珙《蒙鞑备录》云：成吉思皇帝者，英勇英决，有度量，能容众，敬天地，重信义。所传忒没真者，乃小名尔。初无姓氏，亦无名讳。近年以来，有女真叛亡之臣为用，所以译曰成吉思皇帝，或曰成吉思者，乃译语‘天赐’两字也。天，在蒙古人心目中，亦是至高无上的。《元史·祭祀一》云：“元兴朔漠，代有拜天之礼。”又云：“其意幽深古远，报本返始，出于自然，而非强为之也。宪宗即位之二年，秋八月八日，始以冕服拜天于日月山（征用的是西夏之乐）。其十二日，又用孔氏子孙元措言，合祭昊天后土。……岁甲寅，驻跸于军脑儿，皆祭拜天于其地。……至元十二年（公元1275年）十二月，以受尊号，遣使豫告天地。下太常检讨唐、宋、金旧仪，于国正阳丽正门东南七里建祭坛，设昊天上帝、皇地祇位二，行一献礼。自后，国有大典礼，皆即南郊告谢焉。十三年五月，以平宋，遣使告天地……”

《元史·祭祀一》又云：“《周礼》所祀天神，正言昊天上帝。然汉魏以来，名号亦复不一。汉初曰上帝，曰太一，曰皇天上帝。魏曰皇皇帝天。梁曰天皇大帝。惟西晋曰昊天上帝，与《周礼》合。唐宋以来，坛上设昊天上帝，第一

爱辉历史陈列馆归纳了一部300多年北部边疆的屈辱与血泪 范震威 摄

等复有天皇上帝，……本朝大德九年（公元1305年），中书圆议，止依《周礼》，祀昊天上帝。”又云：“神位：昊天上帝位天坛之中，少北；皇地祇位次东，皆南向。……昊天上帝色皆用青，皇地祇色皆用黄，藉皆以藁秸。”

由于祭天，敬天，故使之具象化、人格化，故而出现了昊天上帝。昊天上帝配享一切主宰。自元至明至清，代代如此，似不必细言。有清一代，为了说明努尔哈赤氏有治理天下的权力，故而有了始祖布库里雍顺，亦即布库里英雄。或问，布库里雍顺是何人呢？《清史稿·太祖本纪》云：“始祖布库里雍顺，母曰佛库伦，相传感（鹊送）朱果而孕。”换言之，布库里雍顺，亦是天的儿子。所谓“其先，盖金之遗部”，是指其母族也，亦指布库里雍顺之妻族也。

总而言之，嫩江/大鲜卑山之子——拓跋魏始祖始均，以及嗣后的辽太祖天皇帝耶律阿保机，金源帝国太祖完颜旻，大元始祖成吉思汗等，他们都是上天——昊天——上帝之子，是天神派来做皇帝的。不过，从另一个角度来说，他们和地母却也完全脱离不了干系。——

始均是嫩江/大鲜卑山之子；

阿骨打/完颜旻是阿什河——松花江之子。

成吉思汗是斡难河/克鲁伦河，亦即黑龙江上源三河源之子；

努尔哈赤祖籍长白山圆池，而他本人则是辽河/浑河/苏子河之子。

——从大东北，从辽、松、黑走出来的五位天之骄子，最后终成帝业，既有天神佑之、助之、成之，同时他们也为由辽河、松花江、黑龙江北方中国各兄弟民族三大母亲河所孕育，同时，又为后土佑之、河神育之、地脉成之的！

天脉，地脉，再加上自己从属的民族的族脉，以及始祖本人的超迈人寰的优渥的、杰出的、伟大的品格及其率先垂范的、出类拔萃的人格魅力，有凝聚之力、号召之力、令人崇敬之力——此之谓人脉。故而，他们才无往而不胜，天于冥冥中亦为其佑之，护之……

天，在平民百姓那里，总是最高的主宰。故而，有时候，历朝各代的起义者、造反者，亦无不假天之名，以行其道。——

如，北宋的起义者，占山为王的宋江，打出的旗号是“替天行道”；

又如，明末的农民起义李自成，以“顺天者昌，逆天者亡”为名，高举大顺的旗号，攻下明廷的北京，吓得明崇祯帝自缢于景山的一棵树上。然后，当吴三桂“冲天一怒为红颜”，先拟投李，后又反水开山海关之门，引清兵入关之后，李自成占了十八天京都后，便走下坡路，在“天下大乱”中销声匿迹了。

再如，清代的洪秀全，自称“太平天国”，用一个“天”字来美化自己。可是，他一坐上南京的御座，就忘了“天”了，或曰改换了“天”了。起义六年后，震动了清廷，却也为自己铺设了败亡之路，天国失去天佑，也失去民心，内部纷争夺权，他则留恋于后宫中，日夕与嫔妃厮混，最后如溃堤之围，很快就衰亡了。故

黑龙江将永远与鲜花为伴　范震威 摄
（远处即黑龙江，对岸树林为俄罗斯）

而史家称其为："不夷不夏之教，不伦不类之国，速生速亡之乱"（段昌国《近代史》语）。

有生有死，有存有亡……或曰，天用一双看不见的手在暗处监督着，也操纵着人世间的一切兴衰!

可是，在千千万万的黎民百姓那里，"天"也在主宰着人间的悲欢。

《水浒》英雄人物们的"替天行道"，或只是一厢情愿。宋江的"替天行道"，有没有"天"的首肯，"天"的默许呢?谁能说清?

《戒石铭》说："尔俸尔禄，民脂民膏，下民易否，上天难欺！"——这里的天是存在的。不过，有时他老人家——上帝也会走神，也会打盹，也会睁一只眼，闭一只眼。不然，如何解释，自从有了私有制，有了权力，有了上智下愚之谓，仍会同时滋生腐败呢？如今，腐败有时是塌方式的，有时是大面积滋生贪官……何也?也许是天放松了职守，也许如陈毅所言："不是不报，时候没到。时候一到，一切都报！"

所以说：上天难欺。乃是一句至理名言，亦为一切贪腐者戒!

《礼·礼运》云："大道之行也，天下为公。选贤与能，讲信脩睦。"清代的孙希旦《集解》诠释云："天下为公者，天子之位传贤而不传子也！"其实，这也是民众的一厢情愿。中国的封建社会，除了少数的皇族间的公众推举之外，大多数不外乎为兄终弟及，父崩子继。选贤之愿，不过是愿望或曰梦想，何时能真正地实施过?——或曰，天下者，本是人民的天下，也可以说是上天之下，天神之下，上帝之下——当然也就是人间了。孙中山先生一百多年以前就倡导过"天下为公"，然任重而道远，一直以来都是中国人的梦!

北宋的张载（1020—1077），曾有言云："为天地立心，为生民请命，为往圣继绝学，为万世开太平。"——古人云，人生在世，可求立德、立功、立言三选。立德，大概是孔夫子先师的事，立功，大概是岳飞、文天祥、史可法等人的事，而立言，如司马迁、班固、范晔、陈寿诸大家的事。作为一代文师的张载，有此一段话，我以为，比他的"民吾同胞，物吾与也"还要高明些。不过，他的这段有名的断句或曰语录，也是理想的成分多，可资实行的元素少。或许，这不过是代代读书人——知识分子的一个善良人的善良愿望吧。

然而，它的内涵，却为民众的情感所系，或亦可称之为情脉。

那么，也可以问，何谓情脉？

情脉者，人心之所系也，民情也。

民众者，希望有一个真心真意为老百姓服务的政府，有一个为百姓、为苍生、为万民着想的最高的领导。不光为自己其乐无穷，而是为国强民富，为和谐安定，为家和万事兴，为人与自然的和谐相处，延嗣永昌……综合而言，是圆一个国运振兴，人民富裕、幸福、快乐的中国梦！

这就是情脉所系……还需要更多的诠释吗？

2015年6月28日改毕

2015年10月1日校改

2016年11月19日改定

2017年1月4日核定

# 主要参考文献

1．司马迁等：《二十五史》，中华书局、上海古籍出版社，1986

2．朱右曾辑：《古本竹书纪年辑校》，辽宁教育出版社，1997

3．皇甫谧撰：《帝王世纪》，辽宁教育出版社，1997

4．焦杰点校：《国语》，辽宁教育出版社，1997

5．刘毓庆等译注：《诗经》，中华书局，2011

6．洪亮吉：《春秋左传诂》，中华书局，1987

7．孙希旦：《礼记集解》，中华书局，1989

8．杨伯峻：《论语译注》，中华书局，1980

9．杨伯峻：《孟子译注》，中华书局，1980

10．司马光：《资治通鉴》，岳麓书社，1990

11．毕沅：《续资治通鉴》，岳麓书社，1990

12．中华书局：《历代纪事本末》，中华书局，1997

13．蒋良骐：《东华录》，齐鲁书社，2005

14．袁珂：《山海经》，巴蜀书社，2005

15．王充：《论衡》，岳麓书社，2006

16．郑樵：《通志》，中华书局，1995

17．王钦若：《册府元龟》，中华书局，1960

18．王士祯：《池北偶谈》，中华书局，1982

19．张伯英：《黑龙江志稿》，黑龙江人民出版社，1992

20．干志耿等：《黑龙江古代民族史纲》，黑龙江人民出版社，1987
21．张向凌：《黑龙江历史编年》，黑龙江人民出版社，1989
22．张碧波等：《中国古代北方民族文化史》，黑龙江人民出版社，1993
23．李澍田：《长白汇征录·长白江岗志》，吉林文史出版社，1987
24．陈致平：《中华通史》，花城出版社，1996
25．吕思勉：《中国民族史》，东方出版中心，1987
26．冯家昇：《冯家昇论著辑粹》，中华书局，1987
27．马长寿：《乌桓与鲜卑》，广西师大出版社，2006
28．马长寿：《突厥人与突厥汗国》，广西师大出版社，2006
29．高凯军：《通古斯族系的兴起》，中华书局，2006
30．谭其骧：《中国历史地图集》，地图出版社，1996
31．长顺修等：《吉林通志》，吉林人民出版社，1986
32．陈芳芝：《东北史探讨》，中国社会科学出版社，1995
33．吕光天等：《贝加尔湖地区和黑龙江流域各族与中原的关系史》，黑龙江教育出版社，1991
34．刘民声等：《17世纪沙俄侵略黑龙江流域史资料》，黑龙江教育出版社，1998
35．金昭等：《蒙古民族发祥地考论》，文化艺术出版社，2009
36．王仲翰：《中国民族史纲要》，山西教育出版社，2004
37．李治亭主编：《东北通史》，中州古籍出版社，2003
38．朱耀廷：《成吉思汗传》，人民出版社，2004
39．佚名：《元朝秘史》，齐鲁书社，2005
40．特·官布扎布等：《蒙古秘史》，新华出版社，2006
41．[波斯] 拉施特：《史集》，商务印书馆，1997
42．[瑞典] 多桑：《多桑蒙古史》，中华书局，2004
43．[美] 杰克.威泽弗德：《成吉思汗与今日世界之形成》，重庆出版社，

2009
44. [前苏] 克利亚内什托尔内：《古代突厥鲁尼文碑铭》，黑龙江教育出版社，1991
45. 米文平：《鲜卑石室寻访记》，山东画报出版社，1997
46. 余绳武主编：《沙俄侵华史》，人民出版社，第一卷1977；第二卷，1978；第三卷，1981
47. [法] 张诚：《张诚日记》，商务印书馆，1973
48. [日] 间宫林藏：《东鞑纪行》，商务印书馆，1974
49. 翦伯赞：《中外历史年表》，中华书局，1961
50. 李述笑：《哈尔滨历史编年》，哈尔滨出版社，2000
51. 曹廷杰：《曹廷杰集》，中华书局，1985
52. 佟冬主编：《中国东北史》，吉林文史出版社，2006
53. 明·李栻辑：《历代小史》，江苏广陵古籍刻印社，1989
54. 李陈奇等：《黑龙江古代玉器》，文化出版社，2008
55. 郭大顺：《龙出辽河源》，百花文艺出版社，2001
56. 张星德：《红山文化研究》，中国社会科学出版社，2005
57. [前苏] A.奥克拉德尼科夫：《滨海遥远的过去》，商务印书馆，1982
58. 黄斌等：《夫余国史话》，远方出版社，2005
59. 明·王圻等：《三才图会》，上海古籍出版社，1988
60. 中国国家博物馆：《文物史前史》，中华书局，2009
61. 中国国家博物馆：《文物夏商周史》，中华书局，2009
62. 国家文物局：《中国文物地图集·吉林分册》，中国地图出版社，1993
63. [俄] A.杰列维扬科等：《谢列姆贾旧石器时代晚期文化》，科学出版社，2013
64. 吴文衔：《黑龙江考古民族资料译文集》，黑龙江省博物馆，1991
65. 黑龙江省文博学会：《黑龙江省文物博物馆学会成立纪念文集》，黑龙

江省文物出版编辑室，1980
66．杨志军等：《平洋墓葬》，文物出版社，1990
67．[俄] 麦德维杰夫：《乌苏里岛的中世纪遗存》（内部，网上书店）
68．董万伦：《猛哥帖木儿》，民族出版社，2005
69．于建设：《赤峰往事》，远方出版社，2005
70．范震威：《松花江传》，河北大学出版社，2005
71．范震威：《辽河传》，河北大学出版社，2009
72．范震威：《黑龙江传》，黑龙江美术出版社，2012
73．范震威：《守望黑龙江》，黑龙江教育出版社，2010
74．范震威：《一个城市的记忆与梦想——哈尔滨百年过影》，黑龙江美术出版社，2012
75．[前苏] 克鲁沙诺夫：《苏联远东史——从远古到17世纪》，哈尔滨出版社，1993
76．薛宗正：《突厥史》，中国社会科学出版社，1992
77．苏秉琦：《中国文明起源新探》，辽宁人民出版社，人民出版社，2013
78．叶朗、费振刚等：《中国文化导读》，三联书店，2007
79．孙振声：《白话易经》，台北星光出版社，1981
80．夏含夷：《古史异观》，上海古籍出版社，2005
81．田广林：《中国东北西辽河地区的文明起源》，中华书局，2004
（尚有部分专著，地方志、网文及报刊文章未录）

# 后　　记

一部书即将出版时，作者有一些话要说，这就是“后记”。可提起笔来，又不知从何说起。

黑龙江省地域广阔，现今人口近4000万，在过去的一百年中，人口翻了几番，绝大多数人都是借“闯关东”的大潮来到这块肥美的土地的。可是，正是因为拓荒者多，原住民少，黑龙江的文化则是中原文化与北疆文化的融合。其实，这种融合并非自19世纪末，20世纪初始，如果上溯其源，原来早从新石器时代即已开始了——而这就是本书的写著缘起。

本书收入我的历史文化随笔18篇，犹如一本书由18章构成，是浑然一体的。——这里我所要说的，是黑龙江不论是地域，抑或是行政区划内，北方的文化源于中原，是大中华文化不可分割的一部分。我们现今的黑龙江地理人文风土，无不打上了数千年以来历史沧桑的烙印。而这一切，对于普通的黑龙江人以及更多的读者来说，是陌生的。因此，乡谊诸君，读者诸君，如果您愿意了解你脚下的土地、母亲河的土地，那么请您不妨对此书大雅一顾。

我在本书题记上说——

**聆听文脉之述，**

**读解龙江风土！**

这也是笔者十数年来致力于解绎龙江大地风土的心愿！

或问，何谓风土？《现代汉语词典》解释说："风土，就是一个地方特有的自然环境（土地、山川、气候、物产等）和风俗、习惯的总称，即为风土人情。"简言之，称为风土。黑龙江风土是一部大书，这本称之"文脉"的书，仅解绎了其中的一部分，更多、更深入的解读，企待来者。

囿于作者才疏学浅，书中不当之处，在所难免，诚望读者朋友不吝赐教匡正。

2016年11月21日于东北农大马家花园宅中